LAROUSSE

dilo
BIEN
y dilo
CLARO

Manual de comunicación profesional

con la colaboración de **CĀLAMO & CRAN**

Agradecimientos:
A Daniel Cassany, porque nunca dejamos de aprender con él.

A Palabras Mayores, esto es: a Jorge de Buen, a Alberto Gómez Font
y a Xosé Castro, por sus textos, sus consejos y por ser
tan inspiradores y espiradores.

A los alumnos de los cursos de comunicación de Cálamo & Cran,
por permitirnos mejorar día a día.

Al equipo de profesores de comunicación de Cálamo & Cran,
por sus buenas ideas.

A los amigos de Facebook que aportaron muchas palabras en sus variantes.

A la familia, por robarles un pedazo de las Navidades.

Dirección editorial
Jordi Induráin Pons y Tomás García Cerezo

Coordinación de la obra
Sofía Acebo García y Jorge Ramírez Chávez

Redacción
Antonio Martín y Víctor J. Sanz

Corrección
Miguel Vándor y Virgina Fernández

Dibujos, diseño de cubierta, maquetación y preimpresión
Víctor Gomollón

Adaptación de cubierta para Latinoamérica
Jesús Salas Pérez

Primera edición para España: 2017
Primera edición para Latinoamérica: 2018
Primera reimpresión

© LAROUSSE EDITORIAL. S. L.
Rosa Sensat, 9-11, 3.ª planta
08005 Barcelona
Telf.: 93 241 35 05
larousse@larousse.es
www.larousse.es

D.R. © MMXVIII Ediciones Larousse, S. A. de C. V.
Renacimiento 180. Colonia San Juan Tlihuaca
Delegación Azcapotzalco, C.P. 02400, Ciudad de México
www.larousse.mx

ISBN: 978-607-21-2001-3

 **SUMARIO**

APERTURA

Puede que estas sean las líneas que nunca leas de este libro. Por lo general, tenemos tanta prisa y tan poco tiempo que cuando leemos lo hacemos como en la web: saltando de un lado a otro para localizar la información que buscamos o pensamos que es la que necesitamos. La redacción basada en el SEO (*Search Engine Optimizing*, en español *posicionamiento web*) nos ofrece puntos resaltados para que fijemos nuestra atención en ellos. Así, extraer datos concluyentes de un informe se puede simplificar en una lectura de cuadros, gráficos y esquemas, donde una línea sinuosa en verde será la respuesta que buscamos. Lo mismo pasa cuando leemos un presupuesto de esos que se presentan con una portada. Nada más verlo, saltamos las páginas hasta localizar resaltado el costo total —lo más importante— para luego decidir si leemos o no el resto de las condiciones y calidades.

> Para aprender y disfrutar, dedícate tu tiempo. Sin prisa, pero sin pausa.

No todas las lecturas son iguales. Para aprender hay que tomárselo con calma. Si crees que necesitas formarte, significa que piensas que debes adquirir ciertos conocimientos y puede ocurrir que precisamente esos conocimientos no estén resaltados por un experto en SEO, porque, aunque leas un destacado, luego tendrás que asimilar ese conocimiento que acabas de aprender. Y eso requiere tiempo, del que ya hemos dicho que no disponemos. Además, aprender es cambiar, y a nadie le gusta cambiar. Y menos aún cuando se trata de conseguir unas habilidades que se supone que todos tenemos aprendidas desde los tiempos del colegio.

¿Cómo puedo ayudarte? Si estás leyendo estas páginas es porque te has encontrado con problemas a la hora de redactar. Yo también. También aprendí a redactar en el colegio, muy mal, como la mayoría. Estudié *letras* —toda una carrera de Filología Hispánica— donde tampoco nos enseñaron a usar bien ni las comas; una carrera, en fin, donde si aprendí algo sobre redacción fue a base de prueba y error. El resto fue interesante, pero no conseguimos herramientas para expresarnos mejor... y eso que se supone que somos de *letras*. Además, te confieso, no tengo tiempo. Me revienta cambiar mis hábitos y, más aún, reconocer los vicios que he adquirido a lo largo de los años.

Te aseguro que te entiendo muy bien. Por eso pensé que podía contarte a través de estas páginas que sí sé cómo echarte una mano. Desde hace muchos años soy profesor de comunicación. También soy editor y —tiembla— corrector. Mis alumnos son en su mayoría profesionales en activo —administrativos, ejecutivos, abogados, funcionarios y estudiantes de todo pelaje— que me piden que en menos de ocho horas les enseñe a redactar mejor. No hago milagros, o por lo menos no hago milagros que consuman menos de doce o dieciséis horas. Incluso intenté transmitir mis conocimientos por imposición de manos o por ósmosis, pero las habilidades de redacción solo se consiguen *redactando*. Sospecho que esto último era precisamente lo que no querías leer.

Por eso sigo pensando que puedo ayudarte. Te diré qué técnica sigo. La aprendí hace tiempo al leer un libro sobre cómo aprender a tocar el piano; enseguida descubrí que no tenía mucho misterio: hay que practicar todos los días. Este libro está pensado para que no te agobies: bastante tienes con leer esto, empezar a confiar en lo que te cuento y dejarte llevar. Basta con que leas un rato, lo pongas en práctica con un ejercicio que resolverás al momento, y que luego lo consideres tuyo, que te olvides de este libro y digas con autoridad: «Nunca separes un sujeto de su verbo con una coma». Así, en tu trabajo cotidiano, en tus conversaciones por WhatsApp, en un informe o en tu muro, sentirás que perteneces un poco más al club de redacción más selecto: al de los que no solo conocen unas normas, no solo las aplican, sino que además las disfrutan y las comparten tan convencidos de ello como de que es mejor beber agua clara que turbia; al club de los que escriben bien y sin problemas, convencidos de que los de la otra parte —quienes les leen— les comprenden perfectamente. Y tendrás una idea muy clara de la imagen que transmites.

Solo te pido a cambio que lo que aprendas cada día lo consideres tuyo. Espero que sientas que estás comenzando un curso particular, a lo largo del cual no te voy a perseguir para recordarte lo que **NO** debes hacer. El objetivo es motivarte para que escribas, para que disfrutes y sientas que eres capaz de transmitir, en orden y con claridad, las ideas que rondan por tu cabeza sobre tu tarea pendiente, sobre lo que opinas de lo que ha ocurrido ayer, sobre lo necesario que te parece que se produzca un cambio en tu ciudad. Quiero ayudarte a redactar cómodamente y a que compruebes que cada día lo haces mejor.

> **Desde hoy todo lo que aprendas será tuyo.**

Si redactas mejor, tu imagen se verá reforzada. Cuando aprendes a redactar mejor, aprendes a analizar mejor los otros discursos, los otros textos, aún mejor que un experto en SEO. Solo con esta buena base podrás mostrar con mucha más claridad tus ideas: aprenderás a presentar un documento que sea lo bastante atractivo como para que tus lectores no se resistan a leerlo. No basta una buena idea bien argumentada: hace falta presencia. Ni que decir tiene la de personas —políticos incluidos— que, aunque sabemos que tienen razón en lo que dicen, llegarían más lejos si su presentación y su aspecto proyectaran una imagen más apropiada.

Por eso precisamente le dedicaremos un tiempo a la voz, a perderle el miedo —que no el respeto— a hablar en público. Solo te pido que pienses en esas personas que aparecen en los TED: tienen entre cinco y veinte minutos para exponer su idea. Desde que vi un capítulo titulado *Shake and fold* nunca más he vuelto a gastar a lo tonto toallas de papel para secarme las manos. Te parecerá sencillo, ¿verdad? Precisamente por eso necesitamos sentirnos seguros ante el público: para ser capaces de convencer de la idea más simple. Tú también lo vas a conseguir.

Para trabajar con más comodidad y acostumbrarte al reto de imponerte una tarea de redacción, en cada unidad de este libro encontrarás un ejercicio que tendrás que resolver y para el que te propongo una solución. No es necesario que te leas el libro en una semana. Es mejor que leas un capítulo y hagas su ejercicio un día a la semana. Después, pon en práctica lo aprendido en tu día a día.

Como ves, quiero hacerte trabajar desde el primer momento.

Lo que tienes que conseguir es lo mismo que tú quieres: un mensaje claro, sintético y preciso. En el día a día de una empresa no podemos redactar un informe dedicándole todo el tiempo que nos gustaría, que para empezar es poco: poco tiempo y pocas ganas. Nos ocurre lo mismo como lectores, cuando somos los destinatarios de ese informe: el tiempo y las ganas no abundan. Hagámonos un favor todos, empezando por la redacción: vamos a redactar con **claridad** y, para lograrlo, tendremos que tener muy claras nuestras ideas y para qué escribimos; redactemos **sintéticamente**, sin vueltas, sin párrafos eternos llenos de frases con sujetos y verbos tan lejanos que pasa tiempo hasta que descubres qué relación tienen. Y con **precisión**: cuenta concretamente lo que necesites y que sea fácil localizarlo, tanto cuando se te lea como cuando se te escuche.

Espero que disfrutemos juntos estas páginas y los días que vamos a pasar aprendiendo.

■ A. Por qué crees que necesitas mejorar tu comunicación

Por favor, marca con una X todas las frases con las que te identifiques:

☐ Suelo tener muchas ideas y me enredo al exponerlas.

☐ Casi siempre escribo el mismo tipo de textos, por lo que cuando tengo que enfrentarme a uno nuevo escribo con el mismo estilo.

☐ Mi procesador de textos no es más que una máquina de escribir.

☐ Sé que tengo mucho que contar, pero es que nunca sé cómo comenzar.

☐ Cometo errores, sí, ¡pero es porque no tengo tiempo para revisar lo escrito!

☐ Puedo escribirte un informe, pero no me pidas que te lo resuma y lo exponga en público.

☐ Yo escribo mucho en mi trabajo; no tengo tiempo para saber si está bien o mal.

☐ Me da igual lo que opinen los lectores de mis escritos.

- [ ] Me preocupa que no me entiendan mis lectores, mis clientes o mis jefes.

- [ ] Los *herrores son cosas de tiquismiquis.

Solo espero que no hayas marcado las diez frases, porque algunas de ellas son antagónicas. Sí: me preocupa saber para qué estás leyendo este libro y cómo ayudarte mejor.

No te puedo hacer un análisis de qué tipo de aprendizaje necesitas según tus respuestas, pero si has señalado al menos cinco, te aseguro que vas a encontrar ayuda en este libro.

Las personas a las que he ayudado con anterioridad a mejorar su expresión me contaron que sus principales problemas eran estos:

- [ ] No conseguir contar *todo* lo que necesitaban contar.

- [ ] No conseguir que las comprendieran con claridad.

- [ ] Perder mucho tiempo al empezar a escribir y al enlazar las ideas.

- [ ] No saber si una palabra o expresión está bien o mal escrita.

- [ ] Los documentos no quedan todo lo *bonito* que les gustaría.

- [ ] Terror a hablar en público.

> [x] No te lo he dicho antes, pero si quieres también puedes marcar con una X las frases con las que te identifiques. Y anotar al margen lo que quieras. Desde ahora, ten cerca un bolígrafo y papel. Yo soy más de lápiz y cuaderno. Date el capricho y regálate una libreta Moleskine para compartir estas páginas. Ni que decir tiene que, si eres un fan de la tableta o el iPad y te gusta tomar notas en pantalla, mejor.

Si estos son algunos de tus casos, puede que lo que te ocurra sea que tienes unas expectativas demasiado altas, porque suelen estar basadas en tópicos. Por eso, quiero que seamos realistas. Comprueba ahora, otra vez, si estás de acuerdo con estas afirmaciones:

- [ ] Muy pocas personas aprendieron a redactar bien en el colegio. Ni te cuento en la universidad.

- [ ] Nadie nos enseñó a expresarnos en público.

- [ ] Solo aprendemos por prueba/error.

- [ ] Yo siempre usé el procesador de textos que venía en mi computadora. Me enseñó un amigo, mi novia, mi cuñado o un vecino.

- [ ] Lo que está bien o mal depende de lo que digan en la Real Academia Española (de la lengua).

- [ ] El español bueno, el mejor, es el de España, el de Valladolid.

No te voy a dar tregua: yo estoy de acuerdo con las dos primeras. En la tercera, añadiría la opción de aprender a distancia con un friki, pero estoy en completo desacuerdo con las dos últimas.

❶ Es verdad que, aunque se enseña lenguaje en el colegio, se dedica más tiempo a analizar frases (un poco de sintaxis no hace daño) que a poner a prueba nuestra expresividad. También te seré sincero: si quieres echarle una mano a tus hijos, a tus primos o sobrinos, comparte con ellos el secreto para conseguir buenas notas: que se expresen con claridad. En cualquier asignatura.

❷ Antes de meternos en el mundo profesional, practicamos en diversas situaciones nuestras habilidades oratorias: en el colegio y en la universidad para exponer con dignidad nuestros trabajos; para dejar claro cuál es nuestra opinión en reuniones y asambleas —aunque una reunión de vecinos puede convertirse en un griterío peor que un *reality show*—; en un teatrillo donde actuamos, declamamos y recitamos; en una entrevista de trabajo... para la que, si aún no estábamos preparados para expresarnos bien, la inexperiencia nos pudo jugar una mala pasada. Pero nadie te prepara para dar una respuesta adecuada en estas situaciones. Si lo consigues es porque has ido acumulando experiencias con las que tumbar la timidez, hablar alto y claro; has elaborado un guion con tus ideas y has practicado ante el espejo un buen rato. A base de prueba y error puede que lo consigas solo cuando te jubiles.

Estas dos proposiciones sirven para aliviarse, que no conformarse: si no redactas o te expresas tan bien como esperas, no se debe a que tengas un problema, sino a la formación que recibimos. Y ahora lo estás empezando a solucionar.

❸ El procesador de textos es un desconocido. Nos fascina el primer día que descubrimos que podemos ¡cambiar el tipo de letra!, su color, tamaño o convertir un documento en un campo minado de luces y colores. También descubres por desgracia que tienes el autocorrector activado o que tu procesador tiende a «hacer cosas raras», como que te cree una lista cuando escribes un «1». Nadie nos enseña a utilizar la que será la herramienta fundamental de todos tus trabajos y aficiones. Puede que hayas asistido a un curso de Word, pero solo te diré que fue un buen curso si te enseñaron a usar estilos, a crear índices, a desactivar a fondo sus inutilidades (como la autocorrección que viene por defecto) y a trabajar bien con «Buscar y reemplazar».

❺y❻ Esas dos afirmaciones que siguen, que tienen que ver con lo que apruebe o no la Real Academia Española y las bondades del español pucelano, son dos tópicos clásicos. La RAE y las otras veintidós academias de la lengua consensúan unas normas que en su mayoría aceptamos —faltaría más—, pero que a veces chocan con las normas de algunos libros de estilo y con las necesidades de actualizar el lenguaje, tanto por los neologismos o acepciones de palabras, como por las variantes del español, tan ricas y válidas en el barrio Once de Buenos Aires como en el Tepito de la Ciudad de México.

Y si has descubierto que falta el punto 4, ¡enhorabuena!: tus habilidades de revisión son prometedoras. La corrección de un texto no solo consiste en localizar errores ortográficos que afean el discurso, sino, además, en comprobar la consistencia de sus elementos. Recuerda el consejo de Homero Simpson: «Hay tres tipos de personas: las que saben contar y las que no».

Revisa ahora otra vez el sumario de este libro. Por favor, comprueba qué es lo que más necesitas, si estás de acuerdo con algunas de las afirmaciones que hemos visto más arriba, y vamos a empezar paso a paso. Como ves, quiero hacerte trabajar.

■ B. Mapa para no perderse o instrucciones de manejo

Si eres de a los que no les gusta leer instrucciones, sáltate esta sección. Pero atención: aquí quiero explicarte por qué hay una guía y cómo te va a ayudar a trabajar mejor.

Para redactar, parece que basta papel y lápiz o Word y un documento en blanco. Pero para redactar *bien* hacen falta algunas cosas más. Daniel Cassany equipara la habilidad para construir un texto sólido, válido y comprensible con la de levantar una cabaña para pasar una noche y con la de orientarse entre dos puntos. Son aptitudes aparentemente sencillas que esconden una complejidad: descubrir que nuestro texto no *dice* exactamente lo que queríamos; es como si nos empapáramos dentro de esa cabaña una noche de lluvia o como cuando no llegamos donde queríamos y —¡horror!— descubrimos que nos perdimos en el camino.

Esa complejidad se puede resumir en algo muy sencillo: necesitamos unas instrucciones, un mapa. Lego e Ikea son los grandes abanderados de las instrucciones: podemos seguir su modelo. Seguro que por el camino nos encontraremos a grandes autores con muy buenos consejos de redacción: el citado Cassany, Alvar, Lázaro Carreter, Ramoneda, pero quiero que sigamos juntos otros pasos más sencillos.

Estas instrucciones van a ser tu guía, un mapa que te acompañe a lo largo de tu redacción para que no te pierdas, para que descubras en cada momento en qué fase estás, cuánto te queda por recorrer y los logros que vas alcanzando. Quiero que conozcas la guía antes de empezar a usarla.

Vamos a verla.

LA GUÍA

❶ Antes de nada: consigue papel y lápiz

Es fácil y barato. ¿Prefieres una pluma, un bolígrafo, una agenda Moleskine, un cuaderno hecho a mano? ¿Prefieres un programa o una app de mapas mentales, o abrir un nuevo documento en Word? Estupendo: hazlo, pero ten en cuenta que, cuando tenemos un problema que nos preocupa, una manera de evitarlo es irse por las ramas. No te entretengas con esto: papel y lápiz valen. Escribe, tacha y emborrona. Nadie escribe un mensaje correctamente a la primera.

❷ Las 4 preguntas

- **¿Qué quiero decir?** Para saber todo lo que queremos decir necesitaremos documentarnos e inspirarnos. Documentación para aportar datos y hechos, e inspiración al modo de Leonardo da Vinci: busca la interrelación de las cosas. Aquí nos arriesgaremos a aplicar una lluvia de ideas, sin miedo a anotar lo primero que se nos ocurra. No es momento de censurarnos, sino de crear. Y, ante todo, sinceridad: descubre lo que quieres decir en realidad y lo que NO quieres decir. Habrá sorpresas.

- **¿Para qué?** ¿Qué sentido tiene todo este esfuerzo al redactar tus ideas? ¿Has pensado sinceramente lo que quieres conseguir? Toda acción tiene un efecto. Piensa en lo que vas a provocar con la lectura de tu texto. Por supuesto piensa también en lo que NO quieres conseguir.

- **¿A quién se lo voy a decir?** ¿Cómo es mi público? Las personas a las que te diriges, las que te van a leer, las que van a reaccionar ante lo que tú expresas, tienen unas rasgos diferenciales: puede que sean más o menos uniformes, más variadas o absolutamente personales, pero tienes que saber mucho de las personas a las que estás escribiendo. Eso te abrirá muchas puertas para comunicarte mejor con ellas. Seguro que tienes con ellos puntos de contacto poderosos que suscitarán apoyo y empatía, y puntos débiles que puedes trabajar para conquistarlos. Pero también hay que evitar los estereotipos sexuales, machistas, homófobos y rasgos peyorativos sobre la edad, creencias o discapacidades.

- **¿Cómo lo voy a contar?** ¿A través de un documento? ¿A viva voz? El soporte lo es todo. *El medio es el mensaje*, recuerda. Cada tipo de documento o de presentación tiene sus propias estructuras, que te van a obligar a presentar tu mensaje de un modo determinado. Tu imagen, la física y la escrita, van a hablar por ti antes de que digas nada.

En los siguientes pasos o capítulos aprenderás a responder a cada una de estas preguntas.

Con todos estos datos podrás reorganizar tus ideas; hacerte una idea de la dimensión de tu texto; comprender a tu público y saber a través de qué ideas podrás ser más cercano a él, y, siempre, tener muy claro para qué estás contando todo esto.

❸ Escribir y borrar

Este es el momento de redactar. Con las cuatro preguntas respondidas y organizadas, tendrás unos buenos mimbres con los que orientar tu redacción. Cuando creas una cabaña, lo primero que levantas son los pilares, que soportarán todo el peso, y luego ensamblas las vigas maestras que pondrán la estructura a ese pequeño hogar. A partir de ahí, solo queda rellenar.

En este punto hablaremos de todas las estructuras lógicas que mantienen un texto: la espacial temporal, la de orden lógico, causa-efecto, la sintáctica y la de que cada idea es un párrafo. ¿Y sabías que también existe un *cemento lingüístico* y *bisagras* de redacción? Quizá los conozcas mejor como *puntuación* y *marcadores de texto*.

Las preguntas son los pilares y las vigas; las frases y palabras, los ladrillos con los que construyes las paredes. Para saber si todo va saliendo como querías, necesitarás recurrir a tu plan maestro, al guion donde anotaste todo: cuál es la siguiente idea que tienes que desarrollar, ver cómo la enlazas con la próxima; o lo usarás para comprobar, entre otras cosas, si ese texto se adapta a tu público, si estás diciendo todo lo que te propusiste y no te estás metiendo donde no querías.

Por eso, será el momento de escribir sin pudor, pero también el de borrar. Piensa que cuando escribimos somos como un árbol que crece muy rápido; y los árboles tienen que podarse para enderezarse, para que tomen una forma equilibrada, para que una rama no se desgaje del tronco ni se venza. Afila el lápiz y también el hacha.

➍ Text appeal en papel y en pantalla

Tu texto tiene que ser atractivo, tanto en papel como en pantalla. ¿Con qué recursos cuentas? ¿Sabes cómo debes distribuir correctamente el espacio para mejorar la lectura? ¿Sabes que como lectores necesitamos puntos de apoyo para saber en cada momento dónde estamos y qué nos espera? Aquí veremos trucos esenciales que te van a ayudar a redactar y a componer para realzar tu discurso: trabajar con estilos, la regla de las diez diapositivas, cómo equilibrar el texto con la imagen y el espacio.

⑤ Hablar en público

En esta parte del guion tendremos un listado de acciones previas que debes considerar, así como un listado de materiales que tienes que llevar contigo, más todo lo que necesitas prever para que esa exposición sea un éxito. Hay que prepararse antes de salir al estrado. Hay que ensayar y ajustarse al tiempo. Tienes que conocer la sala y los recursos con los que cuentas: desde el proyector hasta el reloj. Recuerda: no estás en un desierto. Además de tus ideas llevas tus argumentos, tu voz, tus manos, tus gestos, tus movimientos, tu complicidad con el público y, por supuesto, tu texto e imágenes. Lo del desierto no era broma: también hay agua, que es imprescindible si tu discurso te toma más de quince minutos. Desde el principio hasta al final existen recursos materiales y actitudinales que pueden hacer que tu exposición resulte perfecta.

⑥ Revisar

Con lo que cuesta escribir, ¿no sería ideal dejarlo una vez que has terminado? Sí, pero nadie es perfecto. No sé si alguna vez has esculpido una estatua o has tallado en madera un barquito de juguete. Puede que consigas la forma, pero luego toca lijar, pulir y pintar.

Sé que es lo que menos te apetece tras redactar, pero tienes que ser sincero y ver cómo ha quedado tu documento. Seguro que habrá que lijar, pulir y pintar. No hay nada como que te lean otras personas para comprobar si te comprenden, tal como tú pretendes. Pero siempre tendrás que revisar. Revisar es todo un oficio, que es lo que verás en este apartado. De hecho, existen tres revisiones. La primera consiste en comprobar tu guion para verificar el contenido: vigila si has seguido lo que respondiste en las preguntas. La segunda es limpiar el texto de errores ortográficos y gramaticales. Y la tercera, revisar la composición del documento para que sea atractivo para tu público. Si vas a exponer oralmente tu mensaje, tendrás que comprobar que esté ajustado al tiempo que tendrás para tu exposición, equilibrado en el ritmo y con los recursos gráficos adecuados. Sí: revisar es un oficio tan complejo como redactar. Menos mal que tenemos instrucciones y herramientas. Tu reto va a ser aprender a utilizarlas.

❼ Y una caja de herramientas

Las dudas no nos dejan avanzar en muchas ocasiones y consumen la mayor parte de nuestro tiempo, ¡de nuestro precioso tiempo! Pero como la principal duda es saber de qué estamos dudando exactamente, aquí, en primer lugar, aprenderás a *categorizar* las dudas. Puede que tus dudas sean ortográficas, por lo que localizar la solución será más o menos fácil, siempre y cuando tengas un buen diccionario de dudas en línea; otras serán sobre lo que significa o no una palabra; si una expresión es o no *correcta*... es decir, existen recursos fáciles de usar siempre que los tengas a mano y conozcas su funcionamiento, pues hasta el diccionario más sencillo tiene trucos asombrosos que incluso pueden llegar a convertirse en adictivos (si has usado el diccionario www.dirae.es sabrás de lo que estoy hablando). En otras ocasiones, nuestras dudas van más allá de lo lingüístico, por eso veremos unas instrucciones esenciales para sacarle el máximo partido a las búsquedas de Google.

No se trata de que en esta sección quede todo resuelto, sino de que aprendas a entender tus problemas para encauzar tu búsqueda y conseguir una solución en el menor tiempo posible.

¿Qué te parece si te lo muestro en una lista fácil de consultar?

❶ LAS CUATRO PREGUNTAS	
¿Qué quiero decir?	Exprime tu cerebro y vuelca todas tus ideas. Organízalas y jerarquízalas.
¿Para qué?	Piensa qué quieres conseguir con tu texto de tu público.
¿A quién se lo voy a decir?	Lista de características de tu público. Pros y contras para llegar mejor a él.
¿Cómo lo voy a contar?	En papel, en una presentación u oralmente.
❷ ESCRIBIR Y BORRAR	
Empieza a escribir siguiendo la estructura de tus ideas.	Reajusta, reordena o suprime ideas del guion.
Ajusta cada idea a un párrafo.	Vigila el tamaño de los párrafos y el número de palabras por línea.
Comprueba que respetas todos los órdenes lógicos.	Espacio temporal, causa-efecto y orden sintáctico.
Usa bien tu cemento y tus bisagras.	Ten cerca el listado de conectores textuales.
Borra lo que no se ajuste a tu plan. Reescribe.	Despréndete de lo superfluo.

③ TEXT APPEAL	
Estilos e índices	
Espacios	
Equilibrio entre texto e imagen	
Formatos y compatibilidades	

④ HABLAR EN PÚBLICO	
Revisión de materiales, condiciones, contactos y lugar	
Ensaya y ajusta tiempos	
Ejercita tu voz	

⑤ REVISAR	
Revisión conceptual	¿Están todas las ideas?
De intención	¿Se refleja en tu documento *para qué* escribes?
De órdenes lógicos	¿Todos los párrafos respetan el orden?
De legibilidad	¿Se ha adaptado a las características del público?
Gramatical y ortográfica	Busca los *sospechosos habituales*.

PASO 1. HACIA UNA MENTE EFICAZ: DESCUBRE QUÉ QUIERES DECIR

Siempre recuerdo a la pobre Mafalda con su eterno ejercicio de redacción sobre «La vaca». ¿Cuánto se puede escribir sobre una vaca? Se pueden tomar muchos puntos de vista: el biológico, tipológico, evolutivo, fisiológico; o el punto de vista material, como productora de leche, carne y piel; por qué no su papel en relación con el ser humano como mito o su contribución al calentamiento global... ¿Hasta dónde quieres llegar? ¿Qué es lo que queremos contar de la vaca? ¿Qué te interesa a ti que sepa el lector?

Cuando nos preguntamos cuánto podemos llegar a contar sobre algo, piensa en la nariz de Cyrano de Bergerac. Enorme, ¿verdad? Recuerda todo lo que él mismo llega a decir, más allá de una simple palabra, cuando echa a Montfleury del teatro, y este, enojado, le reprocha que «tiene una nariz grande»:

> Eso es muy corto, joven; yo os abono
> que podíais variar bastante el tono.
> Por ejemplo: Agresivo: «Si en mi cara
> tuviese tal nariz, me la amputara».
> Amistoso: «¿Se baña en vuestro vaso
> al beber, o un embudo usáis al caso?».
> Descriptivo: «¿Es un cabo? ¿Una escollera?
> Mas, ¿qué digo? ¡Si es una cordillera!».
> Curioso: «¿De qué os sirve ese accesorio?
> ¿De alacena, de caja o de escritorio?».
>
> Rostand, Edmond: *Cyrano de Bergerac*,
> Madrid: Espasa Calpe, col. Austral, 1987.

 https://goo.gl/MJwXz3

Y sigue a continuación usando variantes de burlón, brutal, fino, solícito, previsor y hasta diez más. Cualquier rapero de hoy tendría que tener mucho cuidado si se enfrentara a Cyrano en una batalla de gallos o en una lucha de rap, porque, si fuera a espadas, estaría perdido.

De acuerdo. Por aquí van los tiros. Cuando tienes que redactar, debes recopilar toda la documentación que pueda contribuir a dotar de hechos y datos tu texto, conseguir fuentes fidedignas para ver el alcance de la materia que quieres tratar, para comprobar si ya se ha tratado anteriormente y con qué enfoque, para qué público y qué fines perseguía. Por una parte, este es un trabajo en el que se requiere tu conocimiento previo del área en cuestión: saber cuáles son las fuentes principales, las secundarias, etc. Este libro no trata sobre esto. Trata el siguiente paso: qué hacer con ese cúmulo de datos, cómo organizarlo, cómo construir esa cabaña con todos estos materiales que has reunido.

Pero, por otra parte, no hay tiempo. Este libro está pensado para esos momentos en los que tenemos que redactar y el tiempo corre en nuestra contra. Por eso, no se trata de escribir una tesis. Tienes que ponerte a escribir y ya. No es necesario que recopiles toda la bibliografía sobre la vaca y su mundo. Y si fuéramos a construir una cabaña, tenemos que construirla rápidamente para guarecernos del frío de la noche.

■ 1.1. ¿Qué quieres decir?

En vez de lanzarte a los brazos de Google y pedirle que te muestre todo lo que existe sobre el asunto que te preocupa —porque es capaz de mostrártelo TODO—, hazte antes estas preguntas para tratar de ser más eficaz, para perfilar más el enfoque y alcance de tus ideas. Responde solo las que consideres pertinentes:

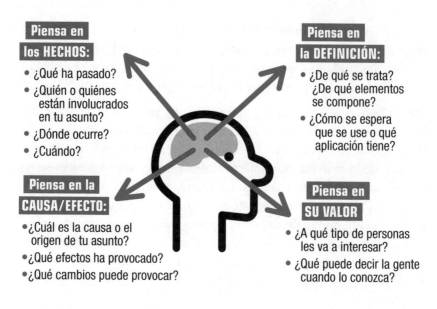

Piensa en los HECHOS:
- ¿Qué ha pasado?
- ¿Quién o quiénes están involucrados en tu asunto?
- ¿Dónde ocurre?
- ¿Cuándo?

Piensa en la DEFINICIÓN:
- ¿De qué se trata? ¿De qué elementos se compone?
- ¿Cómo se espera que se use o qué aplicación tiene?

Piensa en la CAUSA/EFECTO:
- ¿Cuál es la causa o el origen de tu asunto?
- ¿Qué efectos ha provocado?
- ¿Qué cambios puede provocar?

Piensa en SU VALOR
- ¿A qué tipo de personas les va a interesar?
- ¿Qué puede decir la gente cuando lo conozca?

Vamos a descubrir cómo aplicarlo primero con un ejercicio práctico resuelto y después con uno que deberás redactar según este modelo.

EJERCICIO MODELO

Trabajas para una empresa de venta de productos estacionales, también conocidos como «decoración navideña». Son mayoristas, es decir, venden fundamentalmente a distribuidores, no al público general. Debes redactar un informe sobre la evolución de las ventas del último trimestre.

¿Qué ha pasado? Las ventas han aumentado, pero no tanto como esperábamos.

¿Quién o quiénes están involucrados en tu asunto? Departamento de marketing, de ventas, los comerciales, distribuidores, política directiva, logística.

¿Dónde ocurre? En las ventas de mi empresa, último trimestre, solo en dos grandes ciudades.

¿Cuándo? Desde hace 6 meses.

¿De qué se trata? ¿De qué elementos se compone? Venta de productos almacenados. Campañas de promoción.

¿Cómo se espera que se use o qué aplicación tiene? Uso estacional. Decoración.

¿Cuál es la causa o el origen de tu asunto? La aparición de la competencia con precios más bajos. Los usuarios compran todo por internet.

¿Qué efectos ha provocado? Un incremento no esperado en los almacenes. No bajará el costo de alquiler de espacio. Hay que renegociar precios o buscar otro depósito. Hay que estimular ventas; ¿aumentamos porcentajes a los comerciales? ¿Reducimos precio, margen? ¿Lanzamos campaña de publicidad? ¿Costos asumibles?

¿Qué cambios puede traer? Dos enfoques; si hay soluciones, mejoras. Si no hay cambios, se recrudece el problema y generará una crisis. ¿Nuevos canales de venta?

¿A qué tipo de personas les va a interesar? Externamente: a distribuidores, cadenas de venta. Internamente: a todos los implicados, menos producción.

¿Qué puede decir la gente cuando lo conozca? Querrán comparar precios, tiempos de envío.

Cuando leo lo que he escrito ya estoy pensando en posibles soluciones, ¿tú no?

Solo con centrar el objeto de nuestro asunto sobre el que tenemos que redactar, empezamos a ver todas las posibilidades que tiene.

Quizá al ver el problema sobre el papel, al tener la necesidad de preparar un informe se descubra qué es lo que está pasando. Esto también es una buena noticia: los informes no tratan de dejar constancia, de tomar una instantánea del momento para el recuerdo. No: son un análisis de la situación para valorar qué medidas se toman. Precisamente tomar notas ordenadas antes de lanzarnos a redactar puede ahorrarnos tiempo en el mismo tiempo de escritura, pero, sobre todo, puede ayudarnos a ganar horas de trabajo, a mejorar la productividad y así reducir costos, lo que puede significar aumentar ganancias.

Redactar es reflexionar.

Al redactor del informe le preocupa que las ventas sigan sin despegar. Empieza a cuestionarse problemas (los costos de almacenaje no se reducen, hay menos ingresos, pagar más a los comerciales puede salir más caro que vender más...) y soluciones (nuevos canales de venta, nueva campaña...).

Vamos a dejarlo aquí por un momento. En un rato volveremos a ver cómo siguen sus notas de redacción porque más adelante tendrá que ampliarlas, añadir otros puntos de vista para modificarlo antes de lanzarse a escribir. Pero tenemos que parar para ver tu caso.

Ahora te toca a ti. No huyas. Estás leyendo y estas páginas han absorbido tu mente. Bien, puede que no disponga de tanto poder, pero sí te pido que empieces a poner en práctica esta técnica para situar y delimitar tu tema.

TU EJERCICIO

Te propongo que hables sobre las oportunidades de promoción de tu empresa en las redes sociales. ¿Trae más ventajas o inconvenientes? ¿Debes usar todas las redes disponibles o solo las que estén a tu alcance? Así, ¿necesitarás Facebook, Twitter, LinkedIn, Google+, Instagram, Foursquare, Pinterest, Menéame...? ¿Vas a generar contenidos propios y originales o vas a compartir el contenido de otros? ¿Cuánto tiempo puede llevarte la gestión de esas redes? ¿Solo tú o necesitas un equipo? ¿Qué partida presupuestaria necesitarías?

Vamos por las preguntas:

Piensa en los HECHOS:

¿Qué ha pasado? _____

_____

_____

¿Quién o quiénes están involucrados en tu asunto? _____

_____

_____

_____

¿Dónde ocurre?_____

_____

_____

¿Cuándo?_____

_____

_____

Piensa en la DEFINICIÓN:

¿De qué se trata? ¿De qué elementos se compone? _____

_____

_____

¿Cómo se espera que se use o qué aplicación tiene? _____

_____

_____

Piensa en la CAUSA/EFECTO:

¿Cuál es la causa o el origen de tu asunto?_____

_____

_____

_____

¿Qué efectos ha provocado?_____

_____

_____

_____

_____

¿Qué cambios puede provocar? _____
_____
_____
_____

Piensa en su valor:
¿A qué tipo de personas les va a interesar?
_____
_____

¿Qué puede decir la gente cuando lo conozca?
_____
_____
_____

Si has podido responder a todo, comprobarás que en tu mente ya empiezan a bullir las ideas para saltar al papel. Perfecto, vamos a abrir las puertas para que salgan en tromba. En breve volvemos a tu texto. Como hicimos con la persona que redactaba el informe sobre productos navideños, ahora nos toca dejar reposar nuestro borrador por un rato. Enseguida volvemos.

1.1.1. Cómo podemos extraer más ideas

La lluvia de ideas. Puedes organizarla solo o en compañía. Una visión externa puede aportar nuevos puntos de vista que precisamente tu enfoque no logre ver. Es muy importante que en este momento te dejes llevar por tu imaginación, que aceptes todo lo que se te ocurra. Ahora no es momento de tachar, sino de anotar y asociar. Pero, por favor, controla el tiempo. Te recomiendo que empieces a usar ya la técnica *pomodoro* —si no la conoces, la puedes descubrir en el apéndice del final, en «Una caja llena de herramientas», pág. 285—. Dedícate un máximo de diez minutos.

Para conseguir que tu lluvia de ideas sea eficaz, sigue estos pasos:

❶ Pon el reloj en marcha y lánzate: por lo menos debe haber alguna respuesta a estas preguntas: ¿Qué es? ¿Un problema, una solución, una causa, un efecto? ¿Dónde? ¡Localízalo! Ve siempre de lo grande a lo pequeño, para contextualizarlo. ¿Cuándo o desde cuándo? ¿Por qué ahora y no ayer? ¿O será mañana? ¿Qué partes tiene? ¿Se puede dividir? ¿Cómo se relacionan sus partes? ¿Afecta a mucha o poca gente? ¿Ventajas, desventajas? ¿Ocurre de una vez, en fases? ¿Cuál es el orden? ¿Se puede tocar, oler, saborear...?

❷ No te juzgues ni a ti ni a nadie por lo que escribas. Puede que incluso se rían. Genial. Ser ingeniosos en un momento de tensión relaja mucho y les puede permitir llegar más lejos. Bienvenidas sean unas buenas risas.

❸ No taches. No te preocupes ahora por la gramática ni la ortografía, ¡ahora no! Si acaso, por favor, respeta la caligrafía para que alguien, aparte de ti, pueda descifrar lo que hayas escrito.

❹ Si no encuentras más ideas, piensa que estás en un laberinto, a ciegas: palpa cada pared y recoveco para descubrir nuevas salidas. Revisa cada una de las ideas que has lanzado y comprueba si tiene alguna conexión con alguna otra que no veías antes.

❺ Antes de terminar, lee en voz alta lo que has escrito. Las ideas llaman a otras ideas. El sonido de las palabras produce efectos distintos a la mera lectura. Puede que te llegue una nueva asociación de ideas.

❻ Este punto es secreto. Nadie te lo va a confesar nunca: anota también qué es lo que NO quieres decir. Parece obvio, ¿verdad? Bien, ya sabemos qué hacemos con lo obvio en este libro: desmenuzarlo. Piensa en lo que no quieres decir como en una línea roja. Cuentes lo que cuentes, nunca digas lo que no quieres decir. También descubrirás el verdadero alivio que supone descargarte de ese peso. Anótalo bien destacado y aíslalo del resto. Y recuerda: no se lo cuentes a nadie; es un secreto.

Tu cerebro son dos amigos qué empiezan a jugar una partida de «A ver si descubres en qué personaje estoy pensando». Por eso la lluvia de ideas sirve para sonsacarle la información del tipo «¿Es hombre o mujer? ¿Está vivo o muerto? ¿Vive aquí o en el extranjero?», etc. No sabes cómo, pero una parte de tu cerebro tiene muy claro lo que quieres decir: el lado derecho del cerebro bulle en ideas y tiene formado ya un plan amorfo que tu lado izquierdo tiene que descifrar y transcribir. Tan claro que, cuando vea perfilado el texto, lo reconocerá perfectamente. Si no lo perfilas, escribirás y hablarás a borbotones, que es precisamente lo que queremos evitar.

Es muy hermoso pensar que existen amigos que entienden perfectamente lo que quieren decir solo con mirarse. Genial. De película. Pero, en la vida real, al presentar un informe ante tu equipo nadie va a quedar muy satisfecho si solo los miras intensamente a los ojos con un «ya saben lo que quiero decir». No: hay que expresarse con claridad, síntesis y precisión. Y si es por escrito, mejor. Son habilidades que mejoran tu comunicación y también tu supervivencia.

1.1.2. Otro truco de extracción de ideas: las cinco W

Este es el recurso clásico para lanzarse a escribir. Sigue el modelo anglosajón de cinco preguntas (*What, When, Where, Who, Why*). Sea lo que sea que quieras contar, tiene que poder responder a las cinco W:

What?	**¿Qué? ¿Cuál es el asunto que estamos tratando? ¿Puedes ofrecer una imagen clara y sencilla?** Apunta y anota todas las palabras que crees que pueden definirlo. No vas a conseguir ahora un titular, pero de aquí extraerás las notas para hacerlo.
When?	**¿Cuándo?** Necesitamos coordenadas espaciotemporales para contextualizar y entender dónde transcurre; si es un hecho puntual, reiterativo o simultáneo; si es uno que causa otros; si es algo qué ocurrirá en el futuro. Tanto este como el siguiente punto son buenos lugares para considerar las cadenas de causas que llevan a este asunto.
Where?	**¿Dónde? ¿Ocurre solo en tu contexto local? ¿Abarca otras zonas? ¿Ocurre en varios lugares?** Define bien los espacios para empezar a descartar lo que para ti es obvio. El lector puede no conocer los detalles ni el significado implícito que tú atribuyes a un determinado espacio, ya sea un país, una región, un departamento o un barrio. El usuario no entiende de connotaciones.

Who?	**¿Quién?** El objeto de tu texto puede ser un elemento, un hecho o una persona, pero tienes que mostrar con claridad quién es el protagonista de tu historia. Deja claro desde el principio el *dramatis personae* que va a aparecer en las siguientes líneas. ¿Es una sola persona o institución? ¿Varias? ¿Qué relación guardan? ¿Qué otros elementos intervienen, en qué orden y en qué lugar?
Why?	**¿Por qué? Y, sobre todo, ¿para qué?** Preguntas que nos van a dar la razón de que exista este mensaje. ¿Qué mueve a estas personas para que ocurra X en el momento Y y en el lugar Z? ¿Para qué quieres contarlo?

EJERCICIO MODELO

Vamos a ver qué ha pasado con esa caída de ventas de productos navideños. A ver qué se le ha ocurrido tras usar esas pistas y el método de las cinco W:

Vamos por una lluvia de ideas para completar tu anterior trabajo sobre la promoción de tu empresa en la web. Antes situaste el caso, le diste un contexto. Ahora te toca desarrollar todas las posibilidades de esas líneas. Pon a trabajar a tu lado derecho. Déjale que te dé todas las pistas.

¿Qué es? ¿Cuándo? ¿Dónde? ¿Quién? ¿Por qué? ¿Qué NO quieres decir? ¿Y qué implica cada una de las notas que escribiste?

Puedes escribir en la hoja adjunta. Y si te resulta más cómodo y eres de esas personas que nunca escribe sobre un libro, usa tu propio papel, por supuesto. Pero prepárate, prepárate, porque los diez minutos comienzan ¡ya!

No hemos acabado aún con el problema de ventas ni con tu ejercicio. El interrogatorio sigue para que podamos perfilar mejor tu mensaje.

1.1.3. Hacia el mapa de ideas

Ahora te quiero contar algo sorprendente sobre las esponjas y la comunicación:

> Disgrega las células de una esponja [no las del baño, sino las del mar] (haciéndolas pasar por un cedazo, por ejemplo), échalas luego en una solución y ellas solas encontrarán el medio de volver a unirse y organizarse en una esponja. Puedes hacerles eso una y otra vez y se reconstruirán obstinadamente porque, como tú, como yo y como todos los demás seres vivos, tienen un impulso imperativo: seguir siendo.
>
> BRYSON, Bill: *Una breve historia de casi todo,*
> Barcelona: RBA Libros, 2016.

Eso es lo que va a empezar a pasar con tus ideas. Van a empezar a tomar forma. Han salido en torrente de tu cerebro y se han desparramado por el papel. Ahora vamos a ayudar a conectarlas. Esto nos va a servir para descubrir la estructura de tu documento. ¿Recuerdas? Los pilares y las vigas que soportarán el peso de tu argumentación, de tu mensaje. Llega el momento de ver ese enorme borrador y transformarlo en un mapa de ideas:

❶ Agrupa ideas similares. Puede que algunas se repitan o que sean la extensión de otra.

❷ Asígnales un orden lógico: cuáles han ocurrido antes; cuáles, después; cuáles son las causas; cuáles sus efectos.

❸ Destaca las de mayor importancia, y prioriza. Cuál es la primera, la segunda... Qué ideas puedes agrupar bajo una misma categoría y hacia dónde conducen.

¿Cómo priorizar las ideas? Ante todo, recuerda que estamos haciendo un borrador, que lo que decidas ahora está basado en tu primera valoración, ¡porque hay que empezar en algún momento! Si tienes que levantar un tejado sobre cuatro pilares, siempre habrá que empezar por algún lado. En tu caso, es esencial seleccionar las ideas más relevantes: las que proponen un cambio y cómo llegar hasta él.

EJERCICIO MODELO

En nuestro ejemplo, se han señalado tres ideas principales para elaborar un informe sobre las ventas trimestrales:

❶ Hay un problema (con sus causas) que va a afectar a varios grupos profesionales. Se ha relacionado el problema no solo con el índice de ventas, sino con lo que se ha llamado eufemísticamente *efectos colaterales*.

❷ Se necesita un análisis de los últimos tres años de la competencia y de las campañas. Esto va a suponer un esfuerzo extra. Con este informe se está pidiendo una llamada a la acción.

❸ Con ese análisis se podrá valorar si una posible solución es aumentar las ventas por internet (sin decir que la web de la empresa es pésima).

❹ No se ha tenido en cuenta el aspecto local ni otras causas, y, por supuesto, se han suprimido las anotaciones que solo sirvieron para aliviar la tensión. Quién sabe si se puedan recuperar estos apuntes para la exposición oral, si la ocasión lo permite.

Este informe propone un balance de la situación, una propuesta de análisis y una propuesta de solución. Así visto, ya tenemos buenos mimbres. Vamos a dejarlo reposar un rato, porque quedan algunos detalles que, como comprobarás, son esenciales antes de lanzarnos a redactar.

TU EJERCICIO

Prueba con tu lluvia de ideas. Sobre tu documento o sobre la página (si te atreviste a escribir sobre el libro) donde anotaste todas las ideas, traza las líneas que las agrupen y las priorice: es el momento de diseñar tu mapa.

¿Se pueden agrupar? ¿Hay jerarquías? ¿Cuáles son más importantes? ¿Presentan un orden lógico, ya sea cronológico o causal? Dibuja las líneas y enumera.

Cuando lo hayas dibujado, anota aquí abajo las tres ideas principales:

Seguro que has dejado atrás otras ideas irrelevantes u otras ideas que se solapaban. Puedes mirar con satisfacción tu obra en curso. De aquí va a salir un documento sólido.

Ahora bien, debes tener en cuenta que dentro de un rato, casi con seguridad, acabarás por modificar tu opinión porque establecer prioridades hace que cambien las respuestas a las preguntas de *¿para qué?* y *¿a quién?* Son preguntas delicadas que requieren un tratamiento especial. Vamos por ellas.

■ 1.2. ¿Para qué lo quieres decir?

Este es el punto más controvertido: se requiere una dosis de sinceridad superior a la cotidiana. Y no existe un manual ni un aprendizaje para conseguirla. Parece sencillo porque sueles tener la sensación de que tienes muy claro por qué preparas un informe, pasas un aviso o respondes una circular. Vamos a ver algunos ejemplos que he visto en mis clases:

El caso de Adolfo el queretano

Estamos en abril de 2012 en un aula del TEC de Monterrey, en Querétaro. Un grupo de estudiantes de distintas especialidades tienen que mejorar sus habilidades de comunicación. Para saber qué tal escriben, qué les interesa y qué les preocupa, les pregunto por sus últimos ensayos. Eso también es parte de la comunicación. Un alumno —llamémosle Adolfo— está redactando un proyecto de fin de grado. Quiere ser ingeniero industrial. Apostaría cualquier cosa a que ya es ingeniero industrial. Su proyecto trata sobre cómo capturar CO_2. Nada más echar un vistazo a su texto, a simple vista, la estructura es clara y precisa; abundan los datos basados en informes de instituciones como la ONU, el MIT y el JET Propulsion Laboratory: todos ofrecen un pronóstico deprimente. Se exige fortalecer acuerdos internacionales, medidas de cambio radicales. Es aquí donde interviene el genio de Adolfo y lanza su propuesta, bien contextualizada y lógica, de unos dispositivos —de los que solo muestra datos de terceros— capaces de atrapar unas cantidades razonables de CO_2 para fijarlo y limpiar nuestra atmósfera.

Tras reconocerle el esmero y el esfuerzo, y felicitarlo para que su profesor —presente en este acto— vea el valor de su alumno, llegó el turno de preguntarle *para qué* lo había escrito. A todos les pareció que esta pregunta era obvia. Error. Siempre que detectes algo *obvio* debería saltarte una alarma para comprobar si lo que se cuenta, lo que se expresa y la razón por la cual se expresa tienen realmente esa relación tan evidente. Lee atentamente, porque nos acercamos a ese esfuerzo por ser sinceros que se oculta tras la obviedad. «¿Que para qué he escrito ese ensayo?», me preguntó Adolfo sorprendido. «Por mi compromiso con el medioambiente; para recuperar el equilibrio que sostenga a este planeta en el futuro; para dejar un lugar donde nuestros hijos puedan vivir sin preocupaciones». Eso con diecinueve años. Para quitarse el sombrero. Estaba bien, pero revisemos lo obvio a ver si es tan razonable como parece: consiste en ver estas proposiciones y su orden desde otro punto de vista para descubrir si la lógica que las sustenta sigue siendo tan sólida como para que sea *obvio*... o en realidad hay espacios en blanco que hacen perder la conexión entre el propósito y el mensaje expuesto, entre los benditos deseos de Adolfo de salvar el mundo y su proyecto.

Veámoslo así de claro: ¿nuestro amigo Adolfo, a sus diecinueve años, estudiando duro una carrera técnica a cientos de kilómetros de su casa, llega a la conclusión de que necesita aportar su respuesta para solucionar el problema del efecto invernadero, y lo recoge en un proyecto de fin de grado, en vez de dirigirse a los medios o a patrocinadores? Bien podría haber sido así, como Jack Andraka[1] encontró un prometedor remedio para combatir el cáncer pancreático a sus dieciséis años.

Pero Adolfo *tenía* que redactar un proyecto. Puede que eligiera un tema que le gustara, como el de las causas del cambio climático y qué soluciones están a nuestro alcance con la tecnología disponible. Pero fue una elección que respondía a otro impulso, a otro *para qué*. Así que, sin querer ser aguafiestas, Adolfo no había sido del todo sincero en su respuesta a la pregunta de para qué había escrito tanto y tan bien argumentado. Escribió para sacar una buena nota, para demostrar no solo que era un buen estudiante, sino que ya era capaz de organizar un proyecto; vaya, que con ese proyecto demostraba que cumplía todos los requisitos para diplomarse con mérito, que al fin y al cabo era lo que se esperaba de esos estudiantes cuando presentaban un proyecto. Pero aún guardaba un secreto más, que descubriremos más adelante.

---

[1] Si no lo conoces, descúbrelo: ▶ https://goo.gl/4R7BJP.
Es un genio.

Es decir, para qué escribimos no es tan obvio ni yo soy tan original al recordarlo, pero nos viene bien tener esto claro: que cuando necesitemos sinceridad, entendamos con claridad qué quiere decir *sinceridad*. Cuando redactes no te puedes engañar a ti mismo. Tienes que saber con toda claridad para qué lo haces y, de paso, que también lo haces para evitar efectos indeseados. Por eso fue fundamental que en la lluvia de ideas empezaras a sincerarte al anotar qué era lo que NO querías decir.

Piensa en un mago. Un mago nunca se engaña a sí mismo: su cara de asombro es parte de su truco. Yo quiero que seas como el mago, pero con palabras.

Por cierto, puestos a ser sinceros, si yo consideré que Adolfo no había sido sincero al responder a la pregunta que yo le había planteado, ¿para qué quise felicitarlos a él y a su profesor? Todos tenemos nuestros intereses y nuestros trucos; mi razón era evitar que se vengara a la salida de clase, ¡je, je, je!

Disculpa que me esté extendiendo tanto con la cuestión de *para qué*, pero esta simple pregunta es el detonante primordial: es lo que nos mueve, lo que nos lleva a tomar una u otra dirección, y en ocasiones lo ponemos por escrito.

La mayoría de los problemas de redacción se basan en este sencillo problema: en considerar *obvio* saber adónde vas con tu escrito, adónde quieres llevar a tu público, qué quieres que piensen, si quieres inducirlos a pensar de un modo determinado, si quieres que te apoyen o rechacen otra propuesta... todo esto no es evidente ni se suele mostrar con claridad. Para conseguirlo puedes decirlo con toda claridad o ser lo suficientemente hábil como para sugerirlo o inducirlo. El orden de las ideas sí altera el producto e incluso puede conducirlo hacia donde tú quieras.

Por eso es determinante tener claro el para qué a la hora de tomar decisiones en el mapa de ideas que veíamos unas páginas atrás: tu intención te ayudará a decidir qué ideas valen —y cuáles no—, y cuál es el orden correcto para presentarlas si quieres conseguir tu objetivo.

Como has visto, es un ejercicio de sinceridad. Un poco de introspección, que siempre viene bien. Vamos a ver algunos ejemplos reales y cotidianos para qué tú decidas, como si estuvieras en su caso, *para qué* están escribiendo estas personas:

Alberto en San Francisco

Alberto, barman experto,[2] trabaja a media jornada como periodista para una revista de gran tirada sobre tendencias. Coordina una sección de entrevistas y reportajes sobre gastronomía y productos *gourmet*. En seis meses se celebra en San Francisco el principal encuentro internacional sobre coctelería. Escribe a sus directivos y les dice que necesita conseguir permiso y fondos que le permitan asistir al evento porque es imprescindible un reportaje sobre el tema para la revista; que él lo puede hacer mucho mejor que su corresponsal, más ducho en moda y complementos.

¿Para qué está escribiendo? Rodea el número de las opciones que consideres apropiadas:

❶ Para evitar que el encuentro quede deslucido por el corresponsal inexperto.

❷ Para ir a San Francisco y disfrutar de la ciudad, además de hacer su trabajo.

❸ Para que su revista consiga un reportaje mejor que otras.

❹ Para que, de algún modo, que solo él y Adolfo saben, puedan reducir el CO_2 del planeta.

❺ Para demostrar el compromiso que tiene con su sección.

Si las ordenaras en función de aquello para lo que tú consideras *sinceramente* que escribe a sus superiores, ¿cómo ordenarías los números de estas respuestas?

Fernanda y las subvenciones

Fernanda es una administrativa que trabaja en una consultora. No es que le guste mucho su trabajo, pero le da para vivir. No quiere

---

[2] En el Paso 5 (pág. 247) hablaré de las cacofonías y de las rimas imprevistas, como esta de «Alberto, barman experto».

> **«Para qué» es una pregunta que nos sirve para reordenar el mapa mental.**

perder este puesto. Su directora le pide que prepare la documentación y la propuesta de una subvención según un pliego de condiciones para adaptarse a los nuevos medios digitales. Solo las propuestas que se ajusten al 100 % de lo exigido podrán acceder a los fondos. Así, el texto resultante demuestra que su empresa no solo cumple todas las condiciones, sino que además es un ejemplo para su sector. El texto es claro, conciso y de fácil lectura, con imágenes, gráficos y toda la documentación anexa; cuenta con un buen índice y amplios márgenes.

¿Para qué ha escrito esta propuesta? Rodea el número de las opciones que consideres apropiadas:

❶ Para que su empresa se beneficie.

❷ Para demostrar ante la dirección que ella es más que eficiente.

❸ Para que su empresa se adapte a los nuevos medios digitales.

❹ Para conseguir un bonus por la subvención y escaparse a San Francisco con Alberto.

❺ Para demostrar que le gusta redactar proyectos.

Si las ordenaras en función de aquello para lo que tú consideras sinceramente que ha redactado y presentado tan bien este encargo, ¿cómo ordenarías los números de estas respuestas?

EJERCICIO MODELO

Retomemos ahora el ejercicio del informe de ventas. ¿Para qué lo estaba escribiendo? De acuerdo, por más que se lo preguntemos no nos va a responder. Es algo personal e íntimo que no nos quiere confesar. Pero, como por el momento todavía tengo ciertos poderes sobre mis personajes, te diré que dentro de su mente se perciben con claridad estas preocupaciones:

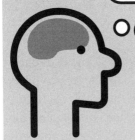

La cosa pinta mal. Si las ventas siguen bajando y no hay cambios, puede que empiecen a despedir a gente o que acaben cerrando la empresa.

¡Si hiciéramos como la competencia y empezáramos a vender directamente desde nuestra web!

¡Pero nuestra web es horrible!

Claro que, como la ha diseñado el hijo del jefe, a ver quién dice que la cambiemos. Pero la caída de ventas coincide con el desarrollo de las webs de la competencia ¡hace tres años!

Estamos perdiendo cuota de mercado.

No quiero perder mi puesto de trabajo ni que desparezca la empresa. Somos un buen equipo. Tengo que demostrar que hay una solución.

Ahora, si le pido que anote para qué redacta el informe, entenderás que escriba:

Voy a demostrar que hay una solución.

También podría añadir «Es lo que me han mandado que haga» o «Me preocupa mi trabajo, mis compañeros, mi empresa». Es decir, tiene una motivación y quiere convencer. Nada de esto aparecía antes en el mapa de ideas. Y parece que es lo más importante, ¿verdad? Sí, era obvio, pero no lo sabíamos.

Así, su mapa de ideas
pasa de ser:

A esto otro:

❶ Hay un problema que va a afectar a varios grupos profesionales.

❷ Se necesita un análisis de los últimos tres años de la competencia y de las campañas.

❸ Con ese análisis se podrá valorar si una posible solución es aumentar las ventas por internet.

❶ Hay que aumentar las ventas por internet para superar el problema de ventas.

❷ Necesitamos verificar esta premisa con el análisis de los tres años.

Valora *para qué* quieres escribir. Si vas a responder que es solo porque yo te lo pido, eres una persona de una gran sinceridad —enhorabuena—, pero trata de centrarte en tu caso práctico, que, por cierto, seguro que te resulta útil en tu trabajo. Antes de revisarlo, considera lo que te cuento en el siguiente párrafo.

Tu imagen escrita es la imagen de tu empresa.

En el día a día, en tu trabajo sueles redactar porque toca, porque te han encargado hacerlo y tú eres la persona responsable de hacerlo —como le ocurría al personaje del ejemplo, aunque contaba con motivación extra—. Puede que sea porque hay que quitarse de en medio esta tarea, no porque un impulso te lleve a redactar. Bien: esa suele ser la situación cotidiana, con poca motivación, con ganas de terminar pronto y de que te entiendan rápido y claro. ¡También bien! Estamos de acuerdo en todo. Pero en esos momentos sueles ampararte en la urgencia para no describir lo que para ti es obvio: todos los detalles que has enumerado en la lista de ideas. Hay algo que no debes olvidar nunca en tu trabajo: tu imagen escrita es la imagen de tu empresa. El principal motivo para redactar, el para qué primordial, es que tienes que proyectar tu imagen en tu escrito. Si es un texto de tu empresa para usuarios, clientes o proveedores (para el exterior), es la imagen corporativa la que está en juego; si es un texto de uso interno, eres tú quien se muestra al resto del personal, el equipo que trabaja contigo o para ti. Sea cual sea tu motivación, la primera es la imagen.

Así que, en la lista de *para qué*, anota: «Proyectar una buena imagen propia y de mi empresa».

TU EJERCICIO

Si sigues estas pautas del *para qué*, revisa ahora esas tres ideas principales que anotaste antes y propón un nuevo orden:

1 _____

2 _____

3 _____

Y, sí, puedes añadir: 4. «Porque tú me lo pediste» y 5. «Para proyectar una buena imagen propia y de mi empresa».

Parece que ya tenemos todo lo que necesitamos para redactar, ¿no es cierto? No hay nada que pueda cambiar este orden. ¿Seguro? Un momento, queda uno de esos detalles *obvios* que no siempre están tan claros y que puede volver a reajustar nuestro mensaje: el público.

■ 1.3. ¿Para quién? Descubre a tu público

Según a quién escribas vas a necesitar distintos registros de vocabulario (culto, coloquial, técnico...); de tratamiento (fórmulas de cortesía, de usted o el desvergonzado tuteo que yo estoy usando para dirigirme a ti, quiero decir a usted o a su excelencia); de edad (no es lo mismo escribir a personas de mucha más edad porque influirá en la tipografía —por la fuente elegida y su tamaño—, el espaciado, las indicaciones...); de lugar (cuidado con el uso de modismos locales, palabras que cambian de significado al cambiar de país o no se reconocen y distancian al receptor —es el caso de *computadora* y *ordenador*); de enfoque (gustos, preferencias, temas tabú, puntos débiles...). Sí, parecía un detalle sin importancia, obvio, pero por eso hay que revisarlo y anotarlo en tu guía.

El secreto de Adolfo

A Adolfo aún le quedaba un secreto tras confesarnos para qué había redactado aquel ensayo. Era consciente de que el tema elegido, la solución a un problema medioambiental, era uno de los favoritos de su profesor. Si bien por una parte se arriesgaba a que su profesor revisara a fondo cada detalle —precisamente por ser un experto—, también sabía que pisaba firme, que era un asunto con el que iba a captar la atención de quien debía evaluarle. Adolfo sabía además algo esencial que no aparecía en la biografía de su mentor ni en su extensa bibliografía: era una persona muy optimista y siempre buscaba una solución a cada problema. Eso era algo que solo podía conocer por su trato diario, pero, al saberlo, lo puso a su favor. Adolfo supo enfocar su mensaje para que su profesor —también su receptor, su lector— estuviera dispuesto a ser más comprensivo y abierto a su propuesta más que a la de cualquier otro alumno. Conocía muy bien *a quién* estaba escribiendo y lo aprovechó a su favor.

Un genio, este Adolfo. Estoy seguro de que está llegando lejos, no solo por sus conocimientos, sino porque sabe elaborar su mensaje respondiendo a las preguntas más difíciles: *para qué* y *a quién*.

Tampoco quiero que la estrategia de Adolfo te lleve a una conclusión rápida y equivocada: nuestro trabajo no consiste en regalarle los oídos a nadie ni en decir solo lo que quieran escuchar. En el ejemplo con el que hemos estado trabajando, precisamente, vimos con claridad un conflicto: el famoso índice de ventas podría mejorar si se cambia la web de la empresa, que es horrible, pero ¡rayos!, eso es precisamente de lo que no quería decir nada en absoluto. Estos datos, bien combinados, le van a ofrecer al redactor del informe una solución en cuanto describa a quién está enviando su mensaje. Volvamos a nuestro ejemplo de la página 24:

EJERCICIO MODELO

El informe trimestral de ventas lo va a leer el equipo directivo de cada una de las áreas afectadas para tomar una decisión. Ya sabemos que el redactor del informe va a intentar utilizar la persuasión para convencerlo de que hay una solución. Este equipo de dirección son solo tres personas de las que tiene algunos datos claros:

— La directora de Marketing quiere más fondos para alcanzar un mayor impacto a través de campañas web: sabe de lo que habla y ha propuesto varias veces que la empresa se vuelque en el ámbito digital. Es decir, aquí tiene una aliada y es muy valiosa. Todos han apostado por ella y ella sabe lo que vale. Si la empresa se hunde, es casi seguro que ella encontrará trabajo pronto.

— El segundo elemento es el director de Logística. Viene de un sistema tradicional; desconfía de las nuevas tecnologías porque teme que la web pueda acabar con la forma de distribución con la que ha vivido toda su vida; pero sabe que las ventas caen, que las campañas han sido las de toda la vida, pero que, por una especie de extraña sequía, a ellos no les llega tanto dinero como a la competencia. Algo pasa, pero no sabe qué es. Quizá con algo de apoyo y confianza y la demostración del análisis pueda entender que lo que ha sido bueno para la competencia puede también ser bueno para ellos. Esta persona teme que el cambio suponga que su puesto pueda desaparecer, pero le interesa que la reconversión le sirva para reciclarse y ofrecer nuevos servicios adaptados al momento. Tampoco quiere que la empresa caiga y está dispuesto a todo por seguir adelante.

— Solo falta un tercero: el hijo de la gerenta. El ojo del huracán que está calmado mientras todo se hunde a su alrededor. Está conociendo la empresa que algún día heredará. Él es el responsable de la web y sabe que no funciona como debería. Quiere ser programador de videojuegos, no gestor web, así que, por el compromiso con su madre, desarrolló un sitio web para salir del paso, pero no está orgulloso del resultado. Es decir, es un asunto muy delicado que va más allá de una mera cuestión profesional. Lo emocional, los asuntos íntimos familiares a los que ni queremos ni debemos llegar, así como las aspiraciones de futuro de una y otro se entrecruzan en el destino de un equipo de profesionales que apuestan por cambiar la situación actual y así salvar su empleo y la empresa.

¿Qué conclusiones saca de todo ello? ¿A quién está escribiendo? A personas que quieren cambiar la situación; que quieren una demostración, nada de reproches; que necesitan un mensaje optimista ante el cambio. Quien redacta el informe anota en su guion previo a la redacción del informe:

¿A quién? Personas de entre treinta y cincuenta y cinco años, locales, con conocimientos del sector. Puedo usar un vocabulario técnico, un planteamiento optimista, un tono formal pero cercano que incluso posibilitaría usar algún símil. (¿Y si uso para empezar mi informe la metáfora de *El traje nuevo del emperador*?).

Puede que te parezca excesivo, pero al escribirlo se consigue ver con toda claridad y en su conjunto al tipo de personas a las que te diriges. Anótalo bien, por si en algún momento, más adelante, cuando revises tu texto, te encuentras con algún modismo o coloquialismo que no acepte la persona de cincuenta años. Sabrás que tienes que cambiarlo; o si acaso te excedes en la cercanía, recuerda que siempre tienes que ser formal.

Y hace bien en anotar ese símil del cuento clásico para acercarse más a su público. Recuerda: ahora todas las ideas son bienvenidas. Más adelante podrás ver si encaja mejor por escrito o en la exposición oral.

Puede que no siempre sepamos cómo es nuestro público, pero tenemos que interesarnos por saber cómo son, descubrir los medios para averiguar algo sobre ellos. Puede que tengamos encuestas —de nuestros consumidores, de clientes, de empleados, de estudios sectoriales—, escritos similares —informes, cartas, comunicados que han conseguido convertirse en un modelo—, textos con más éxito de recepción que otros —ni que decir del éxito de los discursos de Obama frente a los de otros presidentes—. Todos los datos que obtengamos nos van a ayudar a acercarnos más, a conseguir que sean más receptivos y abiertos a nuestro mensaje.

Entonces, ¿qué tenemos que saber de nuestro público y cómo influirá en el mensaje? Nos centraremos en dos cuestiones primordiales: la edad y el sexo. Y, a continuación, encontrarás un pequeño apartado sobre algunos temas de vocabulario que también es importante que tengas presentes.

1.3.1. La edad

Este puede ser un referente que puede servirnos para hacernos más cercanos al lector, pero no suele estar exento de prejuicios y estereotipos. Vivimos en una época en la que los que cada vez son más mayores quieren seguir pareciendo más jóvenes, por lo que tratan por todos los medios de aparentarlo, incluso a través de su manera de hablar. Los que no siguen esta corriente pueden parecer seguir un modelo reaccionario y rígido, menos permeable. Por otra parte, es muy común aplicar a los más jóvenes las etiquetas de «hedonista», «impetuoso», «poco reflexivo» o «irresponsable».

Tenemos que evitar estereotipos al mismo tiempo que tratamos de centrarnos en un público definido, en el que la edad sí influye, pero en otro sentido.

Me suelo encontrar en muchas ocasiones con personas que me confiesan que los jóvenes cada vez se expresan peor; se le echa la culpa al sistema educativo, a la sociedad del ocio y a la dejadez personal por no valorar adecuadamente el idioma. Como me he propuesto serte sincero —como espero que tú también lo seas a lo largo de estas páginas—, te confieso que temo haber dado con el secreto de esta queja. Una queja que no tiene nada de nueva. Ya no solo los padres de quienes dicen esto, sino hasta entre sus abuelos podrían encontrarse personas que detestaban la forma de hablar de los jóvenes. Si me das la razón, es que ya tienes unos cuantos años encima; si lo admites a regañadientes y por darme la razón, te lo agradezco, pero en unos años cambiarás de opinión: las personas de más edad, de más experiencia vital, suelen tener mayores habilidades de comunicación. Suelen expresarse mejor. Normal. ¡Llevan toda su larga vida haciéndolo! ¡Algo habrán aprendido!

Pero no se trata de que hayan ensayado y analizado sus estrategias de comunicación día a día; solo han vivido más. Cuantas más experiencias, más viajes y más amistades, más vocabulario tendrán. Puede que no estén al día de los neologismos tecnológicos, por nuevas costumbres o modas, pero tendrán claro que la comunicación tiene que ser sencilla y clara.

Cuando se te pide que describas un hecho, un producto, una situación para que *te entienda tu abuelo*, no se trata de que lo expreses para alguien de otra época, sino de que te expreses con claridad y concisión y que tengas un propósito claro. A tu abuelo no le apetecería escuchar palabras sin sentido: necesita claridad.

Cuanta más edad, más vocabulario y más significados. A lo largo de nuestra vida vamos descubriendo lo que *en realidad* significan muchas palabras que podemos usar cotidianamente. A los diez años podemos recitar «Verde, que te quiero verde» o «Volverán las oscuras golondrinas». Entenderemos sin dificultad cada una de las palabras de esos poemas —no hay otra si queremos aprobar la asignatura de Lengua—. Pero a los quince años las palabras *amor* o *deseo* que subyacen en esos versos brotan con un nuevo significado: el que nos da la experiencia vital. A los seis meses, tras un desamor, esas palabras adquieren nuevos matices, nuevas sensaciones se imbrican entre las acepciones que conocíamos. El amor rojo pasión se puede mezclar con tonos grises, y el brillo se apaga para dar lugar a claroscuros. Si uno llega a tener hijos, esa palabra vuelve a brotar con líneas que no tenían significado aunque las recoja el diccionario más cabal. Hasta las palabras más normales tienen vida propia dentro de nosotros. Incluso esta palabra tan común, *amor,* que entre nosotros tiene ya una vida de más de dos mil años, nunca acaba de descubrirse del todo.

Cada persona atribuye significados a cada una de sus palabras, pero al mismo tiempo despeja matices y afina la precisión de ese término. A más años, más precisión. Tenlo en cuenta si tienes que volver a redactar como si escribieras para tu abuelo: no se te pide que seas claro para una persona con problemas para comprenderte, es que esa persona no puede comprenderte si tu lenguaje no se ha depurado y llega aún lleno de tópicos.

Si te diriges a un público mucho más joven, entiende que no tienen ningún problema con el lenguaje, ni pereza: es experiencia vital lo que les falta. Deberás escribir con la misma precisión exigible para el abuelo, pero ahora acompañada de ejemplos que hayan podido tener ya en su vida para que puedan asimilar lo que quieres transmitirles.

Así, por ejemplo, cuando me llegaba el momento de ser padre (y yo no era muy joven que digamos), un amigo me lo explicó de una manera muy sencilla para que lo pudiera entender con toda claridad: «Es como volver a enamorarse». Y acertó.

El lenguaje de los jóvenes, de cada generación, tiene sus propios rasgos identitarios: palabras, frases y modismos que les sirven para identificarse como grupo, para tratar de ocupar su lugar en el mundo con su propia aportación. Conocerlos puede ser muy útil para enviarles un mensaje persuasivo, pero no te equivoques: es un rasgo lingüístico identitario. No les gusta que nadie *de fuera* use el lenguaje de su tribu, a la que, por otra parte, negarán pertenecer. El abuso de lenguaje coloquial en los mensajes publicitarios para jóvenes causa rechazo: es lógico. Como al abuelo, quieren que les expliquen las cosas con claridad, no como si fueran idiotas. El lenguaje coloquial, del que hablaremos en breve, no es exclusivo de la población más joven.

1.3.1.a. Consideraciones sobre la edad de tu público

La vista. La edad sí que tiene una relación directa con la vista. La calidad de la visión se reduce a partir de los cuarenta años. La presbicia se acerca inexorablemente incluso a aquellos que se resisten a empezar a lucir anteojos, a quienes prefieren arrugar frente y ojos, por si algún tipo de fenómenos fisiológico desconocido permitiera exprimirnos y mejorar así nuestra visión.

Esto quiere decir que para textos impresos o para las presentaciones de tu exposición debes huir de tamaños de letra pequeños e interlineados tacaños. Si entre tu público tienes personas de más de cuarenta, ten consideración con aquellos que se resisten a usar lentes. Usa un tamaño de fuente que no sea menor de once puntos y un interlineado de trece puntos, o aprovechando los términos del programa Word de Microsoft Office, usa el Sencillo. El resto puede soportar la lectura de textos de hasta nueve puntos, pero tampoco es necesario martirizarlos. (En el Paso 4, pág. 212, podrás ver cómo hacerlo fácilmente).

Evita citar la edad si no es necesario. Puede que tú trates de evitar estereotipos, pero no sabes lo que puede pensar tu público. Si usas un ejemplo como «Arancha, una editora de 62 años de Madrid...» puede que ya se estén formando una idea equivocada, o no, de tu ejemplo. Ahora bien, si refuerzas tu ejemplo con un contraste, no dudes en citar su edad, como hice páginas atrás con el caso de Adolfo o Jack Andraka.

Son personas, no grupos. Los lectores podemos ser cómplices del autor hasta cierto punto. Por eso no conviene adoptar posturas tutelares sobre los jóvenes ni sobre los mayores. No es admisible lanzar guiños al lector para mostrar cercanía, por lo que no es aconsejable tratar a unos de *críos, niñatos, inmaduros* o *yogurines* —incluso a personas de treinta años— y a otros de *viejos, rucos* o *entrados en años* —reitero: hasta personas de treinta años—. En vez de ganarte el favor de tu público, puedes perderlo.

1.3.2. El sexo

En este punto quiero que reflexiones no tanto sobre si tu público es o no de uno u otro sexo, sino sobre hasta qué punto es el sexo un referente apropiado. Pero, sobre todo, es importante que consigas un equilibrio para que nadie se sienta excluido. Aprovecho para recordarte que son tu imagen y la de tu empresa las que se exponen. En este sentido, este es un tema lo suficientemente delicado como para tenerlo en cuenta antes de arriesgarse a tener un desafortunado tropiezo que dañe alguna de esas imágenes.

Por desgracia, es muy frecuente dejar pasar a nuestro vocabulario, y por tanto a nuestro lenguaje escrito, algunas fórmulas que resultan impropias o injustas o irrespetuosas (o todo ello a la vez) por su agresión más o menos visible contra el género femenino.

Se trata de fórmulas que conviven con nosotros, con nuestro permiso sordo, pero que están ahí, esperando a ser descubiertas y desterradas del lenguaje cotidiano.

El lenguaje es sexista cuando se refiere a las mujeres como inferiores a los hombres. También cuando se usa el término *hombre* como sinónimo de ser humano, persona o individuo. En español, el concepto de sexo choca con el de género, que es una mera marca lingüística. Si bien en ocasiones no tiene ningún matiz, como en la *barba*, el *pie* o la *mesa* que deben su marca de género a razones etimológicas, otras tienen connotaciones peyorativas o se les ha negado su forma en femenino: *hombre público, mujer pública; el licenciado, la licenciada; el canciller, la cancillera.*

Existen diversas formas y fuentes de sexismo lingüístico:

❶ Las frases hechas en las que la parte femenina sale ninguneada, menospreciada o directamente insultada. Entre ellas, y por poner un ejemplo, tenemos: *llorar como una mujer, hacer las cosas como una nena...* En España, cuando algo o alguien es insoportable se dice que es un *coñazo*, pero si es estupendo se dice que es *cojonudo/cojonuda*.

Este lenguaje sexista se da también en los distintos sentidos que se dan a una misma palabra en función de su género. No tiene el mismo significado *ser un zorro* ('listo, avispado'), que *ser una zorra* (aunque la RAE recoge en la 2.ª acepción de la palabra que, para masculino y femenino, significa 'persona muy taimada, astuta y solapada', lo cierto es que está mucho más extendido el sentido de la 7.ª acepción: 'prostituta'). Algo similar ocurre con *golfo* y *golfa*.

Asimismo, el sexismo en el lenguaje también es muy visible cuando de un término masculino no existe el correspondiente femenino, como ocurre con *mujeriego, donjuán, faldero, tenorio, casanova, calavera...* De todos ellos se tiene una idea, cuando no abiertamente positiva, sí al menos comprensible.

❷ Las construcciones que sacan a relucir el profundo sexismo de una sociedad. Por ejemplo:

En «Todo el personal fue a la comida de Navidad, desde los directivos hasta las limpiadoras» o en «Pilar tiene un par de huevos, yo no me habría atrevido» la valentía tiene atributos masculinos por más que la luzca una mujer.

❸ El lenguaje periodístico es una mina inagotable de casos vergonzantes (por reiterados y por recientes) de sexismo lingüístico. Estos son solo algunos ejemplos:

> ## La ministra, que clausuró las jornadas con gran elegancia, eligió un sencillo vestido azul de seda

Si fuera el ministro resultaría chocante que se hablara de la calidad de la seda de su corbata, ¿verdad?

Este titular aparece en la edición digital del diario argentino *La Nación* del día 11 de noviembre de 2016.

> ## Melania Trump y Michelle Obama, los looks del primer encuentro en la Casa Blanca
> **Del negro absoluto al modelo azul marino, ¿para dónde se inclina la balanza en este duelo de estilos?**

¿Alguien se imagina que el titular de la reunión entre Barack Obama y Donald Trump hablara de los *looks* del presidente saliente y del presidente entrante? ¿Por qué esto nos parecería ridículo y, sin embargo, que se diga de las mujeres nos parece normal y aceptable? Si el titular ya hace pedir una hoja de reclamaciones al diario, el subtítulo nos invita a rellenarla compulsivamente y a entregarla cuando leemos «duelo de estilos».

 https://goo.gl/IbGh1v

Este titular apareció en la web de Antena 3 el 29 de diciembre de 2016.

Taylor Lautner se ha convertido en el mejor apoyo de la hija de Carrie Fisher tras su muerte

Ni la muerte de su madre ni la muerte de su abuela fueron suficientes para que Billie Lourd se convirtiese en la protagonista de la noticia.

 https://goo.gl/QrbkXl

Este titular apareció en la versión digital de *El Heraldo* el día 18 de diciembre de 2016.

Tres mujeres pierden la vida por violencia de género en un fin de semana trágico

Al parecer, para este medio, las mujeres pierden la vida como quien pierde un paraguas. Todo el titular parece pensado para esconder la realidad. No hay rastro del género masculino asociado a la figura de los asesinos. La violencia es de género, pero no dicen de cuál. Por otra parte, hablan de un fin de semana trágico, pero se presenta como algo impersonal, con la misma indefinición que el género violento que ocultan.

 https://goo.gl/IubThj

Estos son solo algunos ejemplos de los muchos que cotidianamente se reproducen en los medios.

❹ El lenguaje comercial tampoco está exento de ejemplos de uso sexista del lenguaje. Recientemente, la editorial Drácena lanzaba una edición de *Reencuentro de personajes* de Elena Garro. La faja que llevaba el libro la define como: «Mujer de Octavio Paz, amante de Bioy Casares, inspiradora de García Márquez y admirada por Borges», como si esas fueran las auténticas razones para la publicación del libro de Elena Garro, y no porque ella sea guionista, periodista, dramaturga, cuentista y novelista; al parecer, todas estas habilidades y capacidades fueron algo secundario en la decisión de la editorial de cara a su publicación.

1.3.2.a. Algunas fórmulas alternativas para desterrar el lenguaje sexista de nuestras comunicaciones

El uso del masculino plural es la marca incluyente para los dos sexos hasta que consigamos una forma común y aceptada por todos. Las soluciones propuestas de citar los dos sexos generan confusión gramatical y contravienen una norma esencial del lenguaje, la economía. Se puede decir *los ciudadanos y las ciudadanas...* —que es una solución mejor que el horror impronunciable de *l@s ciudadan@s* o imponer un morfema neutro *e, les ciudadanes,* que nadie usa—, pero incluso esta propuesta obliga a duplicar sus adjetivos: «Los ciudadanos y las ciudadanas están satisfechos y satisfechas». En las ocasiones en que no se duplica el adjetivo, se está cayendo en el error de no ser coherente con el uso sistemático de ese método, lo que podría afearlo. Y en otras ocasiones ese sistema llevado a rajatabla puede generar ambigüedades indeseables: «En nuestras oficinas los trabajadores y las trabajadoras estudian juntos y juntas», lo que parece indicar que hay segregación por sexo. En estos casos, ¿a quién citar primero? ¿A los de género femenino? Podría considerarse, y con razón, una deferencia machista. Entonces, ¿antes va el masculino? También mal asunto.

No es una buena solución, insisto, porque después habrá que replantearse el problema con sus respectivos adjetivos. Se podría alternar el orden, pero supone un esfuerzo extra e innecesario.

Veamos algunas alternativas para utilizar un lenguaje inclusivo, más allá de la gramática.

❶ **Más allá de *hombre*.** Para lo bueno y para lo malo usa *persona, ser humano* o *individuo* en vez de *hombre*: verás que no hay cambio en el significado, pero sí una notable desaparición de un innecesario micromachismo. «El mayor logro del hombre en el Neolítico fue el desarrollo de la agricultura» es menos apropiado que «El mayor logro del ser humano en el Neolítico fue el desarrollo de la agricultura». «El hombre ha llegado a la Luna» es una frase objetivamente cierta, más aún si fuera en plural, pues son hombres los que han legado hasta allí, pero no en el nombre de todos los seres humanos varones entre cero y noventa y nueve años independientemente de su raza o nación (cuando lo consiguieron, no estaban pensando precisamente en compartir este logro con los hombres rusos): fue una hazaña para el ser humano, sin exclusiones —rusos incluidos—. También sirve para eliminar ambigüedades innecesarias: «Lo que más teme cualquier hombre [cualquier persona] es no verse en un espejo...» porque las mujeres también se asustarían. Incluso para que los peores males no recaigan solo sobre una mitad de la población: «El daño causado por el hombre [el ser humano] al medioambiente».

❷ **Términos indeterminados y alternativos.** Como hemos visto antes, casi sin pretenderlo, solemos usar el masculino para dar una definición, generalizar o poner un ejemplo. No hay problema en usar *aquellos que...*, pero también vale *quienes; estos son los que* por *estas son las personas que...; hay tantos que piensan...* por *hay tanta gente / tantos individuos que...* Vigila el género de esos ejemplos aparentemente anodinos.

❸ **Usar ejemplos de ambos sexos.** En tu discurso pueden aparecer ejemplos de personas. Trata de que haya equilibrio. Revisa tus ejemplos para que no sean siempre *el señor X me contó, el joven consiguió* o *un compañero propuso*, ni como hemos visto antes: *un hombre que...*

❹ **Estereotipos laborales.** Aquí es donde se suele hacer visible el sexismo lingüístico, por los cargos (el *director* y la *secretaria*, el *doctor* y la *enfermera*, el *profesor* y la *becaria*) y los oficios (el *programador*, el *informático*, el *ingeniero*, el *médico*, el *juez*).

No cabe duda de que no hay otro modo de nombrarlo cuando sea objetivamente así («El doctor Martín y la enfermera Sanz nos atendieron el 30 de marzo»), pero es innecesario cuando se plantean como ejemplos. En los casos objetivos, es esencial citar el nombre de cada persona para mantener su identidad completa, no solo su condición: *el señor embajador don Alfonso Ruiz y su mujer*. Mejor, *... y su esposa doña Icíar Gómez*, del mismo modo que nos chocaría *la presidenta doña Alicia Gutiérrez y su marido*. Es mejor decir *... y su esposo, don Alfonso Yáñez*.

> **En los anexos tienes una guía breve sobre cómo aprender a usar lenguaje no sexista.**

❺ Estereotipos de actitud. Sigo de confesiones: una de las cosas que más me molestan es que cuando estoy leyendo una noticia sobre un debate, de uno u otro discurso de un personaje público, descubro que el redactor añade datos sobre lo adecuado o no de su atuendo solo cuando se trata de una mujer. No soporto que añadan estereotipos sobre si las mujeres hablan mucho, en voz alta o si critican más o menos. Del mismo modo que no soporto esa corriente que se puso de moda en las series de televisión en que el personaje masculino era distraído, inmaduro e irresponsable. Son tópicos.

❻ Acabar con animaladas. Es obvio que ha habido y hay machismo que no conduce más que a una sociedad empobrecida. Es esencial suprimir toda referencia excluyente, irrespetuosa, peyorativa o discriminatoria. Confío en que no escribas nunca en esos términos, pero tenlo en cuenta cuando tengas que revisar textos de otros: tienes mi consentimiento para borrarlo. Si te preguntan por qué tachaste el párrafo X, señálale este libro y dile que ha sido por obra y gracia de este tipo. Me refiero a casos como este que he encontrado en un libro de texto: «En la prehistoria, los primitivos eran nómadas que se trasladaban con sus enseres, sus animales y sus mujeres»... y en ese orden, nada menos. O como cuando en un texto de divulgación científica contaban que «los astronautas también llevan al espacio sus productos para la higiene íntima y las astronautas, su maquillaje», como si ellas pudieran prescindir de la higiene en beneficio de su aspecto. Ojo a las animaladas. Suprímelas.

❼ Heterosexismo. Es otra forma de sexismo, pero en una variante que destaca la preferencia sexual de la persona de la que hablamos. Si no decimos «La conductora, una trabajadora heterosexual de nacionalidad holandesa, se saltó el semáforo» tampoco debería tener sentido la expresión «El piloto gay polaco consiguió aterrizar en la pista». ¿Aporta algo ese resalte? En el caso de que sea necesario, recuerda que los términos *gay* y *lesbiana* son los preferidos antes que *homosexual,* así como *transgénero* para quienes su sexo no coincide con su identidad de género.

1.3.3. Otras discriminaciones

Las creencias. Constituyen un punto muy delicado en cuanto nosotros o nuestras palabras comenzamos a viajar. No solo por protocolo, también por respeto, no podemos equivocarnos en esta cuestión tan sensible para tantas personas.

No puedes permitir que ninguno de tus lectores se sienta discriminado por sus creencias (en todas sus variantes) o por su no creencia. La lengua española está llena de expresiones y términos católicos, fruto de una historia compartida con esta Iglesia. De ahí que creyentes, o no, usen modismos como *hablar en «cristiano», mano de santo, si Dios quiere, como Dios manda, de milagro, esto va a misa o amén,* así como todos esos refranes como «A quien Dios se lo dé, san Pedro se lo bendiga», «Santa Rita, Rita, lo que se da no se quita». Ninguna de estas expresiones puede ocupar un espacio en tu discurso. En primer lugar, por respeto a las otras creencias, y en segundo lugar, porque son expresiones muy coloquiales, cuyo registro puede que no conozca toda la audiencia, no ya por una cuestión de fe, sino porque poco a poco van cayendo en desuso.

También fruto de esta convivencia histórica con una sola religión son las expresiones de rechazo a las otras religiones como *judiada* o *ser un moro.* Es un error poner en mayúscula el nombre de las religiones, creencias y movimientos; o confundir reverendo, ministro, sacerdote, imán o rabí, o llamar *curas* a todos los cargos eclesiásticos; también hay que respetar el nombre de las construcciones, pues no todo son iglesias. Existen templos de todo tipo cuyos fieles reconocen con sus nombres propios: mezquita, sinagoga, templo, basílica. Y menciono las grandes religiones monoteístas porque son aquellas con las que históricamente nuestra lengua ha convivido: no solemos saber nada de las creencias minoritarias del continente americano ni del africano, ni de otras mayoritarias de Oriente como las de la India, China y el Sudeste Asiático.

Como hemos visto antes, hablamos de personas, no de grupos, cuyos valores no tienen por qué coincidir con el estereotipo que se les suela atribuir. Así, asuntos como el aborto, la pena de muerte o la blasfemia pueden tener distinta acogida en las personas de estas creencias, sean católicas, protestantes, musulmanas o judías.

Y no nos olvidemos de los agnósticos ni de los ateos, que, al no ser un grupo organizado, no se les suele tener en consideración, ya que aparentemente no se los puede molestar en su sentimiento religioso. Precisamente, incluso en un discurso, mantener una posición ecuménica (un término conciliador para el también llamado *diálogo interreligioso*) da a entender que toda la audiencia posee alguna creencia. El sentimiento religioso no se verá afectado, pero sí el *espíritu* crítico que los caracteriza. En los países laicos se debe mantener cualquier atisbo religioso al margen del discurso. Una manera excelente de no meterse en problemas ni de ofender a nadie.

Expresiones peyorativas. Tu objetivo es no herir susceptibilidades ni en tu escrito ni en tu expresión. Es muy sencillo: si alguien no te escucha en tu presentación, jamás se te ocurra preguntarle si está sordo o tiene hipoacusia. Puede sentirse aludida y dolida cualquier otra persona de la audiencia por una ocurrencia innecesaria. Puedes decir algo sin mala intención, y darte cuenta demasiado tarde del daño que has hecho. Además de la cuestión personal de si uno puede asumir el daño que puede hacer a otro por sus palabras, nunca hay que olvidarse que siguen en juego tu imagen y la de tu empresa.

Esos términos que aparentemente ha barrido la corrección política pueden escaparse precisamente como reacción a este fenómeno de ultracorrección; así, no debe usarse jamás ningún término peyorativo sobre el aspecto físico o las cualidades y habilidades mentales de las personas. Ni *bajos,* ni *cojos,* ni ocurrencias sobre personas *guapas* o *feas* —y consideremos que estoy usando los términos más suaves—.

Así, afortunadamente la palabra *subnormal* quedó barrida en cuanto se transformó en un desagradable insulto. Las *personas con diversidad funcional física o intelectual* eligieron usar este término frente a los anteriores *discapacitado, disminuido* y *minusválido* que percibían con matices peyorativos.

Razas. Ante todo es esencial recordar que el ser humano no tiene razas. Las otras variantes de homínidos sucumbieron: ya no quedan ni neandertales ni «hombres de Flores». En los años sesenta desapareció esa división histórica para pasar a una clasificación por genes, que dista mucho de los tópicos que conocemos. Una persona tradicionalmente considerada *blanca* lo es en Suecia y en España (que pasará todo el verano tratando de lucir moreno), como *negras* son la cantante de jazz Sarah Vaughan o la periodista Oprah Winfrey; pero los genes ofrecen datos mucho más interesantes sobre su viaje por la Tierra como para limitarse a diferentes tonalidades de piel.

Sin embargo, el lenguaje trata de discriminar para conseguir precisión y utiliza cualquier marca que tengamos a nuestro alcance para lograr una descripción más detallada. Por eso se empezó a usar el término etnia como el más adecuado, ya que satisface las necesidades identitarias de algunos grupos y trata de resaltar rasgos culturales comunes, sean religiosos, lingüísticos o del legado de sus antepasados.

La historia de nuestra lengua refleja también una adaptación muy tardía que solo se ha podido atajar por la insistencia de no usar lenguaje discriminatorio de ningún tipo. Por eso, no pueden aflorar expresiones como *trabajar como un chino* o *trabajar como un negro, no hay moros en la costa,* o acusar a alguien de *ser un gitano.*

1.3.4. Cuestiones de léxico

1.3.4.a. Tratamiento y registro

Existen normas de protocolo, ceremonia y etiqueta que exigen que determinados cargos usen un tratamiento apropiado (puedes consultarlo en «Una caja llena de herramientas»). No obstante, más allá de discutir si un ministro al que escribimos lo tratamos de excelencia o ilustrísimo (es excelente), es importante recordar que la tendencia en España desde hace más dos décadas es suprimir este barroquismo.

Porque necesitamos simplificarlo y hacerlo más cercano, puesto que, aunque se les reconozcan todos sus méritos, estas personas siguen siendo ciudadanos, con sus cargos y sus honores, pero —por favor— sin esas ristras del tipo *a quien Dios guarde Vuestra Ilustrísima muchos años*. Ese tono reverencial afea porque adula.

Vayamos a lo sencillo y esencial: ¿de usted (en minúscula siempre) o tuteo? Lo primero que hay que hacer es mantener la coherencia. Si se ha optado por uno de los dos tratamientos, no se debe alternar.

Por lo general, a todas las personas que no conocemos, pero especialmente a las que son de mayor edad, a las que poseen un cargo superior y a todas aquellas a las que queremos demostrar respeto, se las debe tratar de usted.

Aquí quiero destacar este último punto: tratamos de usted a las personas a las que *queremos* demostrar ese respeto, pero esto no significa que a las personas a las que tuteamos no las respetemos. El respeto va más allá del tratamiento y la cortesía a lo largo de todo el texto. Como hemos visto, el respeto se consigue sin molestar a nuestros lectores o audiencia por motivos de edad, religiosos, sexuales, étnicos o peyorativos.

Todos hemos tenido la oportunidad de presenciar discusiones abiertas al público —por desgracia, recientemente entre académicos de la Real Academia— donde el tratamiento es exquisito a pesar de la agresión implícita en las palabras.

Los hablantes españoles tardan poco en pasar a tutearse —siempre que se pidan permiso para hacerlo—, pero no por ello se pierde el respeto, sino más bien se consigue eliminar una distancia incómoda cuando se busca cercanía. Pero en el lenguaje escrito, al no haber respuesta de un interlocutor, se suele mantener el formalismo y el tratamiento de usted.

También cabe destacar la sorpresa que produce a oídos de los españoles el aparente formalismo en el tratamiento de usted en los hispanohablantes americanos. Se debe a que en su mayoría tienden a usar usted o ustedes como única opción de la segunda persona de las formas verbales. También allí siguen utilizando fórmulas de cortesía que en ocasiones hasta podemos echar de menos: «Te presento a la señora Bazán» o «Pregunte por don Alberto».

Así, el registro puede ser *formal* o *informal* o, como se conocía antes, *culto* o *coloquial*. No tiene demasiado sentido que se pierda la coherencia citada antes: un registro formal o culto exige un tratamiento de usted, como en uno informal puede discurrir el tuteo. Pero sin alternancia.

El registro culto o formal exige de quien redacta y de su receptor un nivel de conocimiento léxico que garantice familiaridad con las palabras utilizadas y sus acepciones. Esto sugiere que quienes usan este registro poseen una formación académica o una cultura generosa. Por extraño que parezca, precisamente este registro es mucho más práctico para comunicarse con mayor precisión, pues no evoluciona a la velocidad que lo hace el léxico coloquial.

El registro coloquial puede evolucionar con rapidez en un área bien delimitada y en poco tiempo. Es aquí donde podemos encontrarnos con las mayores diferencias entre las distintas variantes del español —que trataremos en el siguiente epígrafe—. A lo que en España se dice *ir a trabajar*, en México le dicen *ir a chambear*, en Argentina *ir a laburar*, y en Chile *ir a la pega*.

El registro culto trata de no cambiar, de mantenerse inflexible para conservar su precisión. Es la versión más clara del estándar de un idioma, y el coloquial, de las variantes en plena evolución que podrían acabar dando paso a un dialecto.

De hecho, mis amigos argentinos y mexicanos necesitan recurrir a los subtítulos cuando ven en televisión una serie española repleta de frases como «Tía, ayer el bareto estaba lleno de pijos poniéndose pedo con las cañas». Y no voy a negar que yo también necesito volver a ver alguna escena de *Nueve reinas* o *Amores perros* para entender qué madre les pasaba con la lana o quien era el forro que no laburaba.

1.3.4.b. Las variantes del español

En un hotel de Guadalajara, Jalisco (México), puedes encontrar entre sus servicios *una pileta achuchadora*. En El Salvador hay días en los que en algunos bares se puede disfrutar de *un festival de pies*. Y en Mar del Plata puede que tengas la suerte de que te inviten a *comer en un carrito*.

Sí, lo sabemos. Las variantes del español son numerosas. Todos tenemos anécdotas más o menos divertidas, o más o menos sonrojantes, sobre lo que descubrimos que se puede decir o no en español fuera de España sin meternos en problemas serios. Si nos llaman la atención los usos del español de México, El Salvador o Argentina —como vimos arriba—, calcula la imagen que transmites si no eres consciente de tus localismos... porque el español de España es una variante regional. No me refiero a expresiones coloquiales, que raro sería usarlas en un texto escrito, sino en una exposición frente al público. Son españoladas esos *Bueno...* al comienzo de una locución; *No, ya*, para dar la razón; los leísmos permitidos como *le vio*, etc. Pero llaman aún más la atención expresiones sencillamente corrientes que puedes usar en cualquier escrito y nunca detectarías como una expresión típicamente española, como *Voy a por más resultados* (allá dirían *Voy por...*); *Merece la pena...* (*Vale la pena*); *Me apetece...* (*Me gustaría*).

Pero paremos un instante porque tenemos que aclarar algo sobre la imagen que tienes sobre tu idioma: si eres de esas personas que piensan que tu español es el mejor por haber nacido y vivido en este país, tienes que ponerte al día y leer inmediatamente este artículo de don Alberto Gómez Font:

No hay ningún lugar donde se hable mejor que en otro

Hay dos respuestas que ganan por goleada: si la pregunta se plantea en España, ante un auditorio formado solo por españoles, de inmediato surgirá la afirmación «en Valladolid», mientras que si lo preguntamos en Hispanoamérica o en Estados Unidos, ante un grupo de hablantes de países diversos, alguien dirá, sin dudarlo, que donde mejor se habla es en Colombia...

No son tan raudos, ni los unos ni los otros, cuando les preguntamos por la razón de su afirmación. «Porque Valladolid está en Castilla», «porque allí nació el español», «porque el acento de Valladolid es neutro», «porque los de Colombia no tienen acento», «porque los colombianos cuidan más la lengua».

Ninguna respuesta científica desde el punto de vista de la lingüística, aunque lo de Valladolid bien podría achacarse a una perfecta y exitosa campaña de mercadotecnia o bien a que por allí pasa el río Pisuerga y produce densas nieblas por las mañanas, que son las causantes de una mutación genética que favorece que los allí nacidos conozcan bien la gramática y el léxico. Pero eso nos limita solo a la ciudad, o sea, que los hablantes de otras poblaciones de esa provincia no tienen la suerte de hablar bien, y mucho menos los de otras zonas de España o de Hispanoamérica. En cuanto a lo de Colombia —quienes hacen esa afirmación nunca se detienen a precisar si donde se habla bien es en Barranquilla, en Manizales, en Bogotá, en Pasto o en Bucaramanga—, puede deberse a que durante una época (entre los siglos XIX y XX) hubo unos cuantos políticos gramáticos que dieron mucha importancia a la retórica y al dominio del lenguaje, algunos de los cuales incluso fueron presidentes de la República, como Miguel Antonio Caro o Marco Fidel Suárez, lo que dejó cierta impronta entre la intelectualidad colombiana, y aún hoy en las clases más cultivadas se sigue prestando atención al buen uso del español; pero, ¿y el pueblo llano? ¿Son conscientes todos los colombianos de lo que pasó entonces?

GÓMEZ FONT, A.; CASTRO, X.; MARTÍN, A.; de BUEN, J.:
199 recetas infalibles para expresarse bien. Palabras Mayores. El libro,
Barcelona: Vox, Larousse Editorial, 2015, págs. 19-20.

Para liberarte de los tópicos que te impiden ver con claridad el alcance de tu discurso debes recordar estos puntos esenciales sobre el idioma que estás usando:

❶ El español de España no es el bueno.

❷ Nadie habla un español mejor que nadie.

❸ Todos los acentos son correctos.

❹ No existe el «español de España» frente al «español de América».

Debes saber que, si tu texto va a darse a conocer en Hispanoamérica, un profesional de la corrección debería revisarlo para suprimir españoladas y palabras que resulten malsonantes. Pero piensa que, si tienes la suerte de exponer tu texto en un país concreto, podrás enriquecerlo con alguna expresión local de allá, lo que te permitirá simpatizar con tu audiencia y que te sientan cercano. Otra opción es que considere *neutralizarlo*. Este es un ejercicio cargado de buenas intenciones, pues aún no disponemos de las herramientas necesarias para saber a ciencia cierta qué palabras del español son comunes a todos los países de habla hispana. La buena noticia es que en realidad la inmensa mayoría de nuestro léxico es común, así como nuestra sintaxis, lo que a los hispanohablantes nos permite comunicarnos con mucha facilidad. Pero no sabemos a ciencia cierta cuáles son esas palabras, expresiones y giros que conforman la minoría disidente, esas palabras que tienen el mismo significado en cuatro o cinco países pero varían en el resto. Aun así, sí hay unas pequeñas pautas para tratar de llevar a cabo un proceso de transformación de tu texto a un español neutro, como veremos a continuación.

Lo más importante es que tengas en cuenta si tu público, lectores o audiencia, tienen sus propias variantes lingüísticas o no, o si pertenecen a un mismo país, región, departamento o despacho, a la tribu de los programadores o a la de los juristas, en cuyo caso tendrás que considerar el uso de tecnicismo o jergas, que veremos en el siguiente apartado.

Por cierto, la *pileta achuchadora* se refiere a un placentero baño con burbujas, para la que en otras variantes de español nos hemos rendido ante el nipón *jacuzzi* al que hemos adoptado con gustirrinín. El *festival de pies* salvadoreño se refiere a una selección de tartas (del inglés *pie*) y no a una *party* de pies. *Comer en un carrito* no consiste en comer en un coche pequeñito como un seiscientos (porque sabemos que la palabra *carro* se usa en algunos países con el significado de *coche*), sino en un restaurante en la playa.

Para divertirte con nuestras variantes es esencial conocer, cantar y corear *Qué difícil es hablar español* de los hermanos Juan Andrés y Nicolás Ospina.

 https://goo.gl/h96g1J

1.3.4.c. ¿Qué es el español neutro?

Comencemos con una aproximación a la definición de español neutro. El llamado español neutro se obtiene de la eliminación de rasgos fonológicos regionales, de la aplicación de un conjunto de formas gramaticales que presentan variaciones mínimas y de la exclusión de términos rebuscados. Es, por tanto, un español que resultará comprensible para una gran mayoría de los hispanohablantes.

Se utiliza extensamente en traducciones y doblajes, especialmente, por las compañías transnacionales que, de este modo, se ahorran muchos costos de traducción para los diferentes países. Los primeros usos de este español en España tienen lugar en la década de los sesenta, cuando llegan las primeras películas y series dobladas al español, pero con un particular seseo y ciertas expresiones extrañas para el público español. De entre ellas, un buen ejemplo son las películas de dibujos animados de Walt Disney de la época, aunque muchos años después Disney España abandonaría, con buen criterio, esta forma de doblaje para adaptarse a los gustos y costumbres de la audiencia española.

Y no fue la única, ya que Televisión Española, en 1973, también decidió abandonar este tipo de doblajes.

El español neutro no está exento de críticas. La principal de ellas proviene de lingüistas que argumentan que su uso neutro deviene en un empobrecimiento sistemático del léxico y la sintaxis. Sobre esta misma base algunos ya alertaron de la pérdida progresiva de identidad cultural.

La profesora argentina en Letras Lucila Castro era una firme defensora del uso preciso de la lengua española. Con todas las particularidades propias de cada región. En su crítica al español neutro, cuya existencia simplemente negaba, atacaba que su esencia fuera, precisamente, podar todo lo que hacía internacional la lengua española, como son los regionalismos. Castro ridiculizaba la pretendida internacionalidad que, sin embargo, ella ya concedía a un idioma que se habla como primera lengua en lo que hoy son una veintena de países y desde hace más de quinientos años.

En su artículo «Nadie puede ser neutral» (publicado en 2004 en el diario argentino *La Nación*), la profesora Lucila Castro defiende una reinternacionalización del español, siempre y cuando esta consista en que todos puedan entender el resto de las variantes del idioma.

Algo que no resultaría precisamente viable, si tenemos en cuenta que en territorios separados por unos pocos kilómetros ya es posible encontrarse con términos bien distintos para referirse a un mismo concepto. Y esto dentro de un mismo país, si es que algo entiende la lengua de fronteras cuando a uno y otro lado se habla, teóricamente, el mismo idioma. La profesora termina su exposición con una frase que resume perfectamente su postura: «Es preferible una buena traducción al madrileño o al porteño o al guatemalteco, con toda su carga de intencionalidad y connotación, a esos engendros supuestamente neutros que no son ni chicha ni limonada».

Esto lo escribió en 2004, nueve años antes de que el Gobierno argentino aprobara finalmente —más de un cuarto de siglo después de su creación— la ley del doblaje, donde:

> Establécese su obligatoriedad en la televisación de películas y/o tapes de corto o largometraje, la presentación fraccionada de ellas con fines de propaganda, la publicidad, la prensa y las denominadas «series» que sean puestas en pantalla por dicho medio, y en los porcentajes que fija esta ley, deberá ser realizado en idioma castellano neutro, según su uso corriente en nuestro país, pero comprensible para todo el público de la América hispanohablante.

Al parecer, la ley, en su redacción, deja muy claro que en Argentina se hace un uso corriente del español neutro. De aquí se deducen dos cosas, que hay cierta cantidad de argentinos que no hablan como siempre hemos creído que lo hacían; y que, además de un uso corriente del español neutro, existe en Argentina un uso menos corriente de ese español neutro que todavía hoy está por unificar criterios y posturas. Esta obligatoriedad que indica la ley afecta a las producciones en idiomas extranjeros y destinadas a su televisación (o retransmisión) en la República Argentina. Y establece un doblaje progresivo del metraje original cuya última etapa es que, como mínimo, debe estar doblado el 50 % del metraje original a partir de los tres años de la sanción de la ley.

Pero, más allá de las críticas, lo cierto es que el español neutro tiene su propia existencia y progresión. En este sentido, el contexto de las producciones audiovisuales no es el único —ni el mejor— en el que el español neutro encuentra acomodo, sino que también tiene amplia utilización en traducciones de cualquier otro tipo, materiales didácticos, además de en todo lo que se refiere a productos informáticos.

Desde luego, no es lo mismo hablar de español neutro en un texto de ficción que en un texto sujeto a otros parámetros bien específicos.

Por ejemplo, en los textos del ámbito de la empresa, el registro lingüístico del emisor no debe —en ningún caso— prevalecer sobre el mensaje.

Pero, al margen de unas y otras opiniones, existen hechos objetivos que caracterizan al lenguaje neutro. No hay que olvidar que se trata de un lenguaje creado o, mejor dicho, seleccionado por personas naturales de lugares concretos y, por tanto, impregnadas de la forma de hablar de ese lugar. Este es uno de los principales argumentos contra la pretendida neutralidad del idioma propuesto: nadie puede ser totalmente neutro.

La necesidad (comercial) de crear este español neutro nace, efectivamente, de que existen varios españoles. Y no solo tantos españoles como países hispanohablantes, ni aun como regiones de esos países, cada una con su léxico particular y con su entonación característica, acaso debiéramos recurrir a una subdivisión que estableciera territorios más pequeños con sus propias particularidades lingüísticas.

Son especialmente llamativas las experiencias de los traductores profesionales cuando se enfrentan a encargos de traducción que tienen por objetivo conseguir una única versión que tenga validez en la mayor parte de los países.

Esto quiere decir que el marco geográfico del receptor del mensaje va a marcar de forma determinante el modo en que se entienda y se interprete nuestro texto. No nos dirigiremos con el mismo éxito a un mexicano si le hablamos de *tú* que si le hablamos de *vos*, y lo mismo ocurre si nuestro destinatario habla un español centroamericano o rioplatense.

Es a nivel coloquial donde podemos encontrarnos con las mayores diferencias entre las distintas variantes del español. Pero, comoquiera que no todos los escritos que emitamos tienen por qué ser tan formales que no contengan ni un solo coloquialismo, sería bueno repasar algunas variantes de entre las más habituales, y otras no tan habituales:

❶ Cuando en español de España se dice *vosotros,* en Latinoamérica diremos *ustedes,* y lo aplicaremos a todas las expresiones que incluyan la segunda persona del plural.

❷ Lo que en España se dice *nada más + infinitivo,* en Argentina —entre otros países— se dice *ni bien.* Por ejemplo, «Nada más terminar el acto, el director pronunciará unas palabras». En casi toda Latinoamérica se dirá «Ni bien termine el acto, el director pronunciará unas palabras».

❸ En expresiones corrientes, como cuando preguntamos la hora. En España se dice «¿Qué hora es?», cuando al otro lado del charco es más corriente decir «¿Qué horas son?». Aunque solo pueda ser una hora a la vez y tenga lógica que se pregunte en singular, no es menos cierto que, salvo a la una y sus divisiones, todas las demás respuestas comienzan con un plural: *son las...,* de ahí, tal vez, que los latinoamericanos lo pregunten en plural. Ahora bien, los hablantes del español de España sí se refieren a las horas en plural en frases como «¡Qué horas son estas!».

❹ Otros cambios de número los encontramos en *escaleras* y *escalera; pantalones* y *pantalón; tijeras* y *tijera...* En España se utilizan en plural, mientras que en Latinoamérica se prefieren en singular.

❺ Hay un grupo de palabras que en el español de España mantienen su acentuación llana, mientras que en las variantes americanas usan la forma aguda, más parecida a su original en francés. Son palabras como *vídeo,* en España, frente a *video; chasis / chasís; chófer / chofer* o *cóctel / coctel.*

❻ Incluso encontramos cambios en el género. Si en español de España se dice *la sauna* y *la sartén,* en las variantes americanas se prefieren *el sauna* y *el sartén.* Lo que en España es *la vuelta* o *las vueltas* (para referirse al dinero sobrante de una compra), en Argentina es *el vuelto.* Y mientras en español de España se usa *la llamada,* allá se prefiere *el llamado.*

❼ También debemos prestar atención a los tabús léxicos. Si nuestra audiencia es rioplatense o mexicana, evitaremos utilizar el verbo *coger,* ya que en esos países significa «realizar el coito». Igualmente, ante un público argentino conviene evitar el uso de la palabra *concha* en cualquiera de sus acepciones, ya que significa *vagina.* El mismo caso y con el mismo significado se da en México con el uso del término *paloma.*

Es útil conocer otras diferencias también susceptibles de ser utilizadas en el ámbito de las comunicaciones empresariales:

España	Latinoamérica
acogida	recibimiento
aquí, allí	acá, allá
altavoz	parlante
americana, chaqueta	saco
aparcar	estacionar, parquear
atasco	congestión vehicular o vial, trancadera (Bolivia), taco (Chile), trancón (Colombia), tapón (República Dominicana), atasco (España y Ecuador), cola, embotellamiento (Venezuela), tranque (Panamá), presa (Costa Rica), atrancazón y trabadera (Guatemala), trabazón (El Salvador) o tráfico (Ecuador y Honduras)
billete	pasaje (avión), boleto (tren), ticket (espectáculo)
bocadillo	sándwich, torta
camarero	mesero, mozo
coche	automóvil o vehículo (neutro), auto (Argentina), carro
conducir	manejar
contable	contador
darse prisa	apurarse
dinero	plata, guita
enseñar	mostrar
equipajes	valijas
estancia (período de tiempo)	estadía
festivo	feriado
gafas	anteojos o lentes
gasolina	combustible (neutro), nafta (Argentina), gasolina (México)
hormigón	concreto

España	Latinoamérica
maletero	portaequipaje (neutro), baúl (Argentina), cajuela o portaequipaje (México)
papelera	tacho, caneca
ordenador	computadora, computador
patrocinar	auspiciar
ponerse de pie	pararse
portavoz	vocero
recado	mandado
sello	estampilla (Argentina), timbre (México)
taquilla	boletería (para sacar entradas), casillero (si es un armario)
tienda, local	local, negocio
zumo	jugo

Es probable que, aunque desconozcamos la mayoría de las diferencias entre el español de España y los distintos españoles de América, nos hagamos entender, pero es muy recomendable desarrollar cierto nivel de sensibilidad para con quien nos va a leer o a escuchar, y con mayor motivo si es hablante de una variante de español distinta a la nuestra, pues eso forma parte del conocimiento del receptor que le es exigible a todo redactor que pretenda hacerse merecedor de una audiencia atenta e interesada.

El español de Estados Unidos

Un caso que merece atención especial es el del uso del español en Estados Unidos. La comunidad hispanohablante de ese país domina multitud de tonos, registros y variantes del español. El uso del español que se hace en los medios de comunicación escritos o audiovisuales en Estados Unidos es el resultado del trabajo de periodistas de distintos países hispanos, y el español que habla cada uno de ellos es el resultado, a su vez, de varias influencias, y de una influencia masiva y común a todos ellos, la del inglés. El resultado final es un español estadounidense en el que, poco a poco, se van limando las diferencias, se van eliminando localismos y regionalismos —y todo ello de forma plenamente consciente— de modo que finalmente se obtiene un español más global, que proporciona una mayor capacidad de difusión a las publicaciones entre la comunidad hispanohablante.

1.3.4.d. Tecnicismos o jergas

¿Las personas a las que te diriges poseen un conocimiento técnico que les permita entender sin problemas tu mensaje, o debes adaptarlo? Si te diriges a tus colegas profesionales, es lógico que el mensaje esté a la altura, que uses con precisión los tecnicismos económicos, jurídicos, administrativos, legales, industriales o científicos.

Así, un texto de promoción de una inversora se ofrece a sus clientes de este modo:

> La actividad de Real Estate se enmarca dentro de la inversión alternativa y constituye en la actualidad un *asset class* fundamental en las estrategias de inversión y formación de carteras de los inversores institucionales. Algunos factores que han impulsado la creciente asignación a este tipo de activos son su efecto diversificador por su baja correlación con otros activos financieros, la capacidad de generar atractivas rentabilidades en diferentes ciclos de mercado, su capacidad generadora de *yield* y su protección ante escenarios inflacionistas.

 https://goo.gl/Ej4CLJ

Se entiende que sus clientes tienen el conocimiento suficiente para comprender lo que les están ofreciendo. Si se dirigieran a un público general, necesitarían explicar cada término y usar ejemplos de experiencias comprensibles para todos, como vimos antes en los casos de contarle algo al abuelo o a los más jóvenes.

Pero no hay que confundir los tecnicismos con las jergas: del mismo modo que el lenguaje evoluciona rápido en una pequeña área geográfica, también lo hace en pequeños grupos humanos, nuevas tribus urbanas que —más allá de raperos o *latin kings*— también existen en oficinas, despachos y pequeñas empresas. «Es que *aquí* llamamos *focalizar* a eso que tú llamas *centrarse* y decimos *hacer un briefing* y *baquendear* [hacer un *backend*]». Estas expresiones, en otra empresa, pueden llegar a convertirse en *transmirar, reportar* y *baquin* [*backing*]. Y de otro modo en otra empresa, en otra y en otra. La jerga funciona a la perfección en esa tribu de los comerciales de la 4.ª planta, pero no es compatible con las de los de *marketing* de la 3.ª y no tiene nada que ver con la de los mismos profesionales del edificio de al lado.

La jerga es un producto de la evolución del lenguaje en el que, por razones de economía del lenguaje, un término se recorta pero sigue siendo comprensible en ese entorno; o una autoridad, alguien de mayor rango o una figura representativa del sector usa un término que nadie se atreve a contradecir o a usar una alternativa. Cuando eso ocurre, ese término queda fijado y será imposible desplazarlo por temor a las represalias de los colegas y de la autoridad, o por el miedo a no pertenecer al grupo.

Las jergas funcionan, pero solo en entornos cerrados. Cualquier mensaje que salga de ese ámbito tiene que depurarse previamente y adaptarse para que el mayor número de lectores pueda comprenderlo.

1.3.4.e. Baile de plurales y el plural corporativo

Cuando escribimos, tenemos que pensar, en primer lugar, si nos dirigimos a una persona en concreto o a un grupo, ya sean miembros de nuestro equipo para una comunicación interna, un grupo de clientes al que lanzarle una oferta o unos proveedores a los que queremos informar de un cambio de los datos de facturación.

Y en segundo lugar, tenemos que considerar si estamos hablando en nombre de la compañía en plural o en singular. O somos *nosotros* o soy *yo* quien asume la representación de la empresa.

Lo que no se permite es la alternancia sin previo aviso, porque despista al receptor sobre quién o quiénes le están escribiendo; o sobre si le escriben personal e individualmente o forma parte de un colectivo.

Veamos estos dos ejemplos:

EJEMPLO 1

Estimada doña Patricia Gómez:

<u>Celebramos</u> que nos haya seleccionado como sus proveedores. A partir de ahora <u>quiero</u> que sepa que ya puede contar con <u>nuestro</u> servicio prémium y toda la cobertura de la garantía. <u>Quiero</u> recordarle que mi teléfono de contacto es el **XXXXXXX**, donde puede <u>localizarnos</u>. Estamos a su disposición para atenderla las veinticuatro horas, siete días a la semana.

Reciba un cordial saludo.

EJEMPLO 2

Estimados clientes:

Es un placer para <u>mi</u> empresa que <u>nos hayan</u> seleccionado como <u>sus proveedores</u>. A partir de ahora <u>quiero</u> que <u>sepan</u> que ya <u>puede</u> contar con <u>nuestro</u> servicio prémium y toda la cobertura de la garantía. <u>Quiero recordarle</u> que <u>nuestro</u> teléfono de contacto es el **XXXXXXX**, donde puede <u>localizarme</u>. <u>Estoy</u> a su disposición para <u>atenderles</u> las veinticuatro horas, siete días a la semana.

<u>Reciban</u> un cordial saludo.

Este problema de redacción puede pertenecer también a la categoría de los «horrores del *copipega*», pero en su origen está la confusión por no considerar a quién se está escribiendo ni quién o quiénes emiten el mensaje.

En el primer caso, aparentemente, quien redacta es una primera persona en plural, como un coro, pero en la siguiente frase ya aparece el singular. Al rato vuelve a aparecer el plural y es entonces cuando la pobre Patricia ya no sabe si le escribe la persona que firma la carta o todo el personal de la empresa que la saluda.

La comunicación escrita es fundamentalmente entre personas: un individuo escribe a otro para exponerle una propuesta, solicitarle un cambio o pedirle un cambio. Y por eso resalto que son personas las que se comunican, porque la voz de la empresa es impersonal, da sensación de frialdad y distancia.

Es imprescindible decidirse. Una persona puede hablar en nombre de su empresa y, una vez situado el foco en el grupo, bien puede dirigirse en plural. Pero es imprescindible que se destaque ese salto.

Por eso, también en el segundo caso es mejor pensar en dirigirse a una persona, no a un grupo, impersonal y distante. Para mejorar la comunicación no queda otro remedio que recordar que somos personas hablándonos unas a otras a través de un papel o una pantalla.

SOLUCIÓN

Estimada doña Patricia Gómez:

Celebro que haya seleccionado mi empresa como su proveedor. A partir de ahora quiero que sepa que ya puede contar con nuestro servicio prémium y toda la cobertura de la garantía. Quiero recordarle que nuestro teléfono de contacto es el **XXXXXXX,** donde puede localizarme. Tanto el personal de mi departamento como yo estamos a su disposición para atenderla las veinticuatro horas, siete días a la semana.

Reciba un cordial saludo.

1.4. ¿Cómo lo vas a contar?

¿En papel o en pantalla? ¿A viva voz, leyendo o en una presentación? Aunque este tema se desarrollará en profundidad en el Paso 4 (pág. 212), te recomiendo que lo consideres desde el primer momento. Déjame que te cuente un caso para que entiendas su importancia.

Un anuncio malinterpretado

Una empresa farmacéutica se pone en marcha para llevar sus productos a distintos países de Oriente Medio. Detectan un nicho de mercado en los productos antirresfriado. Cualquier persona —con un conocimiento de la zona basado en estereotipos y tópicos de esa zona— estaría convencida de que allí debe de ser raro enfriarse, dado que presuponemos que soportan temperaturas elevadas, bajo las que es más fácil deshidratarse que preocuparse por el frío. Pero la llegada masiva de máquinas de aire acondicionado, implantado en todas las casas y centros de trabajo gracias a su abaratamiento de precios, trae consigo unos desajustes y choques de temperatura a los que nadie podrá acostumbrarse jamás (ni en Oriente Medio ni en mi casa). Por eso, los resfriados se disparan.

La farmacéutica lanza su producto: al igual que en campañas anteriores, lanza publicidad en prensa. Una buena traducción, la descripción básica del producto y cómo conseguirlo van acompañadas de tres imágenes que muestran, en primer lugar, a un chiquillo triste, moqueante, con claros síntomas de encontrarse fatal y en la cama. Para insistir en la idea, las imágenes son ligeramente desvaídas, con colores apagados y solo se aprecia nitidez en el rostro del muchachito. La siguiente imagen revela cómo el chaval recibe una dosis del producto, bien claro y destacado, de la mano de una persona en la que confía —todos apostaríamos a que es su madre—, y se aprecian colores que empiezan a ser cálidos. La tercera y última imagen retrata al chaval exultante, feliz y sonriente, entre campos verdes, cielo azul y un sol brillante. Ni que decir tiene que el orden de lectura nos indica que el chaval ha pasado de estar enfermo a curarse gracias a la dosis del medicamento de la farmacéutica. Todo un ejemplo de mensaje claro, sin alardes conceptuales, fácil de entender y que cumple con claridad las ideas del mensaje y los objetivos: «Si estás enfermo, consume mi producto y sanarás: cómpralo». Solo había un pequeño detalle que no se tuvo en cuenta y contribuyó a hundir esta campaña en soporte papel. Precisamente, el orden de lectura en los países de lengua árabe es de derecha a izquierda. Así, lo que se les estaba mostrando era un mensaje completamente distinto que al lector occidental. Esas personas veían espantadas la imagen de un chaval radiante al que se le daba una dosis del producto que se promocionaba en este anuncio, lo que le provocaba caer enfermo. ¡Nadie querría semejante producto!

Parece que es solo una anécdota, pero hay mucho que aprender de ella. El fracaso de esta campaña se debe a que se consideraba que se lanzaban las imágenes secuencialmente —probablemente como un anuncio televisivo—, es decir, primero la del niño enfermo, luego la del consumo del producto y por último la de la mejora gracias al medicamento. Esta secuencia de imágenes en pantalla, en este orden, no habría causado ninguna confusión a nadie. Cualquier persona, ya fuera occidental o de Oriente Medio, habría captado el mensaje.

Al trasladar esta idea al papel se debieron encontrar con el problema de que la única manera de representar imágenes secuenciales es al estilo cómic, y siguiendo el orden de lectura... occidental. Solo con que hubieran presentado esa secuencia empezando por arriba y siguiendo un orden descendente, el anuncio les habría servido para promocionarse hasta en Japón.

Cuidado con la plasmación de tu mensaje. Una buena idea puede irse al traste si no se adapta a su soporte.

La forma de presentar nuestro documento influye en su redacción y en su percepción. Aunque su posterior desarrollo se verá unos capítulos más adelante, la selección de uno u otro formato te servirá para decidir cómo reorganizar tus ideas —sí, de nuevo— de manera que los propios recursos de cada soporte expongan con más claridad el mensaje a tus receptores y consigas con más facilidad los objetivos que te hayas marcado en tus para qué previos.

1.4.1. Mensajes para ser leídos

Si tu texto va a ser leído, en papel o pantalla, tú no vas a estar presente para *enriquecer* el texto con gestos y el lenguaje no verbal. Tu texto va a ser el vehículo portador de tu mensaje, de tu imagen y la de tu empresa, y llevará consigo el resorte que active lo que tú desees en tus lectores. Ese texto tiene que valerse por sí solo.

Por eso un mensaje que va a leerse tiene que ser muy claro en varios aspectos:

❶ Piensa en la persona que lo leerá porque necesita comprender el volumen de lo que va a leer, si son solo unas páginas o un tomo voluminoso; tiene que tener localizadores para poder desplazarse con facilidad por él (con una jerarquía clara de títulos, secciones, índices y colores, por ejemplo).

❷ Claridad en el aspecto: el *text appeal* existe. Si consigues una composición atractiva, el texto se leerá con gusto: las fuentes —el tipo de letra y su tamaño—, la relación del espacio —márgenes generosos y bien proporcionados— y la buena composición —la relación equilibrada de imágenes y texto— son tres ejes básicos para ofrecer un texto cuya lectura haga sentirse cómodo a cualquiera. Recuerda que siempre transmites tu imagen y la de tu empresa.

❸ El discurso debe ser claro y facilitar siempre al lector la comprensión del mensaje —aunque esta parte se tratará precisamente en el siguiente capítulo—, pero además tiene que contar con la suficiente justificación de dónde has obtenido tus datos, anexos, documentación extra. Eso ocupará más páginas, exigirá enlaces y autorreferencias. Considera que nada se da por sentado cuando se lee: hay que explicar hasta el menor de los detalles. Nunca presupongas que algo es obvio.

En muchas ocasiones te habrás visto redactando documentos que ya tienen su propias estructuras, textos que exigen un formato cerrado sobre el que aparentemente se permiten pocas fantasías. Así, solo en el ámbito administrativo podemos encontrarnos actas, acuerdos, cartas, certificados, circulares, contratos, convenios, declaraciones juradas, diligencias, informes, memorias explicativas, notificaciones, oficios, resoluciones, solicitudes... Si pensamos en documentación académica, el número se dispara. Y valoremos todos los tipos de textos que existen en el ámbito empresarial, desde lo comercial hasta la gestión, pasando por el *marketing*, los recursos humanos, las relaciones exteriores, etc. Y todos poseen una estructura predeterminada, un marco de referencia que hay que seguir.

Veamos un ejemplo de «informe». Siempre se nos piden informes. Pase lo que pase, hagas lo que hagas, siempre hay un informe esperando a que lo redactes.

Un informe puede ser de lo más sencillo; puede exigirte que cumplas estos seis puntos, de los que rápidamente vemos que los dos primeros no nos van a exigir mucha redacción, pero sí algo de imaginación para hacerlo atractivo.

ESTRUCTURA SIMPLE

1. Portada
2. Título
3. Introducción
4. Cuerpo
5. Conclusiones
6. Bibliografía

Pero también puede ser más complejo, como el del modelo de informe de la Unesco:

ESTRUCTURA COMPLEJA

1. Portada
2. Agradecimientos
3. Índice
4. Resumen
5. Introducción
6. Relación de las actividades
7. Resultados y hallazgos
8. Conclusiones y recomendaciones
9. Información sobre los archivos del proyecto
10. Referencias
11. Apéndices
12. Información confidencial

Sin duda, los puntos 6, 7 y 8 son los que más trabajo de redacción te van a exigir, pero también deberás cumplimentar los demás para hacer una presentación formal y veraz de lo propuesto en tu informe y enriquecerla.

Si antes te hablaba de que la redacción es una habilidad similar a la de construir una simple cabaña, puedes considerar estas estructuras como los planos para levantar esa construcción.

Visto de otro modo, puedes decir: ¡Ya está hecho! Tan solo tienes que *rellenarlo*. Las estructuras predeterminadas facilitan la agilidad en la redacción, sobre todo si contamos con nuestro guion previo, con nuestras ideas jerarquizadas, nuestros objetivos bien definidos y un público bien localizado. Incluso un documento tan sobrio como este puede cumplir mejor su objetivo con un poco de *text appeal*.

> Si vas a presentar tu mensaje por escrito —para leerlo en pantalla o en papel—, siempre vas a necesitar que tu discurso se presente ordenado, claro y con todos sus recursos (anexos, bibliografías) para que el texto cobre vida propia y sea autónomo e independiente de su autor.

1.4.2. Mensajes para ver y escuchar

Del mismo modo que se cometió un error al llevar al papel el anuncio del fármaco, pueden cometerse errores al trasladar un mensaje para ser escuchado.

Un consejo: la pantalla no es un papel gigantesco e iluminado. Acabamos de leer que la característica de un texto escrito es que se debe bastar para defenderse por sí solo y ser entendido con toda claridad. Pero una presentación, un discurso o la intervención en un debate o en una entrevista te tienen a ti para que expongas tus ideas. ¡Mucho mejor! El ser humano lleva toda la vida escuchando. El conocimiento a través del texto —del papel a la pantalla— ha sido un gran invento *posterior*. Aún hoy seguimos prefiriendo asistir a una clase presencial que a un curso en línea tradicional, porque, aunque esté bien diseñado ese curso, siempre nos sentimos más cómodos ante un discurso en el que hay matices, tonos, guiños y lenguaje no verbal; en un discurso existe la posibilidad de preguntar y de resolver dudas con más facilidad y rapidez. La palabra hablada es más rápida que la lectura y más llena de matices... siempre que la persona que expone posea las habilidades básicas para mantener el interés de su audiencia.

Por eso, para lograr un buen discurso, tu exposición no se puede basar solo en tus habilidades en el clásico PowerPoint o los nuevos y alucinantes programas de presentación. No caigas en la fascinación digital: la pantalla que está detrás de ti es solo un recurso más, no es la base de tu discurso. La pantalla es la salsa o la guarnición de tu plato principal, es la decoración, es tu traje y tu perfume, todo lo que va a impactar en quienes te escuchan y te ven, pero lo esencial de tu discurso serán tus palabras —que se corresponden con tus ideas—, cómo lo digas, que sepas cómo es tu audiencia y qué efecto quieres causar en ella. Una base que ya conoces porque es exactamente igual que la del discurso escrito.

Una base común que exige que te plantees los mismos pasos que estás dando con tu mensaje para presentarlo en papel, las mismas preguntas sobre qué quieres contar, para qué, a quién. Solo el cómo difiere en algunos matices. En el texto, tu lector puede ir hacia delante, hacia atrás o saltar páginas para localizar la información que busca, y lo hará a su propio ritmo. Ni que decir tiene si además tu texto está digitalizado: en pantalla podrá buscar a mucha más velocidad. Pero, cuando hablas, tu público sigue un orden unidireccional. No puede saltar, no puede ir a buscar la información que busca. Tiene que esperar y seguir tu ritmo. A pesar de esta diferencia en el uso de tu discurso, en el fondo sigues elaborando un mensaje:

❶ Piensa en las personas que te escuchan. Sí, son personas. De hecho, si has respondido a las preguntas de *¿para quién?* toma buena nota de esas especificaciones para adaptar tu discurso, tu vocabulario, registro y tratamiento a estas personas. Compórtate como un ser humano: saluda, preséntate, agradece que quieran escucharte. Un documento no tiene algo que podríamos llamar «protocolo de interactuación», pero las personas sí. Un documento se empieza a leer sin más y se interrumpe su lectura sin pedirle permiso, con la seguridad de que no se va a ofender por ello, e incluso se puede hablar con otras personas mientras se lee (sin hacerles demasiado caso, seamos sinceros). Así que, del mismo modo que tu público te respeta y te lo demuestra, tú también debes corresponderles —claro que si empiezan a hablar con otras personas o te interrumpen, puedes callarte y mirar fijamente hasta que perciban su falta, mejor que pegarles un grito; y si no responden, siempre puedes acercarte para que cuenten contigo en su charla y susurrarles que en cuanto salgan pueden tener un accidente 🙂 —. Pero las personas de tu audiencia quieren saber de antemano durante cuánto tiempo te van a escuchar, del mismo modo que cuando te leen quieren conocer el volumen del texto. Así, puede que te hayan asignado treinta minutos o una hora, y necesitan saber si la vas a ocupar hasta el final, si te dará tiempo o no, si podrán o no hacerte preguntas. Necesitan instrucciones para saber cuántos puntos tratarás, en qué orden y por qué. Igual que un documento posee localizadores para guiar al lector, tú deberás marcar de viva voz esos marcadores y usar —si fuera necesario— el recurso externo de la presentación.

❷ Claridad en el aspecto, aquí también. En primer lugar, tu voz: si en un documento debemos considerar el *text appeal,* aquí debes lograr que el tono, el ritmo y la dicción lleguen equilibrados a tu audiencia. En segundo lugar, tu discurso: mensajes cortos y sencillos, con una clara interrelación: que quede tan claro que no tengas que explicar por qué de un punto saltas al siguiente. En tercer lugar, tu presentación: si usas imágenes o una presentación de apoyo, tienen que estar limpias. Pocas palabras: nada de diapositivas abigarradas de texto o de imágenes. Sencillez ante todo: que se comprenda cada diapositiva de un solo vistazo. Y en cuarto lugar, tú: sigues proyectando tu imagen y la de tu empresa. Aquí no hay más norma que la del sentido común. Es esencial saber si debes seguir algún *dress code* para respetarlo, desde luego, pero piensa que puede causar tanto rechazo una vestimenta *casual* en un entorno de etiqueta como un vestido formal en un ambiente distendido.

❸ Un discurso coherente que contenga todas las respuestas a las preguntas que anotaste en tu borrador previo. Es recomendable redactarlo para las primeras ocasiones en las que te presentas ante el público, pero con la experiencia se acabará convirtiendo en un guion —acompañado o no con notas o con una presentación— que siempre deberás ensayar previamente para saber si consigues adecuar a ese tiempo y formato todo lo quieres transmitir en tu mensaje.

Ahora permíteme que pare un momento porque estoy recibiendo señales en mi cerebro que me dicen que tienes algún problema. Estoy *escuchando* algo parecido a esto:

> ¡Pero expresarse en un documento era más fácil! ¡Había estructuras previas de informes, cartas, balances...! ¡Aquí no hay nada de nada! ¡No puedo *rellenar* nada!

Un momento de calma. Sí: siempre hay una estructura. La más básica de todas es la que propuso Horacio en su *Ars Poetica*: «Primero se habla de lo que se hablará, después se habla y al final se habla de lo que se ha hablado».

¿CÓMO EXPONER UN INFORME EN UN DISCURSO?

Si teníamos una estructura previa —básica—, solo hay que seguirla, porque veremos que hay más estructuras que nos acompañarán tras la exposición:

1. Portada
2. Título
3. Introducción
4. Cuerpo
5. Conclusiones
6. Bibliografía

...pero en este caso, la portada, el título y la introducción pertenecen a un único apartado que se puede llamar «Presentación», en el que deben añadirse los saludos y agradecimientos. La parte del cuerpo y las conclusiones constituyen aquí también el eje esencial de tu discurso. Si lo tenías escrito, debes adaptarlo para que sea escuchado: resume, sintetiza y adapta su extensión al tiempo que te han concedido. Y siempre que puedas, no leas: es mucho más agradable escuchar las palabras de una persona que tiene mucho que aportarnos, que soportar la lectura de un texto que cualquiera podrá leer en cualquier momento.

Los anexos y la bibliografía se pueden aportar en papel (distribuirlos en el auditorio) o facilitar un enlace para acceder a ellos en una nube.

Así, la estructura inicial se convierte en:

1. Presentación
    1.1. Saludos y agradecimientos
    1.2. Título e introducción
2. Cuerpo
    2.1. Propuesta 1
    2.2. Propuesta 2
    2.3. Propuesta...
3. Conclusiones
4. Dónde conseguir más información, el discurso, la presentación, los recursos...
5. Preguntas
6. Despedida y agradecimientos

Cómo conseguir estas habilidades es lo que verás en el Paso 4 (pág. 212). Mientras, piensa que preparar un mensaje para que sea escuchado también exige organización de ideas, planificación y buena redacción.

Un discurso exige la misma organización y estructura que un documento, pero la claridad, los localizadores y el ritmo corren a cargo de tu voz, de tus habilidades sociales e incluso de tu aspecto. En este caso serás tú quien defienda en persona el mensaje.

PASO 2. ESCRIBIR Y BORRAR Y ESCRIBIR

> «Un redactor es alguien a quien escribir
> le cuesta más que a otras personas».
>
> Anónimo

Escribir y borrar y escribir. Dicho así, parece una secuencia, casi un bucle infernal del que no se pudiera escapar, pero nada queda más lejos de eso que una escritura que merezca la pena ser leída, y ahí es precisamente donde nos lleva este *escribir y borrar y escribir...*

Puede parecer un proceso inútil, cuando menos de bajo rendimiento, pero con su aplicación se consigue todo lo contrario.

Aunque se suele recomendar que nuestro «yo redactor» trabaje en horario distinto al de nuestro «yo editor» o «corrector», lo cierto es que no es posible evitar todas las interferencias de este en el trabajo de aquel.

En cualquier caso, antes de escribir, piensa en el lector. Antes de escribir lee al lector. Empatiza con él. Antes de escribir sé el lector.

Si partes con esa idea en la cabeza, si haces que todo lo que vas a escribir pase por el cedazo del lector, ningún esfuerzo habrá sido en balde.

Antes de lanzarte a la escritura, vamos a hacer un somero repaso a los tipos de texto que con mayor frecuencia podemos encontrarnos en el ámbito empresarial.

■ 2.1. Textos de empresa

En el ámbito de la empresa se genera una gran cantidad de documentos que, con más frecuencia de la deseable, están marcados por la falta de estructura, por la poca (o nula) claridad y por una expresión defectuosa.

Así pues, los textos de empresa presentan tres tipos de carencias: estructural, funcional y formal.

Las estructuras de los textos empresariales están prefijadas, ya que vienen fuertemente condicionadas por la función que deben desempeñar. Lo corriente es que para cada tipo de texto exista, si no una plantilla, sí al menos una serie de características que marcan el camino que ha de seguir su desarrollo.

De esto se puede deducir que no queda mucho espacio para la creatividad o, siquiera, para algunas variaciones importantes.

El lenguaje en el entorno empresarial es también bastante rígido y, en no pocas ocasiones, si se puede decir así, endogámico. Su consecuencia más visible es que, fuera de la empresa, este tipo de textos tienen un alcance limitado y una inteligibilidad escasa.

Todo ello define un escenario ciertamente peculiar; si bien ninguno de los detalles que conforman ese panorama es inmutable, particularmente aquellos elementos que son fuente de errores o de imprecisiones.

2.1.1. Tipos de textos de empresa

De todos los tipos de texto propios de una actividad empresarial (informes, proyectos, memorandos, memorias, circulares, partes de actividad, contratos...), tal vez sea el informe el que presenta mayor flexibilidad y variedad en función de la casi infinita lista de combinaciones de circunstancias propias del momento, de la compañía, del asunto que se trata, del emisor del mensaje, de su receptor... Es el que presenta, por tanto, el conjunto de características más susceptible de ser mejorado.

El informe es un documento que tiene la finalidad de dar detalles concretos de la situación de asuntos específicos. Esto nos conduce a la idea de que su principal característica debe ser la objetividad.

Dentro de esa objetividad, el informe puede presentar un tono meramente informativo o, yendo un poco más allá, un tono conclusivo.

Si es informativo, el informe hará un repaso equilibrado de la realidad que expone sin conceder más espacio ni detalle a esa realidad.

Si es conclusivo, el informe trasciende su función informativa y, además, presenta o induce a sacar conclusiones acerca de la información presentada o acerca de sus razones o de sus consecuencias.

El tono vendrá determinado por el objetivo último del informe y por la posición del emisor (o el firmante) con respecto al asunto del que se informa.

Decía antes que el lenguaje de las comunicaciones empresariales tiene unas características muy definidas; y, además, presenta una serie de vicios estructurales y formales que conviene destacar y combatir, ya que dificultan la comprensión del mensaje.

2.1.2. Vicios en los textos de empresa

Estos vicios son:

❶ **Oraciones largas.** Las expresiones largas, cargadas de circunloquios, son tan habituales en los textos empresariales que a más de uno le costará entender estos sin aquellas. Es como si imperase la creencia de que cuanto más larga y enrevesada sea la oración, mayor calidad o nivel tiene la comunicación.

❷ **Utilizar la voz pasiva.** Este recurso goza de gran cantidad de seguidores y usuarios incondicionales; y se utiliza, fundamentalmente, para rebajar el tono de las expresiones o informaciones más duras o que puedan tener peor acogida por parte del receptor de la comunicación.

Sin embargo, el mismo hecho que hace que se rebaje el tono, también contribuye a enturbiar la comunicación, ya que diluye las identidades de los actores de las informaciones que se presentan.

❸ **Ambigüedades.** Los textos empresariales suelen venir cargados de ambigüedades, de frases y palabras cuyo sentido no está claro; de hecho, existe casi una jerga empresarial que se basa en este tipo de expresiones abigarradas.

Si la función de un texto empresarial —particularmente la de un informe— es informar, evitar las ambigüedades debería ser una prioridad para todo redactor.

No te permitas que tus lectores o tus escuchantes tengan que repasar dos veces lo que has dicho para entender lo que has querido decir. Que el contenedor sea transparente para que el contenido resulte visible.

Si se trata de lectores, aún tienen la oportunidad de volver atrás y releer, pero si se trata de un texto que vas a pronunciar o a exponer ante un auditorio, una oración ambigua puede determinar si serás comprendido o no. La segunda oración ambigua que lances contra el público puede provocar que ni siquiera te sigan prestando atención.

> **Si tu informe no se entiende rápidamente, pierde utilidad.**

❹ El uso de un lenguaje autoritario. En no pocas ocasiones, los textos empresariales emanan un tufo a autoritarismo que hace muy difícil que el mensaje sea bien recibido por los destinatarios.

Incluso las decisiones más duras que pueda tomar un directivo pueden ser presentadas a través de un lenguaje, si no abiertamente positivo y amable, sí al menos neutro e inofensivo.

❺ Omisión de preposiciones, determinantes y conjunciones. También se da cierta tendencia a prescindir de estos elementos lingüísticos cuando deberían estar presentes en la construcción del texto para que este sea comprendido en su totalidad. Un sencillo ejemplo: «Espero te encuentres bien», cuando lo correcto es decir «Espero **que** te encuentres bien». En una versión que se da con frecuencia en México, puedes encontrarte con la forma «Espero y te encuentres bien», cuando lo correcto es, al igual que en el caso anterior, «Espero que te encuentres bien».

❻ El infinitivo introductor. Por desgracia, es muy frecuente leer, pero sobre todo escuchar, textos que contienen uno o varios usos de frases que comienzan con un infinitivo. Su uso ha calado en todo tipo de redactores y narradores. Quizá se deba a que ninguno de ellos, de quienes lo usan habitualmente, es lo suficientemente crítico con su trabajo, y tampoco aprecia lo suficiente a sus lectores. También es muy frecuente en los medios de comunicación, entre políticos, empresarios, y hasta en profesores y escritores.

Aquí tienes unos cuantos ejemplos:

frase con infinitivo introductor   frase correcta

frase con infinitivo introductor	frase correcta
Agradecerles que hayan venido.	**Quiero agradecerles** que hayan venido.
Decirles que el encuentro con los inversores ha sido muy esperanzador.	**Tengo que decirles** que el encuentro con los inversores ha sido muy esperanzador.
Sobre el asunto del horario de verano, **informarles** de que la dirección lo aceptará, pero con condiciones*. *¡Atención! En este caso el infinitivo introductor no va en el primer lugar de la frase, sino después de un complemento.	Sobre el asunto del horario de verano, **les informo de que** la dirección lo aceptará, pero con condiciones.

Según el maestro Leonardo Gómez Torrego, este uso del infinitivo «resulta brusco y poco cortés».

Por otra parte, aunque por detectar casos así nos creamos unos expertos, hay que tener cuidado con otros usos del infinitivo que se parecen mucho a este, pero que sí son válidos. Por ejemplo, el infinitivo nominal: «Caminar es un ejercicio excelente» o «Amar es desesperar». O el infinitivo verbal: «Llegar a un acuerdo con la otra parte es la única opción» o «Establecer normas facilita la convivencia».

❼ **Uso de extranjerismos innecesarios.** Este es otro vicio que parece enquistado en el lenguaje empresarial. Es cierto que la globalización y el avance de las comunicaciones ha facilitado la propagación del uso generalizado de otras lenguas en el entorno empresarial, especialmente el inglés hoy en día.

Además, muchos términos de uso frecuente (en todas las áreas de la empresa, pero particularmente en finanzas, publicidad y *marketing*) provienen del inglés; y nadie parece con el tiempo o las ganas suficientes de hacer frente a ello y utilizar términos de su propia lengua.

Esto ocurre hasta con los términos más sencillos y para los que en español disponemos de equivalentes perfectamente válidos.

Decimos *budget* cuando podemos decir *presupuesto*. Decimos *deadline* cuando podemos decir *fecha límite*. Decimos *conference call* cuando podemos decir, simplemente, *conferencia*. Decimos *meeting, meeting point, trendy, streaming, mainstream, brainstorming, workshop, brunch, business, feeling, partners, target, key, rating...*

No imagino, por ejemplo, a dos angloparlantes intercalando españolismos para parecer más interesantes.

Y, por si esto fuera poco, muchos de los usuarios de estos términos extranjeros, cuando hablan o escriben en castellano, los utilizan con un sentido equivocado o a destiempo.

Si has visto identificados tus escritos con alguno de estos vicios (¡o con todos ellos!), en el apartado 2.6. Cómo ser claro (pág. 136) encontrarás todo lo que necesitas para mejorar tu redacción atendiendo a criterios razonables y razonados, y no a creencias que carecen de todo rigor y fundamento.

> **Intercalar extranjerismos en el habla corriente no te hará más interesante.**

Vamos a ver algunas ideas de utilidad para afrontar con garantías el proceso de la redacción. El primer ejercicio que te propongo hacer es muy sencillo, tan solo tienes que liberarte del corsé de tu posición en el departamento en el que trabajas. Desentiéndete de todo lo que habitualmente te rodea.

EJERCICIO MODELO

Aquí tienes un texto para marcar todos los ejemplos de cualquiera de los siete vicios sobre los que acabamos de hablar. Te ha tocado el papel de la brigada antivicio y para hacer bien tu ejercicio te basta con que fotocopies este escrito y te hagas con un lápiz o bolígrafo. Vamos allá.

En primer lugar, agradecerles que hayan venido a la reunión habiendo recibido la convocatoria con tan poca antelación.

Espero hayan disfrutado de las vacaciones de Navidad.

Rogarles que utilicen el teléfono celular mientras dura esta reunión lo menos posible.

Decirles que en la última reunión se propuso que a partir del día 1 del mes que viene, los empleados del turno matutino tengan diez minutos más de descanso cada dos horas, ya que han sido atendidas las peticiones que nos vienen llegando insistentemente a ese respecto desde finales del verano pasado.

Con respecto al aumento de sueldo, les anuncio que el aumento será del 0 % a partir del uno de enero próximo. Este asunto del aumento de sueldo va a ser la *pecata minuta* de este año.

Los espero en la próxima reunión. Todos tendrán que traer el orden del día que les enviaré unos días antes, porque vamos a hacer un *brainstorming* para ver cómo mejoramos las cifras de ventas del *budget* del último *quarter*. Ya saben que debemos controlar la transmisión del *know-how*, sobre todo en lo que se refiere a nuestro modo de hacer *outsourcing*.

Relee las páginas anteriores y ponte manos a la obra. Es tu turno.

TU EJERCICIO

No podremos ver qué has marcado tú, pero quizá se acerque bastante a esto:

En primer lugar, agradecerles❺ que hayan venido a la reunión habiendo recibido la convocatoria con tan poca antelación.

Espero [que]❺ hayan disfrutado de las vacaciones de Navidad.

Rogarles❻ que utilicen el teléfono celular mientras dura esta reunión lo menos posible.

Decirles❻ que en la última reunión se propuso que a partir del día 1 del mes que viene, los empleados del turno matutino tengan diez minutos más de descanso cada dos horas, ya que han sido atendidas❷ las peticiones que nos vienen llegando insistentemente a ese respecto desde finales del verano pasado.❶

Con respecto al aumento de sueldo, les anuncio que el aumento será del 0 %❸ a partir del uno de enero próximo. Sé que este asunto del aumento de sueldo va a ser la *pecata minuta* de este año.

Los espero en la próxima reunión. Todos tendrán❹ que traer el orden del día que les enviaré unos días antes, porque vamos a hacer un *brainstorming*❼ para ver cómo alcanzamos las cifras de ventas del *budget*❼ del próximo *quarter*❼. Y eso sin descuidar el *deadline*❼.

RESULTADO FINAL

Si intentas reescribir el texto para solucionar los problemas que presentaba el original y mejorarlo, quizá te saldrá un texto como el que sigue:

En primer lugar, quiero agradecerles que hayan venido a la reunión habiendo recibido la convocatoria con tan poca antelación.

Espero que hayan disfrutado de las vacaciones de Navidad.

Les ruego que utilicen el teléfono celular lo menos posible mientras dura esta reunión.

Atendiendo sus peticiones, a partir del día 1 del mes que viene, los empleados del turno matutino tendrán diez minutos más de descanso cada dos horas.

Con respecto al aumento de sueldo, debo decirles que no habrá aumento para el año que viene. Sé que este asunto será el caballo de batalla durante este año, pero esta ha sido la decisión de la dirección.

Los espero en la próxima reunión. No olviden traer el orden del día que les enviaré unos días antes. Haremos una exposición de ideas para ver cómo alcanzamos las cifras de ventas del presupuesto del próximo trimestre. Y eso sin descuidar la fecha de entrega establecida.

■ 2.2. Cómo empezar a redactar lo que quieres decir

«Lo que está bien comenzado
ya está medio hecho»
Horacio

En el punto 2.8. De las reglas de Horacio al *storytelling* (pág. 156), veremos con más detalle lo que apuntaba el poeta latino a este respecto. Por ahora, veámoslo en la inmediatez del contexto que nos ocupa.

El lector compra con su tiempo y su atención algo que le resulte útil e informativo. Por lo tanto, lo que le contemos en nuestro escrito debe ser útil e informativo. Tener esto presente cuando estés redactando puede ayudarte a descartar, a la primera de cambio, ideas y frases que podrían enquistarse en tu texto y que te costaría no poco esfuerzo sacar.

Recuerda que un texto siempre es un contrato con el lector.

Para que lo que cuentes sea útil e informativo, el lector debe tenerlo fácil. Y esto solo se consigue desde el respeto a este último. El escritor italiano Primo Levi lo decía de esta manera: «Siempre pensé que uno debe escribir de la forma más clara y ordenada posible; que escribir es transmitir un mensaje, y que si el mensaje no se entiende es culpa del autor. Por lo tanto, un escritor respetuoso debe hacer posible que su escritura sea entendida por el mayor número de lectores con el menor esfuerzo».

Además de tener perfectamente claras las respuestas a las preguntas expuestas en el Paso 1 (págs. 27-28) de este modelo, también es preciso tener claro por dónde comenzar la redacción; y eso, por desgracia, no siempre es tan evidente.

Como siempre es posible acercarse hacia una idea desde distintos enfoques, con distinta intensidad y a distinta velocidad, es recomendable proyectar varios inicios. Lo más probable es que este ejercicio te descubra cuál es el inicio más recomendable.

Cada caso, cada texto, cada tema central es un mundo, por eso es buena idea dedicar unos minutos a analizar cuál es el elemento o cuáles son los elementos más importantes del texto.

Volvamos por un momento al ejemplo que hemos expuesto en el Paso 1 (págs. 24-25).

Elementos sobre los que debe asentarse la comunicación

Las cifras de ventas han bajado de manera alarmante.

2 IDEAS PRINCIPALES

Un giro de la empresa hacia el mundo digital podría resolver la situación de desventaja respecto de la competencia.

directora de *Marketing*
Quiere «digitalizar» la empresa.

3 PERSONAJES

hijo de la gerenta
Es el encargado de la web corporativa, pero preferiría no serlo.

director de Logística
Tiene miedo de que la empresa se digitalice.

El objetivo principal del informe es poner esta situación de manifiesto y dar argumentos objetivos que permitan a la dirección tomar una decisión sobre si digitalizar o no la empresa.

En este caso en concreto, bastante acotado ya por estos parámetros, y atendiendo a los criterios establecidos de imparcialidad y de no intromisión en asuntos familiares (la gerente y su hijo), no hay muchas vías posibles de plantear el asunto.

> **Una buena manera de armar tu discurso es comenzar a hablar de lo que más tarde pasarás a detallar. Ni más ni menos que eso.**

Podemos poner el foco en la realidad de la que partimos (caída acusada de las ventas y un sistema de comercialización anticuado), o podemos poner el foco en la necesidad de aplicar un cambio significativo que reconduzca las ventas de manera que la empresa resulte verdaderamente competitiva.

En cualquier caso, lo que parece claro es que tenemos que dirigir el discurso hacia la idea de que la situación, por mal que la pinten las cifras, es algo que puede reconducirse si introducimos ciertos cambios.

Una vez presentados los cambios, directa o indirectamente y como inevitable consecuencia toca explicar los detalles de ese paso.

2.2.1. Cada idea tiene su espacio

Una buena estructura discursiva se basa en la máxima que dice que cada idea tiene su propio espacio. Ya sé que, dicho así, no parece una gran afirmación. Y tal vez no lo sea, pero lo que sí que es grande es su desarrollo, porque nos hace darnos cuenta de que no es tan sencillo asignar a cada idea un espacio y meter en cada espacio una sola idea.

> **Una idea no debe extenderse más de un párrafo, y un párrafo no debe albergar más de una idea.**

Las ideas con las que trabajamos de forma cotidiana no pueden ser tan complejas como para no poder ser representadas en un solo párrafo. Ese es el espacio adecuado, la unidad de medida de las ideas: el párrafo.

Si el párrafo es demasiado largo, se dificulta la comprensión de la idea. La clave está en estructurar la información en epígrafes, y en crear tantos como sean necesarios.

En el ejemplo que venimos tratando, tenemos una serie de ideas que presentar en nuestro informe, en nuestra exposición. A modo de ejemplo, estas son algunas de ellas:

❶ Que las cifras de ventas han caído. A cada detalle de esta caída de las ventas, sin el cual resulte imposible comprender el contexto, le dedicaremos un párrafo.

❷ Que a la competencia le va mejor.

❸ Que un giro hacia el mundo digital puede colocar a la empresa en una posición equiparable a la de la competencia.

❹ Que, independientemente del resultado a corto plazo, el crecimiento en el mundo digital es un camino de futuro.

❺ Que nuestra empresa no está en la mejor disposición posible para afrontar un giro (rápido) hacia el mundo digital.

❻ Que, aunque los cambios puedan parecer traumáticos, no lo son tanto.

En la construcción del párrafo es bueno que evitemos, por ejemplo, concatenar frases subordinadas. Sé práctico y divídelas en frases más cortas separadas por un punto. Y por un punto y aparte cuando la frase tenga la entidad suficiente como para ser tratada como una idea distinta.

TU EJERCICIO

Seguimos con el caso de la empresa del Paso 1. Ahora te toca a ti ponerte en la piel del que tiene que escribir el informe.

Escribe un párrafo para cada idea; son el resultado de las preguntas que has formulado. Intenta visualizar estos párrafos como los ladrillos con los que levantarás el edificio de tu comunicación.

Este ejercicio te sirve, además, para depurar todo aquello que no merezca un espacio importante en tu texto.

¡Adelante!

❶ _____

_____

_____

_____

❷ _____

_____

_____

_____

❸ _____

_____

_____

_____

■ 2.3. Pon orden en tus palabras: sintaxis, tiempo y lógica

Una vez que tenemos definidas las ideas y la estructura que les es natural, ha llegado el momento de bajar un nivel dentro de la organización del texto: la oración.

> **Piensa en positivo. Construye tus frases con este código. Las frases positivas dan más información que las negativas y son mejor recibidas.**

Aunque las frases negativas no resulten del todo negativas, suelen transmitir menos optimismo. Fíjate en las siguientes frases:

Aproveche la oportunidad

No pierda la oportunidad

La primera es netamente positiva, transmite optimismo, habla de una oportunidad, de aprovechamiento. Sin embargo, la segunda tiene como protagonista al verbo perder, y la oportunidad ya no parece tal; y ya no parece que pueda ser aprovechada, sino que pueda ser, más bien, perdida.

La primera te mueve a la acción para conseguir algo positivo. Mientras que la segunda te mueve a la acción para evitar algo negativo.

Está demostrado que utilizar un lenguaje positivo genera una actitud más receptiva en quien lo lee o lo escucha. Por tanto, su predisposición hacia el emisor del mensaje es claramente mejor.

2.3.1. Una estructura efectiva

Por lo general, lo más recomendable es seguir la estructura típica:

sujeto + verbo + complementos

Si tu texto va a ser largo, entonces tal vez te convenga romper alguna que otra vez esta estructura para no caer en la monotonía.

Es preferible decir «Las ventas del cuarto trimestre han caído un 10%» que «Han caído un 10% las ventas del cuarto trimestre».

Como decía, si tu texto es largo, recuerda alterar el orden de alguna que otra frase. Esto llamará la atención del lector o del escuchante, de manera que se renovará su interés por el contenido de tu discurso.

2.3.2. No te subordines a las frases subordinadas

Siempre que sea posible y no complique la comprensión del texto, evita las frases subordinadas. Es mejor dividir la frase en dos.

Por ejemplo, en vez de decir «El trimestre anterior tuvo cinco días que fueron festivos» prueba con «El trimestre anterior tuvo cinco días festivos».

2.3.3. Trato cercano

Si el asunto del texto lo permite, y siempre que no vaya en contra de una costumbre asentada o que no suponga una clara falta de respeto para el destinatario del texto, se recomienda utilizar la segunda persona para referirse al destinatario, al lector o al escuchante.

El trato en segunda persona genera un ambiente de confianza y cercanía que trabaja en favor de una buena comunicación y de un buen entendimiento.

2.3.4. Actívate

Basa tu discurso en frases en voz activa.

Evita por todos los medios la voz pasiva, especialmente la pasiva refleja (*se ha decidido que...*), ya que, además de resultar poco clara, queda a la libre interpretación del receptor del mensaje, y eso no tiene por qué ser una buena noticia ni para ti, como emisor del mensaje, ni tampoco para quien realmente haya tomado la decisión que se anuncia en ese *se ha decidido que...*

Evita, por lo tanto, decir frases como «En la última semana se ha decidido cambiar la política de la empresa al respecto de este asunto» y prueba con «En la última semana, el director general ha tomado la decisión de cambiar la política de la empresa respecto de este asunto».

2.3.5. El tamaño sí importa

Las oraciones largas desvían la atención de los asuntos verdaderamente importantes.

> **Una oración larga es como abrir la puerta de la sala donde estás hablando, para que la gente salga antes de que termines de hablar.**

Además, las oraciones largas exigen una mayor concentración del lector o del escuchante, que debe esperar a que termines la oración para comprender y procesar su significado completo; y esto es algo que termina provocando cansancio.

El tiempo y la calidad de la atención que el receptor de nuestro escrito nos va a dedicar no es un bien inagotable, sino más bien al contrario, es un bien muy escaso, al que tenemos que dedicar especial atención en todo momento durante la composición del texto y, si es el caso, durante su exposición.

> **Como medida orientativa, es recomendable que la media de palabras por frase no supere las veinte.**

Evita las frases largas, plagadas de giros y expresiones innecesarias y vacías. Restringe el uso de incisos a los verdaderamente necesarios para que se comprenda en su totalidad lo que estás explicando.

Así pues, si tienes que decir algo como «El anterior director desempeñó su cargo por espacio de dos años», mejor prueba con «El anterior director desempeñó su cargo durante dos años».

Y antes que decir «No hay fondos que puedan utilizarse en esta ocasión», prueba a decir «No hay fondos disponibles».

TU EJERCICIO

Toma una carta o un texto de los que puedan encontrarse en tu mesa de trabajo un día cualquiera.

Analiza la construcción de las frases y señala con marcadores fluorescentes:

—En amarillo, las frases que no siguen el orden típico del español (sujeto + verbo + complementos).

—En verde, las frases subordinadas.

Si el texto tiene pocas (o ninguna) marcas en amarillo, bien; pero si hay muchas quiere decir que el orden normal de la frase en español se ha alterado más de lo recomendado. No hay un número fijo que alcanzar o cumplir. Todo dependerá de la extensión del conjunto, de la longitud de las frases, del contexto...

Si el texto presenta varias marcas en verde, querrá decir que es un texto más difícil de comprender y en el que el autor no ha tenido presente el interés del lector.

Fíjate, además, en el trato del redactor para con el receptor, si es cercano o frío, si tutea o *ustedea,* si es didáctico, si es formal...

■ 2.4. Cómo enlazar cada espacio

Los puntos, las comas y el resto de signos de puntuación son imprescindibles para la estructuración del texto; pero no son menos importantes el uso de los marcadores textuales y el respeto a las normas ortográficas.

2.4.1. Los signos de puntuación

Los signos de puntuación son aquellos signos ortográficos que organizan el discurso, por tanto son imprescindibles para la estructuración del texto.

Gracias a ellos, la comprensión es más sencilla, porque estos signos ponen de manifiesto las relaciones que hay entre las diversas partes del discurso.

Un cambio en la puntuación puede originar un cambio de significado. Lee estas dos oraciones:

Juan come verdura

Juan, come verdura

Son totalmente distintas: la primera es enunciativa, mientras que la segunda da una orden. En la primera el sujeto es *Juan*, y en la segunda el sujeto es un *tú* que no aparece.

2.4.1.a. El uso del punto

El punto (.) se escribe en la parte baja del renglón y pegado siempre a la palabra o cifra que lo precede. Al igual que casi todos los signos de puntuación del español, el punto se utiliza en el discurso general (como delimitador) y puede aparecer en otros contextos más específicos.

• El punto como delimitador del discurso

La función principal del punto es la de señalar el final de un enunciado, de un párrafo o de un texto. En el discurso oral se corresponde con una pausa marcada. Hay tres tipos de punto:

❶ **Punto y seguido.** Si se escribe al final de un enunciado y a continuación, en el mismo renglón, se inicia otro enunciado.

❷ **Punto y aparte.** Si se escribe al final de un párrafo y el enunciado siguiente inicia un párrafo nuevo.

❸ **Punto final.** Si aparece al final de un escrito o de cualquier división importante (por ejemplo, al final de un capítulo).

• El punto en contextos específicos

El punto puede utilizarse o no en enunciados que aparecen más o menos aislados en un texto.

contexto	uso de punto	ejemplo
títulos y subtítulos	No.	*Guerra y paz*
nombres de autor	No, si aparecen solos en la línea.	«Solo sé que no sé nada». Sócrates
en dedicatorias	No, a no ser que el texto sea extenso.	**Sin punto:** A Javier **Con punto:** A Javier, que tanto me ha apoyado, y a mis padres.
en pies de imagen	No, si son etiquetas. Sí, si el texto es extenso.	**Sin punto:** Vacas pastando **Con punto:** En la última reunión de ministros se tomaron importantes decisiones.
en eslóganes	No.	Asturias, paraíso natural
en enumeraciones en forma de lista	Sí, tras el número o letra que encabeza.	a. Mercedes b. Audi c. Renault
índices	No.	amor (concepto), 15, 21 biopsicología del organismo, 23 ramas, 64
en direcciones electrónicas	No, si es el único texto de la línea. Sí, si la dirección aparece al final de un enunciado.	**Sin punto:** La dirección es: dirección@mail.es **Con punto:** Visite nuestra página web: www.pagina.com.

Salvo lo indicado en el cuadro anterior, el punto no presenta mayores dificultades ni particularidades. Veamos ahora cómo el uso de la coma es mucho más complejo y es fuente de mayor cantidad de errores.

2.4.1.b. El uso de la coma

La RAE en su *Ortografía de la lengua española*, de 2010, pág. 302, nos deja un apunte con visión histórica sobre la coma:

> En lo que a su forma se refiere, hay que buscar el origen de la coma en la vírgula, signo primero oblicuo (/) y después curvo (,) que se utilizó a partir del Renacimiento para separar los elementos de una enumeración o para encerrar expresiones parentéticas.

La coma (,) es un signo de puntuación que delimita unidades inferiores al enunciado. Por su frecuente uso, es el que más dudas plantea.

Tradicionalmente, se ha considerado que el uso de la coma en el discurso escrito se corresponde con una pausa (más o menos marcada en el discurso oral). Bien, esto no siempre se da: en ocasiones hacemos pausas al hablar que no se corresponden con comas escritas (y viceversa).

En la pronunciación de la siguiente frase hacemos una pausa que no se ve reflejada en el lenguaje escrito: «Era tan verosímil [breve pausa, pero sin coma] que me lo creí».

Además de establecer las diferencias entre el uso obligatorio y el opcional de la coma, vamos a analizar los contextos de uso más frecuentes de la coma.

• Uso obligatorio y uso opcional

Como signo delimitador, la presencia de coma puede ser opcional u obligatoria.

▶ **Coma opcional.** La coma es opcional cuando el aislamiento que esta propone no implica cambios sintácticos ni semánticos, pero sí diferencias del enfoque: «Si llueve(,) a veces(,) voy al cine».

▶ **Coma obligatoria.** Si la presencia o ausencia de coma sirve para distinguir significados, el uso de este signo de puntuación será obligatorio. Así, estos pares de enunciados no significan lo mismo:

Lo hizo, lamentablemente. / Lo hizo lamentablemente.

Canté como me dijeron. / Canté, como me dijeron.

• Uso de la coma para delimitar unidades con alto grado de independencia

Nos referimos aquí al uso de la coma para encerrar elementos que pueden considerarse secundarios o periféricos respecto del discurso principal.

Todas estas secuencias se escriben entre comas cuando aparecen en medio del enunciado:

Ven aquí, Luisa, tengo algo para ti.

La Virgen de Tecla, de la que soy devota, es hermosa.

El grado de mayor independencia está representado por los incisos, es decir, la información incidental, no principal, que interrumpe el enunciado principal para aportar otra información. Esta nueva información puede estar más o menos vinculada al discurso principal.

En la puntuación con incisos, dos son los errores más frecuentes: el primero, omitir una de las dos comas; el segundo, colocar la coma en un sitio incorrecto. Así, son incorrectos enunciados como:

*María que no se sentía bien, salió de clase corriendo.

La forma correcta es:

María, que no se sentía bien, salió de clase corriendo.

● Uso de la coma para delimitar grupos de la oración simple

A veces, la coma se puede usar para aislar elementos de la oración simple. La norma general nos dice que la puntuación no debe romper la dependencia que existe entre los grupos sintácticos (entre sujeto y predicado, entre verbo y complemento directo...).

● Coma entre sujeto y verbo

Es incorrecto escribir coma entre el sujeto y el predicado: *«Juan y María, son padres primerizos».

Ahora bien, se dan tres excepciones a esta regla:

▶ Si el sujeto es una enumeración que se cierra con etcétera (o etc.): «María, Juan, Jesús, etc., salieron a pescar».

▶ Si tras el sujeto se abre un inciso: «Jonás, que es un superviviente nato, nadó hasta la orilla y llegó ileso».

▶ Si el sujeto está formado por dos miembros unidos con *bien... bien, ora... ora*, etc.

Es imperativo tener esto en cuenta siempre, ya que no hacerlo puede tener consecuencias de gran impacto en nuestra audiencia y, como consecuencia, transferir su atención del fondo a la forma y hacer que nuestro mensaje sea menos efectivo. *El Diario Montañés* publicaba el 13 de octubre de 2014 una noticia con el siguiente titular: «Pablo Alborán, reina en la música española». La coma tras el sujeto convirtió al cantante en la reina de la música española.

• Coma y otros complementos

Tampoco es correcto escribir coma entre el verbo y aquellos de sus complementos que vienen exigidos por el significado. Son por lo tanto incorrectas:

* *«Juan come, caramelos». (Complemento directo).
* *«Juan es, honrado». (Atributo).
* *«Lo puso, a la ensalada». (Complemento indirecto).
* *«Se jacta, de su buena fortuna». (Complemento de régimen).
* *«Fue atrapado, por la policía». (Complemento agente).
* *«Luisa se siente, cansada. (Complemento predicativo).

Esto se aplica también cuando estos complementos anticipan su aparición: «A María le gusta la ensalada».

Al igual que en el caso de la separación entre sujeto y verbo, se exceptúan los casos en que aparecen incisos o construcciones distributivas.

• Coma y complemento circunstancial

Como el complemento circunstancial aporta información accidental no exigida por el significado del verbo, admite ser aislado entre comas. En general, se suelen escribir con coma cuando anteceden al verbo: *Los días de calor, conviene beber agua.* Sin embargo, esta coma no es obligatoria. Se recomienda escribir coma en los siguientes casos:

▶ Si el complemento es extenso.

▶ Si el complemento expresa más bien un marco general.

▶ Si el complemento se inserta en un enunciado complejo.

Además, se puede escribir coma cuando un complemento circunstancial se ubica entre el verbo y uno de sus principales complementos: «Juan come, invariablemente, mucha grasa».

Los complementos circunstanciales que aparecen en posición final raramente van precedidos por coma.

● Uso de la coma para delimitar unidades coordinadas

Las unidades coordinadas se hallan al mismo nivel y realizan la misma función dentro de la oración. Normalmente, estas unidades se separan unas de otras por comas, aunque hay excepciones.

Coma y coordinación

miembros yuxtapuestos	Sí se escribe coma.	Llegó, vio, venció.
y, e, ni, o, u	No se escribe coma. **¡Atención!** Si el último miembro viene introducido por *así como* sí se recomienda escribir coma.	Es un chico simpático, talentoso y sociable. ¿Tiene miedo, angustia o fobia?
ni... ni *tanto... como*	No se escribe coma. En cambio, sí llevan coma los coordinados con *no solo... sino también*.	Ni tú ni nadie puede salvarme. Tanto tú como yo tenemos la culpa. Sus palabras fueron ofensivas no solo para mí, sino también para los demás.
bien... bien *ora,... ora* *ya... ya* *bien... bien*	Sí se escribe coma.	Organizaremos tu fiesta, bien en la casa, bien en un local.
pero, mas, aunque, sino que	Sí se escribe coma.	Lo iba a hacer, pero le daba pereza.

Excepciones:

❶ Si los elementos coordinados son complejos, se separan unos de otros por punto y coma y ante la conjunción final se escribe coma: «En la zapatería, compró escarpines; en la boutique, un traje y una chaqueta; en la joyería, un collar, y en la farmacia, un antiarrugas».

❷ Si la conjunción enlaza con todo lo anterior y no con el último miembro, también se escribe coma: «Visitó Nantes, Angers y París, y regresó a España».

❸ Si lo que se enlaza con la conjunción no guarda relación semántica con lo anterior: «Pintaron la casa, cambiaron las cortinas, y quedaron contentísimos».

- **Uso de la coma para delimitar unidades subordinadas**

En estos casos hay que averiguar qué función sintáctica cumplen las oraciones subordinadas dentro de la oración principal. Para ayudarte hemos reunido en esta tabla algunos casos particulares en los que se suelen cometer errores.

Errores frecuentes

oraciones de relativo	Sin coma, sea con pronombre personal o tras *el cual*, *la cual*...	*Yo que tanto he trabajado ahora me veo en la calle.*
		Se celebró un acto, en el transcurso del cual se aplaudió.
construcciones causales y finales	No llevan coma.	*Aprobé porque estudié.*
		Estoy estudiando para aprobar.
	No confundir con este otro tipo de frases (no son causales ni finales).	*Estoy estudiando, para que te quede claro.*
		Está lloviendo, porque la gente va con paraguas.
construcciones condicionales y concesivas	Suelen aparecer en posición inicial y se separan con una coma (salvo que la oración sea muy breve, en tal caso se puede prescindir de la coma).	*Si vienes, te enseñaré la ciudad.*
		A pesar de que lo intentas, no consigues nada.
construcciones comparativas y consecutivas	No llevan coma.	*Era tan listo como su hermano* (y no *Era tan listo, como su hermano*).
		Corrió tan rápido que batió el récord (y no *Corrió tan rápido, que batió el récord*).
	No confundir con las comparativas proporcionales.	*Cuanto más como, más hambre tengo.*

• Uso de la coma para delimitar los conectores

Los conectores discursivos, o sea los elementos que nos permiten poner en relación los elementos de la oración, son, en su mayoría, adverbios y locuciones.

La coma y los conectores

a comienzo del enunciado	Con coma.	*Sin embargo, nadie había previsto lo que iba a suceder.*
en mitad del enunciado	Entre comas.	*Las medidas tomadas, no obstante, son insuficientes.*
precedidos de un nexo (*y, pero, si cuando, aunque*)	Se puede prescindir de la coma.	*Y, sin embargo, te quiero* es tan válido como *Y sin embargo te quiero.*
al final del enunciado	Con coma.	*No estudiaremos mucho, pero aprobaremos, eso sí.*

• Otros usos de la coma

Pon coma también

separar el sujeto de los complementos verbales si el verbo está elidido	Uso recomendado, pero no obligatorio.	*Yo comeré salchichas; tú, legumbres.*
ante una palabra que se acaba de mencionar	Introduce una explicación. **¡Atención!** No se aplica a las construcciones enfáticas.	*Me he comprado un coche, coche que ya no me funciona.* *Me gusta el café café.* *Estaba muy muy enfadado.*
para separar el lugar o el día de la semana del resto de la información	Con coma.	*Panamá, 6 de septiembre.* *Lunes, 4 de marzo.*
entre el nombre de una colección y el número del volumen que le corresponde	Con coma.	*Biblioteca de Autores Cristianos, 4.*
para separar los elementos de un índice cuyo orden se ha invertido	Con coma.	*—García Márquez, Gabriel.*

> Nunca se escribe coma tras el saludo de cartas y otros documentos. Siempre se escriben dos puntos. «Estimado cliente:».

2.4.1.c. El punto y coma

El punto y coma (;) es un signo que se escribe siempre pegado a la palabra o signo que sigue y separado, en cambio, por un espacio del siguiente. Tras él siempre se escribe letra minúscula.

Al igual que el punto y que la coma, el punto y coma se utiliza como signo delimitador: separa unidades textuales básicas que son inferiores al enunciado. Estas unidades pueden ser grupos sintácticos u oraciones. En este sentido, coincide con la coma, pero no son intercambiables.

Veamos los usos que se le dan al punto y coma.

Uso del punto y coma

Para separar oraciones sintácticamente independientes entre las que hay una clara vinculación semántica.	*Te lo digo a título informativo; no tengo otra intención.* ¡Atención! Se podría sustituir por punto y seguido.
Para separar expresiones complejas que incluyen comas o que tienen cierta longitud.	*Habló con Mario, que se encontraba desolado; con Luisa, a quien agradeció su participación, y con Susana, a la que le preguntó si sabía algo más.*
Ante las conjunciones *pero*, *mas* y *aunque* cuando las oraciones vinculadas tienen cierta longitud y, en especial, si en ellas ya hay comas.	*Me siento como si volase, cosa harto extraña; pero eso no me impide tener los pies en la tierra.*

2.4.1.d. Los dos puntos

Los dos puntos (:) es un signo que se escribe siempre pegado a la palabra o signo que sigue y separado, en cambio, por un espacio del siguiente. Tras él podrá escribirse mayúscula o minúscula.

El signo de dos puntos tiene, principalmente, una función delimitadora: acota unidades sintácticas inferiores al enunciado. En este sentido, detiene el discurso para llamar la atención sobre lo que sigue. Es decir, el signo de dos puntos tiene un cierto valor anunciativo, entendemos que la información (llegados a los dos puntos) no está completa, sino que va a completarse a continuación.

Uso de los dos puntos

enumeraciones en las que hay un elemento anticipador	*Vendrán a la fiesta seis de mis amigos: Julia, Susana, Marisa, Nando, Juancar y Luismi.*	Pero no en *Ayer me compré: zapatos, cinturones y un bolso (no hay elemento anticipador).
frases con un elemento anticipador que no son enumeraciones	*Todavía tengo que pensar una cosa: si me mudo o no.*	
ejemplos	*Hay ríos muy caudalosos: el Amazonas, el Ebro, el Danubio.*	
en el discurso directo cuando se reproduce lo que ha dicho literalmente una persona	*Juan dijo: «Estoy harto de todo».*	Este uso es incorrecto, en cambio, en el discurso indirecto como en *Juan dijo: que estaba harto de todo.
para introducir una cita	*Ya lo dijo don Quijote: «Llaneza, amigo Sancho».*	
tras algunos conectores	*Vamos a hacer reformas, a saber: tirar tabiques y aumentar los huecos de las ventanas.*	En este caso, los dos puntos se pueden sustituir por coma si se desea.
en títulos y epígrafes		Suelen separar el concepto general del parcial en un título.
en el encabezado de cartas y tras la palabra principal de ciertos documentos	*Estimada señora:* *Le escribo para...* *CERTIFICA:* *Que don Jaime Iglesias Puga...*	En ambos casos, el texto siguiente comienza en párrafo aparte y con mayúscula.

2.4.1.e. Los puntos suspensivos

Los puntos suspensivos (...) son un signo que se escribe siempre pegado a la palabra o signo a los que sigue. Se escribe separado de la palabra siguiente, pero si lo que lo sigue es un signo de puntuación, debe escribirse pegado. Tras él podrá escribirse mayúscula o minúscula. Si los puntos suspensivos cierran el enunciado, tras él se escribirá mayúscula: «Me siento fatal... Tendría que remediarlo». Si, en cambio, el enunciado prosigue, se escribe minúscula: «Siento como si... estuviera perdiendo el tiempo».

Los puntos suspensivos indican siempre que falta algo para completar el discurso: es decir, señalan que el discurso se ha suspendido (luego se puede retomar) o que ha quedado cortado.

Uso de los puntos suspensivos

para indicar pausa transitoria que expresa duda, temor, vacilación o suspenso	*No sé si hablar con mi jefe o no... No sé qué hacer.*	
con sentido enfático, para alargar un texto	*Ser... o no ser... Esa es la cuestión.*	
si se desea dejar un enunciado incompleto	*Fue todo extraño, demasiado asfixiante, cargado...*	
con el mismo significado que etcétera, para dejar enumeraciones abiertas	*Podemos ir al cine, a cenar, a pasear...*	Nunca se pueden escribir puntos suspensivos tras etcétera o etc.: **Puedes hacer lo que te plazca: gritar, ponerte a rabiar, insultar, etcétera...*
para indicar que un discurso no se inicia realmente con las palabras que lo comienzan	*«... de cuyo nombre no quiero acordarme»*	**¡Atención!** Hay que dejar un espacio entre los puntos suspensivos y el texto

2.4.1.f. Los signos de interrogación y exclamación

En español, a diferencia de en otros idiomas, los signos de interrogación (¿?) y de exclamación (¡!) son dobles, es decir, cierran y abren la oración. No es raro ver, en titulares de periódicos o en revistas, que solo se utiliza el signo de cierre, o la utilización inversa por equivocación, abriéndolos con el punto hacia abajo y cerrándolos con el punto hacia arriba.

Los signos de exclamación e interrogación se escriben pegados a la primera y a la última palabra del período que enmarcan y separados por un espacio de las palabras que los preceden o los siguen, excepto cuando lo que sigue es otro signo de puntuación, que en este caso va pegado.

Su uso principal es, como su nombre indica, el de delimitar oraciones interrogativas y exclamativas.

2.4.2. La articulación del texto

La articulación del texto se realiza fundamentalmente con dos herramientas: la puntuación y los marcadores textuales.

En el apartado anterior hemos repasado la puntuación; aquí hablaremos de los marcadores textuales.

Comprobarás que el resultado final del texto dependerá de la destreza con que se utilicen estos dos recursos.

2.4.2.a. Marcadores textuales

También son llamados conectores supraoracionales o conectores discursivos. Son palabras, partículas (preposiciones, conjunciones y adverbios) y locuciones que señalan los distintos tipos de relaciones lógicas existentes entre los distintos elementos de una frase, entre las frases de un párrafo o entre los párrafos de un texto. Su falta, en ocasiones, da lugar a un estilo incoherente, inacabado.

Sirven para dotar de estructura interna a los distintos fragmentos del texto: párrafos, apartados, grupos de oraciones... Ordenan el contenido del texto y dotan de significado coherente a la exposición de hechos.

Los marcadores textuales deben colocarse en las partes relevantes del texto para que el lector pueda localizarlos a simple vista y se haga una idea previa del esqueleto general del escrito.

A continuación, te muestro una tabla con las funciones que pueden desempeñar los marcadores textuales, seguidas de algunos ejemplos de cada una. No son solo estos, hay más, pero estos son los más usuales.

Marca bien tu discurso

ADICIÓN	*además, además de, incluso, encima, así mismo (asimismo), por otra parte, luego, a continuación, así pues...*
AFIRMACIÓN	*sí, seguro, evidentemente, por supuesto, sin duda, claro, claro que sí, en efecto...*
APROBACIÓN	*bueno, bien, de acuerdo, naturalmente, efectivamente...*
CAUSA	*porque, ya que, a causa de, puesto que, dado que, a fuerza de...*
COMIENZO DE DISCURSO	*bien, bueno, hombre, fíjate, mira...*
CONCLUSIÓN	*total, en conclusión, en consecuencia, por tanto...*
CONDICIÓN	*a condición de, siempre que, siempre y cuando, en caso de (que), con tal de (que)...*
CONSECUENCIA	*por tanto, así que, en consecuencia, por lo cual, por esto, pues, conque...*
CONTINUACIÓN	*así pues, así que, entonces, conque, de modo que...*
DETALLAR ESPACIOS	*arriba / abajo, delante / detrás, cerca / lejos, encima / debajo, dentro / fuera...*
DETALLAR TIEMPOS	*antes, ahora mismo, al mismo tiempo, más tarde, más adelante, a continuación...*
DUDA	*quizá, acaso, a lo mejor, tal vez, posiblemente, es posible que...*
ÉNFASIS	*claro que sí, no faltaría más, pues sí que...*

ENUMERACIÓN	*primero, en primer lugar, luego, después, a continuación, por fin, finalmente, primeramente, al final, para terminar, como colofón...*
EXPLICACIÓN	*o sea, esto es, es decir, dicho de otra forma, en otras palabras, por ejemplo...*
FIN DE DISCURSO	*en conclusión, en fin, por tanto, en consecuencia, por consiguiente...*
FINALIDAD	*a fin de (que), con el fin de (que), con el objetivo de, para...*
INICIAR UN NUEVO TEMA	*con respecto a, en cuanto a, en relación con, por lo que se refiere a, sobre, acerca de...*
INTRODUCIR TEMA DEL TEXTO	*el objetivo principal de, este texto trata de, el tema principal es..., nos proponemos exponer..., nos dirigimos a usted para...*
LLAMADA	*oiga, escucha, ea, hala, mira, vamos...*
NEGACIÓN	*no, en absoluto, ni hablar, qué va, de ninguna manera...*
OBJECIÓN	*aunque, a pesar de (que), si bien, por más que...*
OPOSICIÓN	*aunque, pero, en cambio, al contrario, sin embargo, con todo y con eso, no obstante, por contra...*
PARA DAR DETALLES	*por ejemplo, a saber, en particular, como muestra...*
REFORZAR LA IDEA	*es decir, en otras palabras, dicho de otra manera, la idea central es, como se ha dicho, en efecto, esto es, o sea, hay que destacar...*
RESTRICCIÓN	*salvo que, excepto, hasta cierto punto, en todo caso...*
RESUMEN	*en resumen, en suma, en una palabra, o sea, es decir, en conjunto...*

2.4.3. Acentuación

El repaso no podría estar completo si no tratamos, al menos, los casos de acentuación que suelen ser fuente habitual de errores.

2.4.3.a. Reglas generales de acentuación

En español, podemos distinguir los siguientes grupos de palabras en función del lugar que ocupe en ellas la sílaba tónica:

Acentuación de palabras monosílabas

regla general	Las palabras de una sola sílaba no se acentúan gráficamente en español (*pie, ton, sol*). Se exceptúan de esta norma, como hemos visto, los monosílabos que llevan tilde diacrítica.
las vocales (*a, e, i, o, u*)	Nunca deben acentuarse cuando aparezcan como palabras independientes.
la conjunción *o* entre cifras	Se había acentuando gráficamente para no confundirla con el número 0. Como en textos informatizados la confusión es prácticamente imposible, ya que tipográficamente son muy diferentes, desde 2010, esta *o* se escribe siempre sin tilde, como monosílabo que es.
ti (el pronombre de segunda persona del singular)	No se acentúa NUNCA; es muy frecuente encontrarlo escrito con tilde cuando no hay motivo para ello: 1) es un monosílabo, 2) no hay otra palabra de igual grafía de la que haya que diferenciarla.

Acentuación de palabras con más de una sílaba

agudas	Son aquellas palabras de más de una sílaba en las cuales el acento de intensidad recae en la última sílaba (*avión, humedad, reloj, adiós*). Las palabras agudas llevan tilde cuando terminan en vocal, -*n* o -*s* (*café, camión, anís*). No llevan tilde las que terminan en -*n* o -*s* precedidas de otra consonante (*robots*); las terminadas en -*y* (*jersey*); ni los antropónimos o topónimos catalanes que terminan en -*au* (*Arnau*), -*eu* (*Andreu*), -*ou* (*Salou*).
llanas	El acento de intensidad de este grupo de palabras recae en la penúltima sílaba (*árbol, caracola, enano*). Las palabras llanas llevan tilde cuando terminan en consonante que no sea -*n* ni -*s* (*huésped*), cuando acaban en -*n* o -*s* precedidas de cualquier consonante (*bíceps*) y las terminadas en -*y* (*póney*).

esdrújulas	Son las que reciben el acento de intensidad en la antepenúltima sílaba. Siempre llevan tilde en la sílaba tónica (*tómalo, cáscara, plátano*).
sobresdrújulas	El acento de intensidad recae en la sílaba anterior a la antepenúltima. Al igual que las esdrújulas, siempre acentúan su sílaba tónica (*gánatela, mírasela*).

2.4.3.b. Acentuación diacrítica

Se utiliza la tilde diacrítica para distinguir palabras que tienen igual grafía pero distinta categoría gramatical. La acentuación diacrítica no sigue las normas generales de acentuación.

Vamos a exponer a continuación las recogidas por la Real Academia Española.

Acentuación diacrítica en monosílabos

Las palabras monosílabas no reciben acento gráfico en español. Solo se acentúan los monosílabos cuando esa tilde tiene función diacrítica.

Si la palabra acentuada admite plural, este también debe tildarse, en el mismo caso en que se tilde el singular.

aun	cuando significa 'hasta, incluso, siquiera, también'	*Ni aun ella se dio cuenta.*
aún	cuando significa 'todavía'	*No ha llegado aún.*
de	preposición	*Los niños de la clase están fuera.*
	nombre de la letra *d*	*Dedo, dedal y doler empiezan por de.*
dé	verbo *dar*	*No le dé de comer al perro.*
el	artículo	*Quiero el caramelo grande.*
él	pronombre	*Él no quiere salir de casa.*
mas	conjunción adversativa (equivalente a *pero*)	*Iré, mas no quiero que me acompañes*

más	adverbio cuantificador	*Quiero más café.*
mi	adjetivo posesivo sustantivo	*Mi casa es la que está al final de la calle.* *Dentro de la escala mi está entre re y fa.*
mí	pronombre	*Es muy importante para mí.*
que	conjunción pronombre relativo	*Le pedí que viniera.* *Ese es el libro que me compraste.*
qué	interrogativo exclamativo	*¿Qué desea?* *¡Qué película tan buena!*
se	pronombre indicador de pasiva refleja	*Se lo conté todo.* *Se venden pisos.*
sé	verbo *saber.*	*Sé a qué te refieres.*
si	conjunción condicional sustantivo	*Si bebes, no conduzcas.* *Sonata en si menor.*
sí	adverbio de afirmación pronombre sustantivo	*Dime que sí.* *Lo quiso para sí.* *El sí de las niñas.*
te	pronombre nombre de la letra *t*	*Te dije que no vinieras.* *Esa te está torcida.*
té	sustantivo	*Tomaremos el té a las cinco.* *Los tés de Ceilán.*
tu	adjetivo posesivo	*Préstame tu sombrero verde.*
tú	pronombre	*Me dijo que tú no habías llegado.*

Acentuación diacrítica en polisílabos

solo	Desde 2010, según las últimas reglas de ortografía se puede prescindir de poner tilde.	*Me gusta estar solo* (adjetivo). *Solo me gusta estar aquí* (adverbio, se interpreta como 'solamente').
este, ese, aquel con sus femeninos y plurales	Desde 2010, según las últimas reglas de ortografía se puede prescindir de poner tilde.	*Tráeme esos, no aquellos* (pronombre). *Tráeme esos libros, no aquellos cuadernos* (determinantes).

2.4.3.c. Acentuación de las palabras compuestas

• Compuestos sin guion

Las palabras compuestas se comportan como una sola palabra y, por tanto, siguen las normas generales de acentuación, con independencia de cómo se comporten las formas por separado (*decimoséptimo, baloncesto, rioplatense, cefalotórax*).

• Compuestos con guion

En estos casos, la RAE mantiene la tilde en cada uno de los componentes si les corresponde fuera del compuesto (*cántabro-astur, ascético-místico*). No son correctas las palabras de cualquier otro tipo que se pronuncien y escriban con dos acentos.

• Expresiones compuestas escritas en varias palabras

En estas expresiones se conserva siempre la acentuación gráfica independiente de cada uno de sus componentes:

- ▶ En antropónimos compuestos llevan acentuación los dos componentes, aunque solo sea tónico uno de ellos (*María José*).

- ▶ Los numerales formados en varias palabras también se acentúan independientemente si se escriben de forma separada (*vigésimo séptimo*).

• Adverbios terminados en *-mente*

Los adverbios terminados en *-mente* son el resultado de la unión de un adjetivo más el sufijo. El adverbio siempre conserva la tilde en el lugar en el que la llevaba el adjetivo (*comúnmente, tímidamente, sosegadamente*).

• Formas verbales con pronombres enclíticos

Los tiempos verbales que se acrecientan con enclíticos siguen las reglas generales de acentuación (*deme, acabose, dábaselo*).

Las formas del imperativo de segunda persona del singular propias del voseo siguen igualmente las reglas generales de acentuación de la siguiente manera: cuando se usan sin pronombre enclítico, llevan tilde por ser palabras agudas acabadas en vocal (*pensá, decí*); cuando llevan un solo enclítico pierden la tilde por ser llanas acabadas en vocal (*decime, andate*) o en *-s* (*avisanos*); y, si llevan más de un enclítico, llevan tilde por ser esdrújulas (*decímelo*).

2.4.3.d. Acentuación de extranjerismos

Aunque en buena lógica los latinismos, los anglicismos, los galicismos y los japonesismos son extranjerismos del mismo calibre, vamos a hablar de ellos por separado.

• Acentuación de latinismos

La RAE distingue entre latinismos crudos y latinismos adaptados.

▶ Latinismos crudos

Son latinismos crudos aquellas voces que no se han incorporado al caudal léxico del español y, en consecuencia, deben escribirse con su grafía originaria, en cursiva y sin añadir signos ajenos a la escritura latina como son las tildes. Por lo general, estas voces las emplean los autores con voluntad expresiva, informativa o evocadora.

Algunos latinismos crudos

grosso modo	Así fue, *grosso modo,* como acabó aquel asunto.
in articulo mortis	Se casó *in articulo mortis* con su novia de toda la vida.
motu proprio	Renunció *motu proprio* a todos sus privilegios. (Es incorrecto **motu propio;* no olvides esta segunda erre de la forma latina).
sine die	Decidieron aplazar *sine die* las negociaciones.
post mortem	El examen *post mortem* reveló indicios de envenenamiento.
statu quo	Las grandes potencias eran partidarias de mantener el *statu quo.*
	(Es incorrecto **status quo*, erradica esa ese de *statu,* por muy fan que seas del grupo de rock).

▶ Latinismos adaptados

Los latinismos adaptados son voces y expresiones latinas que se han incorporado recientemente y que no tienen una vinculación directa con el mundo latino, sino que se refieren a realidades actuales. Estos latinismos se acentuarán siguiendo las normas generales de acentuación en español (*déficit, superávit, accésit, hábitat...*).

Esta norma también debe aplicarse a palabras latinas de frecuente uso en algunas ciencias, aunque no estén recogidas en el diccionario de la RAE.

Es preciso señalar que los latinismos adaptados también pueden ser escritos en su forma latina, pero siguiendo la ortografía latina. Así pues, se escribirían en cursiva por ser voces ajenas al castellano y sin acentos por respetar la forma latina. Un par de ejemplos te ayudarán a entender la diferencia:

> «Nuestro proyecto no ganó el concurso, pero nos concedieron el accésit». (Uso del latinismo adaptado).

> «Nuestro proyecto no ganó el concurso, pero nos concedieron el *accesit*». (Uso del latinismo crudo).

Puedes encontrar una lista bastante completa de latinismos, en su forma española y en su forma latina, en la página web de la Wikilengua

  www.wikilengua.org/index.php/Latinismo

● Acentuación de otras voces extranjeras

En los extranjerismos que conservan su grafía original y no han sido adaptados al español, así como en los nombres propios originales de otras lenguas, no debe utilizarse ningún acento que no exista en el idioma al que pertenecen (*catering, gourmet, Wellington*).

Las palabras de origen extranjero ya incorporadas al español o adaptadas completamente a su pronunciación y escritura, incluidos los nombres propios, deben someterse a las reglas generales de acentuación de nuestro idioma (*béisbol, bidé, Icíar*).

Las transcripciones de palabras procedentes de lenguas que utilizan alfabetos no latinos, incluidos los nombres propios, se consideran adaptaciones y deben seguir, por tanto, las reglas generales de acentuación del español (*Tolstói, Taiwán*).

2.4.3.e. Otras acentuaciones

• Tilde en mayúsculas y versalitas

Las mayúsculas y las versalitas llevan tilde siguiendo las normas generales de acentuación.

Solamente las siglas escritas completamente en mayúscula nunca llevan tilde, aunque recaiga en ellas el acento prosódico.

• Desplazamiento del acento

En plural, las palabras conservan el acento de intensidad en la misma sílaba en que lo llevan en singular. Como excepción a esta regla, algunas palabras desplazan el acento de intensidad al formar el plural. Son las siguientes: *carácter, caracteres; régimen, regímenes; espécimen, especímenes.*

• Voces biacentuales

Existen palabras que admiten dos acentuaciones, aunque no hay acuerdo absoluto sobre cuáles son estos vocablos y hay que señalar que este listado no ha sido constante, es decir, ha habido cambios en la consideración de algunas voces.

En estos casos, ambas formas, con tilde y sin tilde, son igualmente válidas, aunque exista preferencia por parte de la RAE de una forma sobre otra.

Algunos ejemplos de voces biacentuales: *austriaco / austríaco, periodo / período, policiaco / policíaco, vídeo / video.*

- **Acentuación de abreviaturas, siglas, acrónimos y símbolos**

  ▶ Las abreviaturas mantienen la tilde en caso de incluir la vocal que la lleva en la palabra desarrollada (*pág.* por *página*). Esta norma afecta también a las abreviaturas de los nombres propios abreviados (*M. Á.* por *Miguel Ángel*).

  ▶ Solo los acrónimos que se han incorporado al léxico general y que, por tanto, se escriben en minúsculas siguen las normas de acentuación (*láser*).

  ▶ Las siglas no llevan tilde (*CIA*).

  ▶ Los símbolos no llevan nunca tilde (*a* por *área*).

- **Tilde repetida**

Si una vocal acentuada en una palabra se alarga y, por tanto, se escribe varias veces, cada una de ellas llevará su correspondiente tilde. Por ejemplo:

> —¿Te ganaste la lotería?
> —Síííííí.

2.4.4. Algo más de ortografía y de ortotipografía

La RAE define la ortotipografía u ortografía tipográfica como el conjunto de usos y convenciones particulares por las que se rige en cada lengua la escritura mediante signos tipográficos. Es decir, el conjunto de signos (letras, números, símbolos, signos de puntuación, caracteres especiales...) que componen un texto impreso; aunque este texto esté impreso en una pantalla digital.

Pero no trataremos aquí un asunto tan amplio como este, sino que nos detendremos únicamente en algunas normas tipográficas que deberemos tener presentes siempre a la hora de redactar.

2.4.4.a. El tratamiento de los números

Las principales normas internacionales que regulan la escritura de números son el Sistema Internacional de Unidades (SI), de la Oficina

Internacional de Pesos y Medidas, y el Sistema Internacional de Magnitudes (ISQ), de la ISO, que la Academia ha recogido en gran parte en su *Ortografía.*

Ante las dudas que se presentan en la escritura de números que tienen muchos dígitos, en particular los miles y los millones, se ofrece a continuación una serie de claves:

Escribir números

cuatro dígitos	No es necesario separar los dígitos con espacios, ni comas ni puntos.	*El salario medio en España es de 2200 euros mensuales.*
más de cuatro dígitos	Para facilitar la lectura se pueden poner espacios fijos y finos separando el número en grupos de tres cifras empezando por la derecha.	*12345 asistentes* *678901 contribuyentes* *4500000 dólares*
	Según las normas internacionales es impropio usar puntos o comas en lugar de espacios (estos son los signos que se usan para los decimales).	**12,345 asistentes* **678.901 contribuyentes*
	Este espacio se puede escribir en PC con la combinación de teclas CTRL + Mayús + Espacio. En MAC con la combinación Opción + Espacio.	
los años	Nunca se separan las cifras de un año.	*Es el mejor dato desde 1998.* **Es el mejor dato desde 1.998.*
los millones	Para facilitar la lectura se pueden poner espacios fijos. No se deben usar ni apóstrofos ni puntos.	**1'000,000 (con apóstrofo)* **1,000.000 (coma y punto)*
«mil»	Nunca se puede combinar este adjetivo con cifras.	*12140 euros* **12 mil 140 euros*

«millones, billones, trillones...»	Como se trata de sustantivos sí se pueden mezclar con cifras. Siempre van seguidos de la preposición *de*. **¡Atención!** Un billón en español equivale a un millón de millones. En cambio en inglés y en el español de EE. UU. equivale a mil millones.	*14 millones de personas* *2 billones de euros*
códigos postales, números de teléfono y otros códigos	Solo con números.	*ISO80000* (sin espacio)
M y *k*	*M* (símbolo de *mega-*, que significa 'millones') puede acompañar a una cifra. *k* (símbolo de *kilo-*, que significa 'mil'), también.	*5 MPYG* son 'cinco millones de guaraníes' *5 kEUR* son 'cinco mil euros'
porcentaje (%)	Según la norma se debe poner un espacio fijo entre la cifra y el símbolo %.	*La tasa general de IVA sube al 21 % y la tasa reducida al 10 %.* *Algunos establecimientos ya han lanzado descuentos del 21 %.*
símbolos de unidades monetarias, matemáticas y físicas	Según la norma se debe poner un espacio fijo entre la cifra y símbolos como *€* y *$*. En América el símbolo precede a la cifra, sin espacio. Según la norma se debe poner un espacio fijo entre la cifra y símbolos como *k* y *C*, excepto en el caso de los símbolos en voladita como el de los grados.	*3512 € / 658 $* *€3512 / $658* *25 ºC* (la *o* voladita se une al símbolo del tipo de grado) Coordenadas: 10º 25' 36"

• Un caso particular: los decimales

El signo para separar los decimales al expresar un número en cifras puede ser un punto o una coma.

Ambos signos tienen uso en los países hispanohablantes, pero en México y el Caribe se prefiere el punto, según la costumbre anglosajona, mientras que en España y el Cono Sur se prefiere la coma, según la costumbre francoalemana.

Por este motivo, en la *Ortografía de la lengua española,* de las Academias de la Lengua, se señala que, «con el fin de promover un proceso tendente hacia la unificación, se recomienda el uso del punto como signo separador de los decimales», al tiempo que se aclara que la coma sigue siendo igualmente válida, de modo que puede escribirse tanto *11.5* como *11,5* para la cantidad *once y medio.*

Un signo usado muy a menudo antaño y que todavía se ve en ocasiones es el apóstrofo, pero las normas internacionales (ISO 80000 y el Sistema Internacional de Unidades) solo consideran válidos la coma y el punto, y las Academias lo censuran explícitamente: *20.3* o bien *20,3,* pero no *20'3.*

2.4.4.b. Abreviaturas

Son la representación escrita de una o varias palabras mediante una o algunas de sus letras. En la abreviatura deben faltar al menos dos letras de la palabra que se abrevia (salvo excepciones).

En el uso de abreviaturas, comunes y corrientes en todo tipo de escritos, debemos observar algunas particularidades:

▶ Punto abreviativo: tras las letras que forman la abreviatura, se escribe punto. Tras el punto puede escribirse cualquier signo ortográfico, excepto un punto.

▶ Si la abreviatura lleva alguna letra volada (*1.ª*), el punto va entre la abreviatura y la letra volada.

▶ Se escriben con tilde si en la forma abreviada está presente la letra que la lleva en la palabra cuando aparece completa, por ejemplo: *admón.* por *administración,* o *M. Á.* por *Miguel Ángel.*

▶ Las abreviaturas deben llevar la grafía, mayúscula o minúscula, de las palabras a las que representan, salvo que la frase comience por la abreviatura, en cuyo caso siempre se escribirá en mayúscula.

▶ Las abreviaturas de fórmulas de tratamiento se escriben siempre con mayúscula. Por ejemplo: *D.* por *don*; *Sra.* por *señora.*

▶ En las abreviaturas formadas por letras iniciales, se deja un espacio entre cada una y la siguiente. Por ejemplo *P. G. C.* por *Plan General Contable* o *a. m.* y *p. m.*

2.4.4.c. Símbolos

Los símbolos son letras (una sola o más de una) o signos no alfabe-tizables que representan palabras, generalmente en el ámbito de la ciencia o de la técnica. Suelen establecerse por organismos interna-cionales y son aceptados y usados internacionalmente.

Algunos símbolos se escriben con mayúscula como *A* para *amperio*, otros en minúscula como *km* para *kilómetro* y otros mezclando am-bas formas, como ocurre en los símbolos de los elementos químicos (*Ag* para *plata*) o en otros casos como *kW* para *kilovatio*.

A diferencia de las abreviaturas, los símbolos no van seguidos de un punto.

Los símbolos no varían su forma en plural (*1 km* y *10 km*).

2.4.4.d. Siglas

Las siglas son la abreviación gráfica en forma de palabras (pronun-ciables como una sola palabra o no) formadas por las letras iniciales de otras que forman una expresión compleja. Por ejemplo, *ONU* por *Organización de las Naciones Unidas*; o *IPC* por *índice de precios al consumo*. Cada una de las letras que forman una sigla también se de-nomina sigla.

Cuando la palabra que forman es un nombre propio y tiene más de cuatro letras, la RAE recomienda su escritura en minúscula salvo la inicial. Por ejemplo: *Fitur* por *Feria Internacional de Turismo*. Aun-que no se considera incorrecto si se escribe con todas sus letras en mayúscula.

2.4.4.e. Resaltes tipográficos

Aunque no están disponibles en todos los medios de escritura ni en todas las ocasiones, el redactor dispone de los distintos resaltes tipo-gráficos como herramienta para aportar a su texto una mayor clari-dad e inteligibilidad.

En ocasiones son limitaciones técnicas las que impiden su correcta aplicación, como ocurre en las publicaciones en internet, en cuyos títulos no es posible utilizar ni negritas, ni subrayados ni cursivas.

Y, en otras ocasiones, son limitaciones propias del sistema de escritura. Por ejemplo, si escribimos a mano, el subrayado, las mayúsculas y las comillas están disponibles, pero la negrita y la cursiva son de muy difícil aplicación. Estos resaltes no suelen combinarse más que en situaciones muy poco frecuentes.

• Cursiva

La cursiva es uno de los procedimientos básicos para indicar que una palabra o grupo de palabras tiene un sentido especial que no se corresponde con el del léxico común de la lengua.

Las principales funciones de la cursiva son de énfasis y para indicarle al lector que la palabra o la expresión es un neologismo o un extranjerismo, o que forma parte de una jerga, o que se usa en sentido irónico, o que se usa en un contexto de metalenguaje.

Los usos más conocidos y cotidianos son para resaltar los títulos de los libros, los nombres de los diarios y revistas, y el uso de extranjerismos no incorporados al idioma o latinismos crudos.

• Negrita

El resalte de negrita nos permite colocar marcadores textuales que sirven de balizas de navegación al lector.

Su función es resaltar palabras o expresiones especialmente importantes en el contexto inmediato del texto y para las que requiramos del lector una atención especial.

Recomendamos no abusar de este resalte para no causar confusión durante la lectura. Al final, si buena parte del texto está en negrita, daremos la sensación de que *todo* tiene la misma importancia, y le estaremos restando eficacia a este resalte.

• Mayúsculas

Aunque es un resalte que está sujeto a ciertas normas, recomendamos restringir su uso aplicado a palabras enteras, a menos que haya una buena razón para hacerlo. Y, créeme, casi nunca la hay.

• Subrayado

Fuera de la escritura manual, desaconsejamos su uso porque es la forma que convencionalmente se utiliza para marcar los hipervínculos. El hecho de presentar un texto subrayado en formatos digitales, puede sugerir al lector la idea de que se trata de un hipervínculo, de manera que, cuando clique en él y no le lleve a ninguna parte, la sensación es la de que algo no funciona o no está bien en el texto.

2.4.4.f. Las comillas

Se trata de un signo ortográfico doble del cual se usan distintos tipos en español: las llamadas angulares, españolas o latinas (« »), las inglesas (" ") y las simples (' '). En los textos impresos, deben usarse las españolas o latinas en primer lugar: *¿Ha dicho «tropiezo»? ¡Esto es algo más serio que un «tropiezo»!*

Teclear comillas

comillas angulares, españolas o latinas	«...»	**Alt** +174 y **Alt** +175 en un PC alt + ⇧ + ' y alt + ⇧ + ç en un Mac
comillas inglesas	"..."	⇧ + 2@ tanto en PC como en Mac
comillas simples	'...'	? tanto en PC como en Mac

Las comillas se escriben pegadas al inicio de la primera palabra y al final de la última que estén comprendidas en el entrecomillado e irán separadas por un espacio de las palabras que antecedan y sigan a ese período; si lo que sigue a las comillas de cierre es un signo de puntuación, entonces no se deja dicho espacio.

Al igual que otros signos dobles como el paréntesis, las comillas sirven para aislar o marcar un discurso secundario que se intercala dentro del discurso principal.

• Tipos de comillas y jerarquía

Las comillas que han de usarse en primer lugar son las españolas: «*y*». Sin embargo, también pueden necesitarse las comillas inglesas: "*y*". Se usan para encerrar un fragmento que requiere ir entrecomillado dentro de un texto ya encerrado entre comillas latinas: «No me ha convencido el artículo "Los efectos de 'El Niño' en América" publicado en el periódico de hoy».

Sus usos principales son enmarcar la reproducción o transcripción de citas textuales, o los títulos de artículos, capítulos de libros, reportajes y, en general, cualquier parte dependiente dentro de una publicación.

En sustitución de la cursiva, cuando ese resalte no sea posible, sirve para enmarcar palabras de las que se hace un uso impropio, figurado o irónico.

Las comillas simples (*'xxx'*) tienen dos usos:

▸ Pueden encerrar un fragmento que requiere entrecomillado dentro de un texto encerrado entre comillas inglesas que, a su vez, irá dentro de un entrecomillado normal.

«Estudiad para mañana el tema 4: "El 'efecto invernadero' y la 'gota fría': dos fenómenos meteorológicos fruto de nuestro tiempo" y haced un resumen», dijo el profesor.

▸ Sirven para encerrar una palabra utilizada como concepto en metalenguaje, o para indicar que una palabra se utiliza como definición de otra:

En la frase «la niña come manzanas» las palabras *niña* y *manzanas* son sustantivos.

2.4.4.g. Los paréntesis

Los paréntesis constituyen un signo ortográfico doble que presenta la siguiente forma: ( ). Se utiliza para insertar en un texto un comentario o una nota aclaratoria. Se escriben pegados a la primera y a la última palabra del período que encierran y separados de lo que queda fuera por un espacio, salvo que lo que aparezca a continuación sea un signo de puntuación, caso en el que se escribe junto.

- ● **Usos delimitadores de los paréntesis**

  ❶ Cuando se introduce en el enunciado un inciso aclaratorio, su uso es parecido al de las rayas y al de las comas, aunque el paréntesis representa un mayor grado de aislamiento con respecto al texto en el que se inserta, por ello estos incisos suelen tener sentido pleno y poca o nula relación sintáctica con lo anterior: «La duración de este campeonato (hay que recordar que es, con diferencia, mucho más largo que el anterior) puede suponer un número mayor de lesiones en los jugadores».

  ❷ Para intercalar algún dato o precisión como fechas, lugares, el desarrollo de una sigla, etc.: «En la sede de la OMS (Organización Mundial de la Salud) se celebrará la reunión sobre la campaña de nutrición».

- ● **Usos auxiliares de los paréntesis**

  ❶ Para introducir opciones en un texto; en estos casos se encierra entre paréntesis el elemento que supone una alternativa en el texto. En este uso el paréntesis puede alternar con la barra. Como se ve en este ejemplo «(En el apartado 2 se escribirá el (los) curso(s) que acredite(n)» la capacitación para el puesto.), el paréntesis va pegado a la palabra cuando a esta se le añade un morfema.

  ❷ Para desarrollar las abreviaturas o reconstruir las palabras incompletas de un original; para este uso la RAE recomienda utilizar preferentemente los corchetes: *Imp(eratori) Caes(ari)*.

  ❸ Se usan tres puntos entre paréntesis para indicar, en la transcripción de un texto, que se ha omitido un fragmento: «Las declaraciones del partido de la oposición (...) fueron malinterpretadas por el resto de los partidos». Aunque, para este uso, la RAE prefiere los corchetes.

  ❹ Las letras o números que constituyen una clasificación se encierran entre paréntesis o, más frecuentemente, con un solo paréntesis de cierre, como en este apartado de un manual.

En este capítulo estudiaremos dos tipos de rocas:
(a) Rocas metamórficas.
(b) Rocas sedimentarias.

O bien:

En este capítulo estudiaremos dos tipos de rocas:
a) Rocas metamórficas.
b) Rocas sedimentarias.

❺ En las fórmulas matemáticas o químicas, los paréntesis se utilizan para aislar operaciones que forman parte de una serie; para encerrar otras que ya están encerradas entre paréntesis, se utilizan los corchetes: *(8 + 7) – (7 – 3).*

■ 2.5. Pirámides de información

2.5.1. La pirámide invertida

En el ámbito periodístico, se ha utilizado tradicionalmente la estructura de la pirámide invertida, esto es, disponer la información según su orden de importancia y de mayor a menor.

En la actualidad, esta forma de preparar y desarrollar el contenido informativo de un texto ha quedado anticuada por diversos motivos, no solo porque estuviera regida por una moda pasajera.

La pirámide invertida ha quedado erosionada y desfigurada por los nuevos medios y formas de comunicación, que han proporcionado una mayor flexibilidad a los redactores en su tarea y una mayor variedad a la información en su presentación ante el lector.

Lo cierto es que esta pirámide perdió su vigencia y su razón de ser mucho antes de la implantación generalizada de las comunicaciones digitales.

Para encontrar el origen de esta estructura informativa hay que remontarse a la época en la que los periódicos se componían en plomo. El cálculo de líneas no era algo que pudiera hacerse con exactitud.

El periodista escribía a máquina y, luego, el linotipista componía su texto en plomo para pasarlo a la rotativa. Pero el texto del periodista no llegaba solo a la rotativa, sino que competía con otros muchos textos e informaciones por un espacio en la impresión final. De esta pugna, algunas informaciones, a veces todas, salían amputadas en sus últimas frases. El redactor de cierre podaba los textos de los otros redactores para conseguir acomodo para todos ellos en lo que más tarde sería el periódico impreso.

Esta necesidad es la que obligó a estructurar la información de manera que, en caso de recorte, la información más importante no se viera afectada.

Así pues, la consigna para los informadores era: en primer lugar la información importante, después la complementaria o accesoria.

Los bloques con los que se construía esta pirámide invertida eran los que se obtenían de hacer cinco preguntas al texto. Con estas preguntas debía obtenerse la información más importante del texto.

Las preguntas eran las que ya hemos visto en el Paso 1 (pág. 30 de esta guía), es decir, las cinco W, que vienen definidas por su escritura en inglés (*What, When, Where, Who, Why*).

2.5.1.a. Vigencia de la pirámide invertida

Hoy en día, esta estructura informativa carece de sentido y de practicidad. Los nuevos enfoques informativos han hecho de ella algo rígido y poco útil y aplicable a los ritmos a los que hoy se mueve la información.

Y no es que los textos actuales carezcan de información importante o de una estructura. Es más bien que, en el ámbito de los textos empresariales, no queda mucho espacio para la información complementaria, accesoria o directamente anecdótica. Dicho de otra manera, si no es importante, no debe robarle espacio a lo que sí lo sea.

En lo referente al orden de esa información importante, este dependerá de cada caso concreto, principalmente del objetivo y del destinatario del informe. Si estamos redactando un informe sobre la situación financiera de la empresa y el destinatario es el banco (que va a examinar nuestra información para decidir sobre si nos concede o no una línea de crédito), el peso de la información recaerá en aquellos elementos que puedan favorecer la aprobación de esa financiación.

Lo que sí parece invariable es la forma en que un lector de hoy en día —acosado por miles de mensajes diarios— se enfrenta a la lectura de un texto más. Para evitar que el nuestro sea un texto más entre otros muchos, es obligado disponer en primer lugar la información que presente lo más claro posible el tema principal del que vamos a hablar.

> **Los lectores no tienen tiempo de ralentizar, o hasta detener, su ritmo de vida si no es a cambio de algo.**

Para que el lector o la audiencia pueda identificar cuanto antes el tema central de nuestra comunicación, pensemos detenidamente sobre el orden de la información más adecuado en cada ocasión.

2.5.2. El diamante de Bradshaw

Pero el ámbito periodístico no deja de ofrecernos modelos que seguir o, cuando menos, tener en cuenta a la hora de elaborar nuestra información en la empresa o desde la empresa.

Su análisis nos permitirá comprender mejor cómo se genera y cómo se desarrolla el hecho de la comunicación.

La pérdida de vigencia de la pirámide invertida responde a nuevas costumbres, a nuevas formas de transmisión, pero, sobre todo, a nuevas formas de relación con el usuario final de la información.

En 2007, el profesor inglés Paul Bradshaw describió el flujo de la información en el siglo XXI con un diagrama en forma de diamante. Sus ejes son el tiempo, el orden en el que se van sucediendo las distintas fases en la producción de la información (eje vertical) y la profundidad con que se trata y expone esa información en cada una de sus fases (eje horizontal).

En la parte superior, es decir, lo que ocurre en primer lugar está la alerta. Con los primeros datos de que se disponga ya se puede trazar

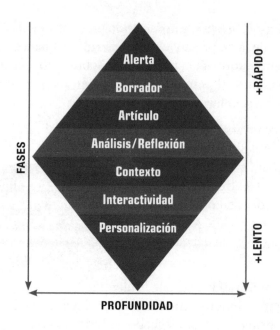

un primer borrador. En el contexto periodístico da lugar a un texto del género *breve,* una noticia de tan solo unas pocas líneas que suele ofrecerse como adelanto que más tarde se ampliará. En el contexto general de internet, da lugar, por ejemplo, a un *post* en un blog. Y en el contexto empresarial, pone en marcha un proceso de investigación sobre la causa que derivará en un informe, un correo electrónico, una carta a un cliente (o a todos los clientes), una carta a proveedores...

De ahí, y con un poco más de información (que se va generando a medida que se investiga), el texto completo o, al menos, una versión bastante completa de él, está al alcance de la mano. Esta fase, en el entorno empresarial puede dar lugar a una idea o una argumentación sólida que, en función de su importancia, podría dar lugar a reuniones con otros colaboradores.

Sobre esta versión del texto que hayamos obtenido con la incorporación de las nuevas informaciones que vamos recabando, ya cabe hacer un análisis y una reflexión que conducirá a contextualizar la información que contiene. Añadir información complementaria procedente de contextos más generales que el propio del tema principal, o procedente de diversos enfoques del mismo tema, nos proporcionará una versión del texto muy completa.

Bradshaw, en su diamante, propone la fase de interactividad como aquella en la que los receptores de la información hacen sus propios aportes. No olvidemos que este diamante informativo está enfocado al tratamiento de la información de carácter periodístico. En su aplicación en la comunicación empresarial, equivaldría al proceso de contar con la opinión y la visión de las partes afectadas o directamente intervinientes. Esto enriquecería el resultado final del texto.

Aplicado a un caso práctico, imagina que se ha detectado un defecto de fabricación en uno de los productos que fabrica y vende tu empresa, y tú eres el encargado de redactar una circular a los clientes para comunicárselo. Además, evidentemente, de la aplicación de la decisión que la dirección haya tomado al respecto, puedes enriquecer la comunicación para tus clientes si incorporas información procedente del departamento técnico, del departamento comercial, del departamento de diseño... o incluso de la propia red de puntos de venta.

Bradshaw trata la fase de la personalización como la forma en que se le hace llegar la información al destinatario, y todo en función de las necesidades y costumbres de este último. En el entorno empresarial tiene una aplicación práctica muy clara. Por una parte, ya personalizamos la comunicación cuando en el encabezado incluimos a la persona o personas a quienes nos dirigimos (esto es especialmente visible en correos electrónicos y comunicaciones individuales a clientes, por ejemplo); pero también estamos personalizando nuestra comunicación si consideramos, antes de emitirla, las distintas posibilidades que se nos ofrecen: correo electrónico, medios, web de la empresa, teléfono, valla publicitaria, conferencia, jornadas...

Y esto en caso de que, por la naturaleza del texto o por las condiciones en que se genera, no lo hayamos podido hacer en la fase de planificación, tal y como indicamos en el Paso 1. Ya sabes que la forma de presentar el documento influye de manera determinante en su percepción por parte del destinatario.

2.5.3. Pirámide tumbada

En 2007, el profesor portugués João Canavilhas propuso una nueva visión del proceso informativo que encaja perfectamente con la estructura que todo texto generado en y para el ámbito empresarial debe tener.

Canavilhas dispuso en un diagrama con forma de pirámide tumbada los tres niveles de la comunicación:

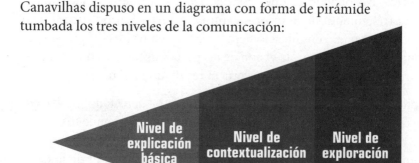

Esta disposición de las fases que propone Canavilhas encuentra su reflejo en el ámbito de las comunicaciones empresariales en la forma de abordar la exposición oral o escrita de nuestro texto.

Primero tendríamos la introducción del tema principal que vamos a tratar. A continuación, pondríamos a la audiencia en contexto. Y, para finalizar, expondríamos toda la batería de detalles y explicaciones de nuestra argumentación.

■ 2.6. Cómo ser claro

Alan Siegel, CEO de Siegelvision, lo tiene muy *claro*:

> La complejidad es la vía de escape del cobarde. Pero la simplicidad no tiene nada de simple, y alcanzarla requiere seguir tres principios centrales: tener empatía (percibir las necesidades y expectativas de otros), destilar (reducir una oferta a su mínima expresión) y aclarar (hacer la oferta más fácil de comprender o usar).

En 2004, la empresa norteamericana PC Pistop incluyó una cláusula en su acuerdo de licencia para consumidores, ofreciendo mil dólares (USD) al primer cliente que enviara un correo electrónico a una determinada dirección de la empresa. Tuvo que esperar cinco meses y más de tres mil ventas antes de que alguien reclamara el dinero.

Vale, en este caso, el texto del acuerdo de licencia para consumidores de una aplicación informática no es el tipo de texto que todos estamos deseando leer, pero tal vez, si fueran un poco más claros (¡y más cortos!), esa recompensa de mil dólares habría sido reclamada antes.

Una comunicación clara es el resultado de un trabajo no siempre tan claro y tan evidente. No basta con decir «mi redacción tiene que ser clara», porque ¿qué es una redacción clara?

TU EJERCICIO

Analiza la información que has recopilado en el ejercicio propuesto en el Paso 1 (págs. 24-25) y del que aquí has expresado sus ideas en párrafos.

Estudia si se ajusta a alguno de los esquemas informativos que hemos visto en este apartado. Como mínimo podrás apoyarte en el modelo de la pirámide tumbada para disponer y proyectar las ideas recopiladas hasta el momento. Esto te permitirá anticiparte a la forma en que tendrás que satisfacer las necesidades de tu propio texto. Porque no basta con tener las ideas ni tampoco con tenerlas expresadas en párrafos; a esas ideas seguirán otras de segundo y de tercer nivel que vendrán a respaldar y dar textura a las primeras que pudiste concretar.

Una redacción clara no es aquella que puede entenderse, sino aquella que no puede no entenderse. Pero dejemos que lo diga más claramente Marco Fabio Quintiliano, retórico y pedagogo hispanorromano del siglo I: «Cuando escribas no aspires a que sea posible entenderte, sino a que sea imposible no entenderte».

Vamos a ver qué parámetros contribuyen a que la escritura sea clara.

2.6.1. El tamaño sí importa (aquí también)

Las palabras cortas alargan la claridad del texto.

Las palabras largas son más difíciles de leer y, por tanto, son asequibles a menor cantidad de lectores. Y no solo porque se tarde más en leer, sino porque cuando las leemos o las escuchamos tenemos que rebuscar su significado durante un poco más de tiempo.

El precio de no ser claro es que no te lean.

El impacto de usar palabras largas en un texto es directamente proporcional al número de ellas que utilicemos. Es decir, si no podemos evitar una palabra larga —o la alternativa es claramente peor—, el resultado final tampoco se verá arruinado, pero si convertimos su uso en ley y costumbre, probablemente perderemos la atención del lector o del escuchante antes de que se acostumbre a nuestro texto.

El uso de palabras largas —o muy poco frecuentes cuando disponemos de términos más comunes— tiene, además, otros efectos. Las palabras largas o poco frecuentes pueden acaparar el protagonismo y, con ello, retener la atención del lector o del escuchante, privando de ella, incluso, a la propia idea a la que pretenden dar vida.

Desde el punto de vista semántico, conseguiremos el mismo resultado si decimos *uso* que si decimos *utilización*, o si decimos *enorme* que si decimos, por ejemplo, *espectacular;* pero desde el punto de vista práctico son preferibles *uso* y *enorme*.

Y la cuestión del tamaño en relación con la claridad de la comunicación no es algo que afecte únicamente a las palabras, porque, del mismo modo, una frase demasiado larga o un párrafo demasiado largo producen resultados igualmente confusos en la interpretación del texto.

A conseguir esta claridad también ayudará tener siempre presente en la mesa de trabajo una herramienta que no puede faltar en ninguna comunicación empresarial: la coherencia.

Debemos vigilar:

❶ Que nuestro texto sea coherente en cada párrafo.

❷ Que lo expuesto en cada párrafo sea coherente con lo dicho en otros párrafos.

❸ Que todos los párrafos formen un conjunto coherente.

❹ Que lo dicho en cualquier parte del escrito sea coherente con otros escritos a los que se hace referencia en el propio texto.

2.6.2. Resume y vencerás

Una clave para ser claros al escribir es escribir con concisión.

Si pensamos en espacios pequeños no redactaremos textos grandes, sino grandes textos.

Para vencer, a veces hay que dividir. Para alcanzar la claridad en un texto, a veces hay que dividirlo en partes más pequeñas, y si es necesario hasta conseguir una división molecular. A partir de esa división —ya indivisible a nivel textual— los elementos más importantes de tu texto se mostrarán nítidamente ante tus ojos.

Un buen ejercicio para alcanzar una redacción de calidad y de claridad es ponerse un límite, por ejemplo, de palabras, o de páginas si es el caso. De este modo, comenzará, sin apenas darnos cuenta, un proceso de selección natural de lo que debe tener un espacio en el documento final y de lo que no.

Pero no se trata de reducir el tipo de letra, ni el interlineado ni de ampliar los márgenes. Escríbelo en el mismo formato y en las mismas condiciones en que lo harías si lo redactaras sin límites.

Esta limitación te va a hacer pensar, te va a obligar tomar decisiones acerca de qué contenidos merecen un espacio y cuáles no. Pero también te va a obligar a pensar de otro modo acerca de aquello que tienes que decir. Las ideas complementarias primero, y las palabras sobrantes después, irán desapareciendo de tu documento y, poco a poco, tu texto se irá quedando en el esqueleto, en lo que de verdad resulte imprescindible para transmitir el mensaje principal de la forma más clara posible.

Una vez que hayas hecho este pequeño juego, toma ese esqueleto, cuyas piezas discursivas principales ya deben distinguirse con claridad, y ordena tu exposición de forma que resulte natural y asequible para la que será tu audiencia.

Thomas Jefferson, que, además de ser el tercer presidente de Estados Unidos, estudió filosofía, metafísica y matemáticas, lo dijo de una forma bien esquemática: «El más valioso de los talentos es no utilizar nunca dos palabras cuando una es suficiente».

Si este ejercicio de concisión todavía no ha dado el resultado de aclarar y aislar las ideas principales de tu texto, te reto a que subas el nivel de dificultad del ejercicio de concisión: escríbelo en media página (y recuerda, sin trucos tipográficos). Si es necesario, escribe frases telegráficas con tal de que todo tu discurso quepa en media página.

> **Si tienes que preparar un texto que, con seguridad, será de varias páginas, comienza por intentar escribirlo en una sola página.**

Indefectiblemente, este proceso debe desembocar, tarde o temprano, en la expresión mínima comprensible de las ideas principales de tu texto, de aquellas cuestiones de las que debes hablar o que debes desarrollar en tu exposición.

Todo lo que en este proceso hayas descartado es material complementario. Su posterior inclusión en la versión final del documento dependerá de otros factores, como el tipo de comunicación (nota de prensa, carta comercial, informe...), su soporte (papel o digital), la vía de emisión (correo postal, correo electrónico, formatos audiovisuales, exposición oral, conversación telefónica...).

2.6.3. Para casos extremos

Si nada de lo anterior te ha ayudado a desbastar tu texto de aquello que resulte accesorio y, por tanto, prescindible, te propongo, como reto de máximo nivel de dificultad en lo que a concisión se refiere que intentes escribir un tuit de lo que sería tu comunicado.

Te reto a que resumas en ciento cuarenta caracteres qué es lo que tienes que decir. El fin de este pequeño juego no está en llegar a la meta, sino en lo que consigues por el camino. Todo aquello de lo que puedas prescindir mientras intentas meter en un tuit tu comunicación es aquello que tienes que someter a vigilancia especial y que puede atentar contra la claridad de tu mensaje.

Cuando nada te funcione, ya lo sabes, puedes llegar a la claridad por la concisión.

De paso, otro beneficio que vas a encontrarte al hacer este ejercicio es que vas a tener un conocimiento mucho más sólido del tema principal de tu exposición.

Grábate esta pregunta a fuego y házdela en todo momento: si lo que tienes que decir puedes decirlo en dos líneas, ¿por qué usas cinco para decirlo?

▦ 2.7. Cómo elegir bien y mal las palabras

«Preséntales la información de forma concisa
para que la lean, clara para que la entiendan,
amena para que la recuerden y, sobre todo,
con precisión para que su claridad los guíe».

Joseph Pulitzer

La elección de las palabras es una tarea delicada que requiere la máxima atención y el máximo compromiso por parte del redactor.

En este apartado tengo malas noticias para ti ☹ : es mucho más fácil equivocarse que acertar.

Pero también tengo una buena noticia ☺ : el acierto se puede entrenar, no es algo solo accesible a los genios y a los superdotados de la lengua.

La principal dificultad para discernir qué palabra es una buena elección y cuál no lo es radica en que es un fruto que precisa de al menos dos herramientas para su recogida: el oído y el diccionario.

Y es que no basta con escuchar —para imitar— a quienes se supone que hacen un uso correcto del lenguaje: los periodistas. Porque, de hecho, es su principal herramienta de trabajo, y a cuyo trabajo tenemos acceso frecuente, rápido y, además, gratuito.

El escritor Javier Marías es un excelente cazador de usos inapropiados de vocabulario. En su columna de *El País Semanal* da buenas muestras de ello, y lo hace con ejemplos verdaderamente curiosos, de los que bastará con recordar algunos.

Marías se queja de la extralimitación en el uso de algunos verbos que los periodistas aplican a todo tipo de situaciones. Tal vez lo hagan por marcar una diferencia con la competencia. No debemos dudar de que lo consiguen. Felicitemos, pues, a su competencia.

Dice Marías que hoy en día el verbo *dar* vale para todo. Los periodistas dicen: «El presidente dio un discurso». Recuerda el escritor que «en español nunca se da un discurso, sino que se pronuncia o, coloquialmente, se suelta o se larga».

También se refiere al verbo *trasladar*, al que los profesionales del periodismo le han buscado un oficio nuevo, asignándole la tarea de comunicar, transmitir o hacer partícipe de algo a alguien. Es frecuente leer o escuchar en los medios de comunicación expresiones como «... le trasladó sus condolencias».

> La diferencia entre la palabra acertada y la palabra casi acertada es la que hay entre la luz de un rayo y una luciérnaga.
>
> Mark Twain

El filólogo y lingüista español, Alberto Gómez Font, exdirector del Instituto Cervantes de Rabat, señala tres verbos como «asesinos»[1], por el daño que hacen eliminando a decenas de verbos, especialmente en documentos jurídicos y administrativos, pero también en el lenguaje informativo. Los verbos en cuestión son *realizar, iniciar* y *finalizar*.

Del primero se queja, y con razón, de que sirve para *realizar reuniones, conferencias, ruedas de prensa, concursos, elecciones, almuerzos de*

---

[1] Gómez Font, A.; Castro, X.; Martín, A.; de Buen, J.: *199 recetas infalibles para expresarse bien. Palabras Mayores. El libro*, Barcelona: Vox, Larousse Editorial, 2015, págs. 23-25.

trabajo, mesas redondas y otros actos que, en buen castellano, no se realizan, sino que se celebran. Señala Gómez Font todas esas frases que hubieran quedado mucho mejor con el verbo *hacer* que con el verbo *realizar*, como, por ejemplo, *fulano realizó un viaje de tres días* o *el rey realiza una visita de cuatro días a París.*

El filólogo nos propone alternativas para evitar la intromisión de *realizar* en acepciones que no le son propias: *ejecutar, llevar a cabo, efectuar, plasmar, desarrollar, fabricar, elaborar, componer, confeccionar, construir, producirse, darse, crear,* etc.

Del verbo *iniciar*, señala Gómez Font, se hace un mal uso cuando se aplica a expresiones que no forman parte del lenguaje hablado corriente. Por ejemplo, explica que es bastante frecuente que leamos o escuchemos en los noticiarios frases como *se iniciará el curso* o *se inicia un expediente* o *se inician conversaciones,* cuando hubiera resultado, no solo más cómodo, sino más correcto, decir respectivamente, *se abrirá* (o *empezará*) *el curso, se ha abierto* (o *incoado*) *un expediente* y *se entablan conversaciones.* Para evitar estos usos poco apropiados del verbo *iniciar*, recomienda que repasemos una lista de verbos sustitutivos, y propone: *comenzar, empezar, principiar, inaugurar, abrir, incoar, entablar, emprender, aparecer, surgir, arrancar, salir, desatarse, desencadenarse, nacer...*

En lo relativo al verbo *finalizar*, Gómez Font denuncia su uso, al igual que los otros dos verbos cuestionados, como comodín. Pone como ejemplo de este uso frases como «El congreso finalizará el viernes», cuando lo apropiado habría sido decir «El congreso se clausurará el viernes». Pero también encuentra ejemplos en los que las reuniones *finalizan* en vez de *terminarse* o *acabarse.* O en que los *plazos finalizan* en vez de *cumplirse, expirar, vencer, concluir* o *prescribir.* La lista de verbos, asegura, es realmente amplia, y para cada ocasión es posible encontrar verbos más apropiados, como: *terminar, acabar, concluir, consumar, rematar, extinguir, finiquitar, ultimar, prescribir, liquidar, cerrar, sobreseer, sellar, levantar, vencer...*

En uno de sus artículos, Javier Marías afirma haber oído la expresión «se quedó literalmente muerto». Se pregunta el escritor si el redactor que *perpetró* tal frase conocerá el verdadero significado de literalmente.

> **Puede haber una enorme diferencia entre lo que queremos decir y lo que decimos.**

Por eso decía antes que, además del oído, es imprescindible un diccionario. Te aconsejo que compruebes aquello de lo que tienes la más mínima duda, pero también aquello de lo que tienes la máxima seguridad. Mi consejo: duda de todo, compruébalo todo.

Elegir bien las palabras no consiste en elegir las que nadie más elegiría, o las que nadie más usa; no tiene nada que ver con eso. Elegir bien la palabra tiene un único camino. La mala noticia con la que abría este apartado es, si lo miramos bien, una buena noticia, ya que, si solo hay un camino correcto, lo único que nos queda por hacer es encontrar el inicio de ese camino.

El principio de ese camino viene marcado por su fin. Me explicaré: solo sabiendo hacia dónde vamos, sabremos cómo ir, por dónde empezar. Me estoy refiriendo a las ideas. Si tenemos claro lo que tenemos que decir, encontrar la forma de decirlo es, probablemente, la menor de las complicaciones.

Pero ojo, las ideas son entidades complejas que, la mayoría de las veces, no pueden ser expresadas por una palabra o incluso por varias. Y una vez que ya tenemos rodeada la idea, y ya nos disponemos a asaltarla, cada palabra, cada expresión, incluso cada orden distinto de las mismas palabras dentro de la misma expresión, puede acabar transmitiendo un mensaje completamente diferente.

2.7.1. Sinónimos

Se suele recomendar el uso de sinónimos para no caer en la repetición de algunos términos; algo que podría llevar a pensar en cierta pobreza léxica, pero que también podría conducir al lector o a la audiencia a cierto aburrimiento.

Desempeñando la labor de corrector, en cierta ocasión me llegó el encargo de corregir una novela. Mientras redactaba su obra, el autor mantuvo abierto el diccionario de sinónimos por la página donde venía el verbo *decir,* y no lo cerró hasta que usó todos y cada uno de los sinónimos a lo largo de los diálogos de la novela. Y lo hizo viniera o no a cuento el sinónimo en cuestión.

Pues bien, ni una cosa ni la otra. Lo más aconsejable siempre es buscar el término medio. Es decir, ni abusar de ellos ni prescindir de ellos totalmente.

Muchos de los caminos que podemos transitar, y que no conducen hasta la solución, están plagados de sinónimos. Seguro que ya lo sabes, pero un recordatorio nunca está de más en cuestiones de lengua: los sinónimos no son palabras equivalentes entre sí; la mayoría de las veces solo son palabras con algunos significados en común.

Un sencillo ejemplo bastará para ilustrar esta idea:

Las palabras *reunión, entrevista* y *junta* pueden significar lo mismo, pero no siempre podemos usar cualquiera de ellas en la misma frase. Las tres frases siguientes tienen significados muy distintos:

—¿A qué hora comienza la reunión?

—¿A qué hora comienza la junta?

—¿A qué hora comienza la entrevista?

Ya puedes deducir de esto que la búsqueda de la palabra exacta es irrenunciable y debe ser incansable.

Recuerda, no solo que no te pite el oído cuando eliges una palabra, sino que tampoco te pite el diccionario.

Te aconsejo que, como redactor, asumas cuanto antes el compromiso, con tu lector o tu público, de elegir la palabra exacta para expresar exactamente lo que quieres decir.

Pero estas no son las únicas herramientas con que cuentas para elegir bien las palabras, también tienes a tu disposición una serie de herramientas que, por eliminación, te ayudarán a ponerte sobre la pista de las palabras correctas.

2.7.2. Evita palabras y expresiones polisémicas

Del mismo modo que un sinónimo puede no ser la mejor solución para transmitir una idea que ya tiene un término asociado de manera firme, tampoco es buena solución utilizar palabras polisémicas.

Utilizar una palabra polisémica es hacer una apuesta a que el lector va a interpretarla del mismo modo que al escribirla teníamos en mente.

Es cierto que el léxico más frecuente en las comunicaciones empresariales no está plagado de términos polisémicos, pero haremos bien en no olvidar vigilar este punto para evitar malentendidos.

En frases como «El cajero lo escribió al pie de la letra» no sabemos si el cajero escribió lo que se le indicó tal y como se le indicó que lo hiciera, o si el cajero escribió algo en la parte inferior de una letra de cambio.

En la mayoría de los casos, el contexto ayudará al lector a comprender exactamente el texto, pero no le obliguemos a retener un concepto difuso si podemos dejárselo claro con una expresión más apropiada.

2.7.3. Evita palabras y expresiones vacías o demasiado generales

Si lo primero que te viene a la mente mientras redactas son palabras como *aspecto, cosa, elemento, hecho, problema, problemática, bueno, decir, comentar...*, la mayor parte de las veces, lo mejor que puedes hacer es dejarlas pasar y buscar la mejor para cada ocasión.

Podemos mejorar una frase como «la memoria fotográfica es *una cosa* muy escasa» con un pequeño cambio: «la memoria fotográfica es *una habilidad* muy escasa».

> **Las palabras que valen para todo, al final, no valen para nada.**

Toda generalidad y toda imprecisión tienen un término que puede evitarlas. Una limitación léxica por nuestra parte, aunque sea puntual, no puede suponer nunca un problema al lector o al escuchante.

El uso de palabras comodín solo demuestra pobreza léxica y da al conjunto un matiz de vaguedad e imprecisión que no te beneficia en nada. Guarda en lugar seguro la palabra *problema* cuando lo que corresponda usar sea *cuestión, asunto, incidencia...*

Lo mismo ocurre con los adjetivos inexpresivos. Estos adjetivos han sufrido tal desgaste por el uso (y abuso) continuado que su significado se ha visto desactivado.

Adjetivos como *bonito, feo, bueno, malo,* incluso *maravilloso...* han perdido parte de su significado, si no todo.

2.7.4. Evita expresiones difusas

Las expresiones difusas se cuelan en nuestra forma de hablar disfrazadas de académicas, tal vez de formas elegantes o con cierto empaque y estilo. Pero no te dejes engañar, una expresión difusa no es tu aliada, no va a dotar a tu escritura de claridad, ni de facilidad de lectura ni de comprensión.

Pero ¿qué es una expresión difusa?

Si podemos decir *algunos,* no hace falta que digamos *cierto número de.*

Si podemos decir *recibió,* no es necesario que digamos *fue receptor de.*

Si podemos decir *lejos,* digámoslo en vez de, por ejemplo, *a considerable distancia.*

Si podemos decir *acerca de,* evitemos *En referencia a.*

«Hay que apagar todas las luces antes de salir de la sala de conmutadores» es mejor que «Es pertinente verificar la correcta desconexión de las instalaciones lumínicas antes de abandonar el departamento de control eléctrico».

Podemos hacer una lista interminable, pero estos ejemplos deben ser suficientes para darte una idea de la cantidad de expresiones difusas que podemos desterrar de nuestra forma de redactar.

TU EJERCICIO

Escribe la siguiente frase de un modo que evite las palabras genéricas o difusas y le dé un significado más concreto e inteligible para personas ajenas al «asunto»:

Quería comentarles los detalles del asunto y, luego, si tienen cosas que decir, pues me envían uno de esos.

_____

_____

_____

De acuerdo, es un ejemplo exagerado, nadie escribe así un texto que tengan que leer otras personas, pero el ejercicio de buscar la palabra correcta para cada caso es algo que, de manera natural, vas a tener que hacer cuando redactes tus propios textos, por lo que nunca viene mal entrenar esta habilidad.

2.7.5. Evita la sustantivación

Si ya existe un verbo para decir algo, no busques el sustantivo que diga lo mismo; la mayoría de las veces, el resultado no es mejor.

Por ejemplo, en vez de decir «El responsable en la transmisión de conocimientos y en la formación de los empleados es el director», di mejor algo así: «El responsable de transmitir conocimientos y de formar a los empleados es el director».

Ambas frases se entienden perfectamente, pero ¿no resulta un discurso más artificial y vacío el que se consigue sustantivando? Ciertamente, sí.

Y si tienes que explicar que «El sistema funciona con la introducción de una clave», di mejor «El sistema funciona introduciendo una clave».

Los sustantivos derivados de verbos exigen del lector o del escuchante un esfuerzo extra para obtener su verdadero significado.

2.7.6. Da prioridad a lo objetivo frente a lo subjetivo

Siempre que puedas, evita las expresiones subjetivas o abstractas y dale prioridad a la objetividad y a la concreción.

Por ejemplo, en lugar de decir que en tu informe vas a *contar la verdad,* es mejor decir que en tu informe vas a *presentar datos reales.*

Evita, por todos los medios, usar expresiones valorativas, ya que están sujetas a interpretación por parte del escuchante. Si usamos en su lugar palabras o expresiones concretas, quien nos escuche no tendrá nada que interpretar y toda nuestra audiencia tendrá una idea muy parecida, la misma, de lo que queremos comunicar en nuestro escrito.

Además, hay otra consecuencia positiva inmediata del uso de términos concretos, y es que son más fáciles de leer porque los límites marcados por sus acepciones y por el contexto se lo ponen más fácil al lector.

2.7.7. Lenguaje llano frente a tecnicismos

Si el contexto no lo desaconseja, puedes utilizar tecnicismos, jerga sectorial o profesional. Pero si tu escrito tiene que salir de ese ámbito o está dirigido a personas de distintos sectores de actividad o de distintas profesiones, vigila bien esta cuestión y procura no excederte en el uso de este tipo de términos. Racionalos y sirve solamente los imprescindibles. Si te ves en la obligación de usar algunos, procura explicarlos en un inciso o hasta poner un ejemplo, si viene al caso.

2.7.8. Evita el uso de pleonasmos

La Real Academia de la Lengua define *pleonasmo* así: «Empleo en la oración de uno o más vocablos, innecesarios para que tenga sentido completo, pero con los cuales se añade expresividad a lo dicho».

A veces, también dejamos la puerta de nuestro discurso abierta a pleonasmos y otras redundancias lingüísticas.

Y se nos cuelan como adecuadas expresiones como *proyecto de futuro,* cuando parece claro que un proyecto solo puede ser de futuro, y habría bastado con que dijéramos, simplemente, *proyecto.*

O cuando decimos *nexo de unión,* pues la unión es algo que ya va implícito en el significado de *nexo.*

Lo mismo ocurre con expresiones como *prever con antelación* (¿en qué otro momento se puede prever algo si no es antes de que suceda?); *divisas extranjeras* (no hay más divisas que las extranjeras), *ejemplo práctico* (si no es práctico, no es un ejemplo) o *máxima cumbre* (puede que para un montañista tenga un significado más abierto, pero, desde el punto de vista que aquí nos ocupa, las cumbres solo pueden ser máximas).

Y es que los pleonasmos ejercen sobre nosotros un poder increíble, nos hacen pensar que nadie nos entenderá completamente si no los usamos. Aprovecha y, si tienes alguno por casa, deshazte de él (*subir arriba, bajar abajo, salir afuera, entrar dentro...*).

TU EJERCICIO

Detecta en el siguiente texto los siete pleonasmos que contiene y márcalos con un lápiz:

Nada más subir arriba, el técnico nos hizo
una demostración a todas las personas humanas
que estábamos allí presentes. Al momento,
aquello salió volando por los aires. Y
después de algunas piruetas, el aparato
aterrizó en el suelo. Si no lo hubiera visto con
mis propios ojos, no creería que era una réplica
exacta de un Airbus A319.

2.7.9. Evita los extranjerismos

Aunque tu empresa sea muy internacional y su lenguaje interno también lo sea. Cuando estés escribiendo o dando tu discurso en español, evita los extranjerismos; generalmente son innecesarios.

Por ejemplo, si tienes que añadir a tu informe el *feedback* de tus clientes, será mejor añadir su *respuesta*.

Si tienes dudas sobre cómo decir un extranjerismo en concreto en español, siempre puedes consultar a la Fundación del Español Urgente. Asesorados por la Real Academia, darán pronta respuesta a tu cuestión.

 www.fundeu.es

2.7.10. Evita palabras o expresiones fuera de lugar o en desuso

Es posible que sientas la tentación de utilizar términos que son habituales en otros ámbitos profesionales, y creas que ello te dará cierta clase, y que tu texto o tu disertación dejará fascinada a la audiencia. Y, a menos que esa sea tu intención y eso te ayude en algo en tu explicación, procura no buscar la fascinación de tu público a través de los términos y expresiones que utilices, sino con la calidad de tu redacción.

Evita también las expresiones en desuso de las que todo el mundo conocerá, con toda probabilidad, una forma más moderna y de uso más extendido.

2.7.11. No elimines arbitrariamente preposiciones, determinantes y conjunciones

Esta es, como decía antes, una costumbre muy asentada en el entorno empresarial.

Son frecuentes frases como «La dirección está segura que el año que viene será mejor», en vez de «La dirección está segura **de** que el año que viene será mejor».

O «Vamos a lanzar un producto que seguro mejorará nuestra cifra de ventas», en vez de «Vamos a lanzar un producto que seguro **que** mejorará nuestra cifra de ventas».

Omitir palabras necesarias para la correcta construcción gramatical de la frase no es mejor, no es más moderno ni más culto, no es obligatorio porque lo haga el jefe..., en fin, omitir estas palabras no es una opción.

2.7.12. Respeta la coherencia en las enumeraciones

Cuando en tu escrito tengas que usar el recurso de las listas, procura dotar de coherencia la forma de expresarte en los puntos de la misma lista.

Si estás haciendo una lista con el índice de los temas que vas a tratar en tu exposición, evita referirte a unos a través de sustantivos y a otros a través de verbos que indiquen la acción que afecta a esos sustantivos. ¡Unifica! Veamos este ejemplo:

• Tratar la subida salarial
• Mejoras en los accesos a la oficina
• Regular los permisos de maternidad y paternidad

• La subida salarial
• Las mejoras en los accesos a la oficina
• Los permisos de maternidad y paternidad

En el primer ejemplo hemos mezclado sustantivos con acciones en el inicio de cada punto. En el segundo ejemplo, hemos utilizado una misma fórmula (sustantivos) para informar de cada punto.

Evidentemente, si observamos esta misma uniformidad para con todas las listas que tengamos que incluir en nuestro informe, el resultado será más armónico y no obligará al lector o a la audiencia a usar distintos códigos para interpretar lo que queremos transmitir.

2.7.13. Con el verbo hemos topado

Epígrafe aparte merece el análisis del uso de los verbos, en el que también se cometen frecuentes y muy visibles errores que, sin embargo, nadie parece ver.

• Concordancia del verbo haber

Uno, por desgracia muy corriente, es el de usar el verbo *haber* como si tuviera sujeto, cuando no lleva. Lo que lleva es complemento directo, por lo que no es necesario que ningún grupo nominal concuerde con él en número y persona.

En oraciones como «En el ejercicio anterior hubieron muchas bajas», lo correcto hubiera sido decir «En el ejercicio anterior hubo muchas bajas».

• Verbos indebidamente usados como transitivos

Muchos verbos que son normalmente intransitivos pasan a ser transitivos por razones diversas y su uso en ambos casos es correcto («El agua hierve / Alguien hierve el agua»).

El problema está en que este uso es seguido por otros verbos de forma incorrecta, ya que estos aparecen en el diccionario bien como intransitivos únicamente o bien con ambos regímenes, pero se usan incorrectamente en algunos de sus significados.

A continuación, recopilamos algunos de los usos incorrectos:

verbo	uso incorrecto	uso correcto
repercutir	*El trabajo me repercute a mí positivamente.	El trabajo repercute en mi beneficio.
evolucionar	*La marca ha evolucionado sus camisetas hacia una línea más moderna.	Las camisetas de la marca han evolucionado hacia una línea más moderna.
transcurrir	*Los empleados han transcurrido las últimas horas trabajando.	Las últimas horas han transcurrido sin novedades

- **Verbos indebidamente usados como intransitivos**

En otras ocasiones, al contrario de lo que he indicado en el apartado anterior, utilizamos verbos transitivos como si no lo fueran.

Veamos algunos ejemplos:

verbo	uso incorrecto	uso correcto
suspender	*Dos alumnos suspendieron en su curso.	El profesor suspendió a dos alumnos.
rehusar	*Rehusé a hacer eso.	Rehusé su invitación.
coronar	*Por la cima coronó el ciclista.	El ciclista coronó la cima.

- **Verbos con dos o más regímenes sintácticos correctos**

Algunos verbos presentan dos o más regímenes sintácticos correctos, a veces con significado parecido, y otras veces con significado muy diferente, por lo que es importante no confundir el régimen sintáctico del verbo en cada momento.

verbo	régimen 1	régimen 2
advertir	*Advertir a alguien de algo.* ('avisar')	*Advertir algo.* ('darse cuenta')
consultar	*Consultar algo a alguien.* (uso transitivo)	*Consultar a alguien sobre algo.* (uso intransitivo)
convocar	*Convocar algo.* (uso transitivo)	*Convocar a alguien sobre algo.* (uso intransitivo)
hablar	*Esas cosas hay que hablarlas.* (uso transitivo)	*Hay que hablar de esas cosas.* (uso intransitivo)
urgir	*Los empleados urgen a los empresarios a que les den información.* (uso transitivo)	*Nos urge una respuesta.* (uso intransitivo)

• Incorrecciones en el uso del infinitivo

El uso del infinitivo con valor de imperativo es incorrecto, y es un error que se comete con mucha frecuencia. Sí es correcto utilizar el infinitivo por el imperativo en los siguientes casos:

❶ Cuando al infinitivo le precede la preposición a: «A dormir, niños», «Tú, a callar...».

❷ Cuando se trata de órdenes impersonalizadas o generalizadas: «No fumar», «No tocar...».

La *Nueva gramática de la lengua española* del 2009 dice que debe evitarse el uso, bastante extendido en el lenguaje periodístico, del infinitivo como equivalente a una forma verbal en forma personal con verbos como *comunicar, decir, señalar, indicar, informar...*:

☒ **Para terminar,* **señalar** *que el próximo sábado no habrá partido.*

☑ Para terminar, **tenemos que señalar** que el próximo sábado no habrá partido.

Hemos visto hasta aquí un buen número de consejos y técnicas para una escritura correcta, pero no basta con escribir correctamente, también hay que escribir de forma interesante, atractiva y amena.

Esto es algo que saben muy bien los profesionales de la comunicación. En los últimos tiempos son cada vez más las empresas que apuestan por introducir estos tres elementos en las comunicaciones con sus clientes, proveedores, empleados..., y los resultados no pueden ser mejores. Se trata del *storytelling*.

Veamos algunos fundamentos de esta técnica de comunicación; veamos, en definitiva, algunos consejos sobre cómo hacer más interesantes, atractivos y amenos nuestros textos.

■ 2.8. De las reglas de Horacio al *storytelling*

Es muy difícil hablar de *storytelling* sin considerar antes las enseñanzas de los clásicos.

Son muchos los autores clásicos que han escrito auténticos manuales acerca de cómo escribir de manera que atraigamos y mantengamos la atención del lector. Pero bastará con que nos fijemos en uno: Horacio.

Hacia el año 20 a. C., Horacio escribió su libro *Epístolas,* una colección de veinte cartas cortas en las que trataba, mediante la exposición de sus observaciones, temas diversos como la sociedad, la literatura o la filosofía.

Una de esas epístolas, también conocida como *Ars poetica,* recoge una serie de consejos para conseguir una redacción interesante. Estos consejos han trascendido hasta nuestros días gracias a la validación que de ellos han hecho con su puesta en práctica, los escritores más grandes de todos los tiempos.

Para no extendernos mucho, expondremos brevemente cuáles eran esos sabios consejos de Horacio:

❶ Unidad de conjunto. Armonía y equilibrio entre todas las partes de la obra. Esto es más fácil de conseguir cuanto mayor conocimiento tenga el redactor de la materia a tratar.

❷ Tu identidad. Toma conciencia de cuál es tu posición con respecto del lector. Esto te ayudará a encontrar el tono y el registro apropiados.

❸ Información y utilidad. No te limites a informar a tu lector, sírvele textos que, además de contener información, le resulten útiles.

Las enseñanzas de Horacio son la base de toda comunicación eficaz.

Si desatendemos las recomendaciones de Horacio sobre, por ejemplo, la unidad de conjunto o sobre la identidad de quien escribe y su relación con el destinatario, tendremos muchas posibilidades de escribir un texto inconveniente para algunos, incorrecto para muchos e incompleto para todos.

A lo largo de los siglos, estas enseñanzas del poeta latino se han incorporado de manera natural a nuestra forma de concebir nuestras comunicaciones, y lo han hecho hasta el punto de que ya no somos capaces de concebir estas sin el fundamento de aquellas.

Tenemos una buena demostración de ello en el *storytelling*. Como sabrás, el *storytelling* es, en una traducción sin mayores pretensiones, *narración de cuentos* y, por extensión, la narración de historias y relatos.

Aunque este término no es nuevo (¿hay algo más viejo que contar un cuento?), en las últimas décadas está tomando un significado bien específico: el *storytelling* es una herramienta narrativa para alcanzar unos fines concretos y obtener unos beneficios tangibles, la mayor parte de las veces —aunque no siempre— en forma de resultados económicos.

El *storytelling* consiste en utilizar una narración para hacer llegar un mensaje a la otra parte. Y funciona del mismo modo que los cuentos infantiles que contienen una moraleja.

En muchos relatos de *storytelling*, al igual que en muchos de esos cuentos infantiles con moraleja, el relato tiene, aparentemente, poco o nada que ver con el asunto principal, lo que permite al narrador, orador o redactor situar a su audiencia en un plano diferente a la realidad que va a tratar. De este modo, se puede acceder más fácilmente a la llamada *suspensión de la incredulidad*, gracias a lo cual, el receptor de nuestro mensaje se mostrará más abierto a escuchar y recibir el mensaje de nuestro texto.

Esto no quiere decir que todas las comunicaciones que emitamos tengan que hacerse utilizando esta clave narrativa; no siempre es procedente y no siempre es más útil.

El *storytelling* ha estado presente en la vida del ser humano desde antes incluso de que este tuviera acceso a la herramienta de la palabra para darle cuerpo y forma; pero la accesibilidad, técnicamente masiva a nivel individual, a medios de comunicación globales, ha facilitado la especialización de su uso en distintos frentes, por diferentes narradores y con la participación de diversos actores.

Ya hemos dicho que el *storytelling* es el arte de contar historias, pero esta definición puede resultar demasiado simple para abarcar la increíble variedad de formatos y fines para los que esa narración puede ser usada.

Tal vez, el fin más conocido de esta técnica narrativa, o el primero que nos viene a la cabeza, sea el *storytelling* publicitario. Muchas compañías industriales y comerciales utilizan esta técnica narrativa para acercarse a sus clientes potenciales.

Peter Guber, expresidente de Columbia Pictures y de Sony Pictures, lo resumió de manera insuperable en una frase: «Conmueva los corazones de sus oyentes, y sus pies y sus carteras irán detrás». Esa es la finalidad del *storytelling*.

Los buenos relatos de *storytelling* están basados en gran medida en los consejos de Horacio sobre la composición textual: unidad de conjunto, armonía y equilibrio entre las partes, empatía con el destinatario...

Para tener un ejemplo de *storytelling* basta con fijarse en los mensajes promocionales de grandes compañías que lo usan casi siempre como, por ejemplo: Apple, Nike o Coca-Cola.

Pero el poder de una buena narración, como apuntábamos antes, no debe limitarse a la obtención de un beneficio ni tangible ni inmediato. En las comunicaciones empresariales es muy frecuente, mucho más de lo que somos capaces de percibir cuando empezamos a pensar en ello, el uso del *storytelling*.

Tanto si la comunicación encuentra a su destinatario en el cliente externo (clientes, proveedores y terceros en general) como si lo encuenta en el cliente interno (empleados y directivos de la misma empresa), todo escrito constituye, en cierto grado, parte de un relato de *storytelling*.

Dicho de otro modo, todo escrito comunica a la otra parte información sobre el emisor. Y en buena medida, esa información no se encuentra escrita en el texto.

> **Todo escrito que emitamos habla por nosotros y habla de nosotros**

Cada texto incorpora una suerte de metatexto que contiene valiosa información sobre su redactor. De un texto podemos extraer el tono y hasta el sentimiento que predominaba en el redactor en el momento de escribirlo. Pero también su nivel de tratamiento y respeto, su empatía para con el lector.

Y lo más curioso de todo es que, muchas veces, no somos conscientes de esta metainformación que nos llega con la lectura de un texto ajeno; pero trabajamos con ella de forma consciente. No es raro que tras la lectura de un texto ajeno nos sintamos predispuestos, con mayor o menor intensidad, a querer recibir más textos de esa persona o, todo lo contrario, a no querer recibir ni uno solo más.

Esa metainformación es una especie de relato que narra cómo es nuestro interlocutor y qué podemos esperar de él. Por eso mismo, debemos vigilar el relato que de nosotros mismos, como redactores, estaremos enviando a quienes nos vayan a leer.

Para evitar este eventual rechazo es recomendable tener siempre muy presentes las bases puestas por Horacio, que son las mismas que sustentan el *storytelling,* y que son: conocimiento profundo de la materia de la que vamos a hablar, coherencia del conjunto, mezcla de lo informativo con lo agradable y hablar el mismo idioma que la audiencia a la que vamos a dirigirnos.

PASO 3. CÓMO PRESENTARTE ANTE EL PÚBLICO QUE TE LEE

«El medio es el mensaje».

Marshall McLuhan

■ 3.1. De la máquina de escribir a tu auxiliar personal

La mayor parte de tu público te va a leer en pantalla. Solo un menor porcentaje te leerá en papel. Pero la lectura en pantalla puede centrarse en tu documentación escrita llevada a la web —para lo que se requiere un trabajo de edición mínimo en un programa de tratamiento de textos o de composición— y tus documentos escritos para la web —tales como la información recogida en procesos administrativos, artículos para publicaciones en línea, blogs, noticias y correos electrónicos—, todos en el soporte digital que nos proporciona la web 2.0., el sistema mediante el cual editamos en lenguaje html sin darnos cuenta.

Así, nos enfrentamos a dos tipos de trabajo de edición:

❶ El **tradicional,** mejorado con las herramientas digitales. Este sistema nos permitirá crear documentos con una amplia gama de recursos que facilitan la redacción, composición y distribución. Luego, estos documentos pueden imprimirse o leerse en su versión digital —en cualquier pantalla—, pero su formato no cambiará. El documento en papel es un texto fijo cuyos enlaces y recursos externos también están impresos. No es que constituyan un texto aislado, sino que con la tecnología actual pueden parecer obsoletos, ya que exigen *esforzarse* para buscar en la red cualquier referencia bibliográfica citada, nota, autor o dato relevante que se mencione en el texto. No obstante, pueden utilizarse sistemas que actúen como intermediarios entre el papel y lo digital, desde la inserción de códigos QR impresos, una web propia para el documento donde encontrar todos los recursos auxiliares, o adjuntar con el papel un soporte digital con todos los materiales extra que requiera.

❷ El de la **web 2.0,** que supone trabajar en un entorno digital, con unos recursos limitados de edición —un número limitado de fuentes y tamaños, estilos predefinidos, gestión de imágenes más compleja, sistemas de revisión aún precarios—, pero que facilitan su incorporación inmediata al torrente de información de la web, y además ofrece la posibilidad inmediata de usar todos los hipervínculos que necesitemos para enriquecer su contenido. La redacción en este tipo de soporte exige conocimientos de redacción SEO y la conciencia de que la aparente amplitud de recursos digitales es en realidad un restringido grupo de herramientas que, si bien permiten dar uniformidad al texto, dificultan una edición más exigente.

Quiero que empecemos a ver el punto de vista de la edición tradicional, ya que desde aquí podemos ir incorporando recursos útiles para la edición web. De hecho, aún hoy es frecuente redactar en un programa de tratamiento de texto para luego subir el resultado a la web. De este modo se puede aprovechar lo mejor de los dos mundos.

Por eso, al empezar con la edición tradicional, quiero desterrar muchos de los errores que contribuyen a perder el tiempo en la edición del texto. Aumentar la productividad es esencial. Tenemos vicios y malos hábitos en la edición porque casi nunca hemos desligado la vieja idea de que nuestro procesador de textos no es más que una máquina de escribir con muchas ínfulas que tiende a hacer cosas raras justo en el momento en que más prisa tenemos.

Por eso se tiende a obligar a Word a que haga lo que nosotros pensamos que es mejor para nosotros, sin tener en cuenta cómo concibe Word la edición de un texto.

Un momento... pero... ¿es que Word piensa? Sí. Piensa muchas cosas. Muchas de ellas ni nos sirven y parece que han sido concebidas por un malvado grupo de programadores en Redmond solo para amargarnos el día. Por eso necesitas descubrir cómo Word organiza un documento, cuáles son los recursos con los que te va a ayudar y cómo comunicarte con... ¿él?, ¿ella?, ¿ello? Llamémosle máquina. Y esta máquina es tu colaboradora personal, obediente y rapidísima que está dispuesta a ayudarte en todo lo que le pidas, a seguir todas las instrucciones que le des. Por eso debes aprovechar esta oportunidad: pocas veces te vas a encontrar con *alguien* (aunque sea una máquina le acabarás tomando cariño) que te preste tanto apoyo, desinteresadamente... y gratis.

Quiero aclarar que, cuando hablo de procesadores de texto, me refiero esencialmente al más difundido, conocido y controvertido: Word de Microsoft. En el fondo, todo lo que vas a aprender aquí, lo esencial para mejorar tu productividad en la edición y composición de un texto (lo que redundará en la claridad, coherencia y *text appeal* de tu mensaje), puede hacerse con cualquier otro procesador, y afortunadamente con los mismos términos.

Estoy seguro de que en algún momento habrás escuchado o leído alguna definición de lo que es una computadora. A mí me gusta la de Paul Beverley: «Esta [señalando a su computadora] es la parte más tonta del equipo, pero la más rápida; yo soy el más listo del equipo, pero el más lento. La unión de los dos nos convierte en el equipo más inteligente y más rápido». Este es mi propósito: que unas fuerzas con tu procesador de textos para que la redacción pase de ser algo tedioso y lento a una actividad rápida y eficaz.

Un texto claro y atractivo depende de estos factores:

❶ Que esté bien organizado y su organización perdure aun cuando cambie de formato.

❷ Que se pueda localizar fácil y rápidamente la información que busca el usuario.

❸ Que esté limpio, claro y aireado: que tenga espacio.

❹ Que tenga una tipografía atractiva.

❺ Que tenga elementos gráficos útiles y sugerentes que aporten, no que decoren.

Para lograrlo, necesitas dominar tu procesador de textos —y no al revés— porque es tu herramienta de trabajo. Eso te permitirá tener control sobre lo que puede y no puede hacer tu programa, pero al mismo tiempo podrás descubrir cómo aumentar tu productividad —bien usado, Word te permite automatizar tareas y ahorrarte tareas penosas y aburridas, como la de hacer índices o *tablas de contenido*—, y aumentar tu calidad —ofrecerás documentos más accesibles y más atractivos, con gráficos de buena resolución, una buena tipografía y márgenes generosos—. Todo ello lo vas a ver en los apartados 3.3. (pág. 172) y 3.4. (pág. 189).

Pero conocer bien y de verdad a Word, a tu auxiliar, exige tomar el control:

❶ Tienes que obligarlo a que deje de «hacer cosas raras»: no puedes permitir que cambien las numeraciones, o que te empiece a aparecer un orden en listados que no has pedido.

❷ Tienes que usar herramientas sencillas de automatización de tareas, COMO REEMPLAZAR MIENTRAS ESCRIBE.

❸ Debes corregir con eficacia o participar en revisiones colectivas con el Control de cambios (pero esto lo verás en el Paso 5, cuando tratemos cómo revisar y corregir un documento).

Por eso, esto será lo primero que veamos en esta guía que te presento en las próximas páginas.

■ 3.2. Guía mínima para dominar tu procesador de textos

Por dónde empezar: vamos a controlar a Word antes de que monte un desaguisado.

3.2.1. El eje del mal o por qué Word «hace cosas raras»

Word es nuestra máquina de trabajo. Tiene que ser precisa. No podemos llevarnos ninguna sorpresa. Word no «hace cosas raras», sino que sigue las instrucciones precisas que le hemos dado... o las que usa por defecto. Como no solemos modificar las opciones de Word, nos solemos encontrar con desagradables sorpresas. En algunas ocasiones no son más que una molestia (como que cada vez que escribes un número 1 se crea una lista numerada automáticamente y sin avisar), pero en otras ocasiones puede convertirse en un tormento que nos robe horas de trabajo y de nuestra vida (precisamente cuando *copipegamos* una lista y la cambiamos de sitio, podemos encontrarnos con la desagradable experiencia de que la numeración cambia: de tipo, formato y posición).

Por eso tenemos que calibrar nuestro Word. Más aún cuando se trabaja en grupo.

Veamos cuáles son las opciones más peligrosas de Word para desactivarlas ahora mismo.

¡OJO! Todo lo que cuento en Word es para PC, versión 2010, 2013, 2016. Solo aquí incluyo el camino para Mac, dado que hablamos de una opción de riesgo.

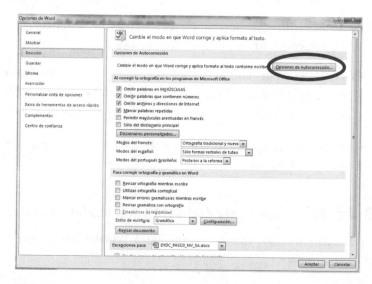

- ▶ **Windows** (versiones 2010 en adelante). Para descubrir todo lo que Word guarda en su interior tenemos que acceder a la pestaña Archivo/Opciones. En la ventana que aparece, podemos encontrar a la izquierda las principales categorías de opciones. Vamos a elegir la más peligrosa de todas: la de Revisión. Al pulsar sobre esta opción, se nos muestra, a la derecha, el botón Opciones de autocorrección.

▶ **Mac** (versiones 2011 en adelante). Para descubrir todo lo que Word guarda en su interior tenemos que acceder al menú WORD / PREFERENCIAS. En la ventana que se nos muestra, se ven las principales categorías de opciones. Vamos a elegir la más peligrosa de todas: la de AUTOCORRECCIÓN.

Al pulsar sobre ese botón aparece una ventana con cinco pestañas:

- Autoformato
- Autoformato mientras escribe
- Autocorrección
- Acciones
- Autocorrección matemática

Las dos últimas, ACCIONES y AUTOCORRECCIÓN MATEMÁTICA, son prescindibles pues se trata de funcionalidades que no suelen usarse en textos empresariales —ni en otros textos, dado que no es una herramienta fiable—. Por eso, lo mejor que se puede hacer con esas dos pestañas es entrar en ellas y desactivar las opciones que ofrece. De este modo conseguirás que Word desatienda una tarea inútil y te preste más atención. Acabas de liberarlo de una memoria preciosa para que se centre en tu trabajo.

Las dos primeras opciones, AUTOFORMATO y AUTOFORMATO MIEN-TRAS ESCRIBE, suelen aparecer con todas las opciones marcadas —activadas—. AUTOFORMATO presenta agrupadas cuatro opciones bajo el epígrafe APLICAR. Estas son las más peligrosas: desactívalas o desmárcalas: ESTILOS DE TÍTULO INTEGRADOS, ESTILOS DE LISTA, LISTAS AUTOMÁTICAS CON VIÑETAS y OTROS ESTILOS DE PÁRRAFO. No sirven más que para automatizar tareas de composición de estilos, pero esa es una tarea que tú y solo tú tienes que controlar. Cuando están activadas, Word interpreta a su criterio qué es y qué parece una lista, qué es un título de primer o segundo nivel, y qué aspecto debe tener un párrafo. Dicho de otro modo: mientras redactas y editas, tu auxiliar —Word— está programado para cambiarte de orden tus epígrafes o tus listas según su propio criterio: Word *piensa* que debe ayudarte en todo momento, aunque en realidad lo que suele hacer es descolocar elementos o anticiparse y tomar decisiones que son prescindibles e innecesarias. Desactiva esas opciones y libera a tu auxiliar de tareas inútiles.

Las restantes opciones, las que aparecen bajo el epígrafe REEMPLAZAR, puedes dejarlas todas activas, ya que pueden facilitarte la escritura de algunos signos, como la raya [—] —esencial para acotaciones como esta— o el símbolo de medio [½]. Si siempre usas comillas inglesas [" y "] te será útil tener activada la primera opción, comillas rectas con comillas tipográficas, aunque si quieres usar las comillas latinas [« y »] tienes que desactivar esta opción.

En la pestaña AUTOFORMATO MIENTRAS ESCRIBE nos vamos a encontrar con la desagradable sorpresa de que nos vuelve a preguntar por las mismas opciones que previamente ya hemos desactivado en la

pestaña anterior.

Si bien puedes dejar intactas tus selecciones en el epígrafe REEMPLAZAR MIENTRAS ESCRIBE (que es lo mismo que aparecía bajo el epígrafe REEMPLAZAR en la anterior pestaña), ten mucho cuidado con lo que viene a continuación: los epígrafes APLICAR MIENTRAS ESCRIBE y MIENTRAS ESCRIBE, AUTOMÁTICAMENTE vienen cargados por el diablo. Desactiva todas esas opciones. Si pudiéramos hacer que sonara una sirena de alarma en este libro, este sería el momento más adecuado.

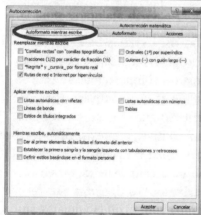

Esas opciones son las responsables de una colección de horrores que van *in crescendo*: LISTAS AUTOMÁTICAS CON VIÑETAS Y LISTAS AUTOMÁTICAS CON NÚMEROS son las responsables de que cada vez que escribes un número o una raya a principio de párrafo, Word interprete que quieres hacer una lista. Así, Word desplazará el texto hacia el interior del párrafo —añade una sangría— y esos signos (raya o números) se transformarán en automáticos, lo que significa que ya no se podrán volver a tocar o modificar.

El resto de esas aparentemente simples opciones te pueden sorprender con insertando una TABLA (si introduces texto entre tabulaciones al comienzo de un párrafo), insertando una LÍNEA DE BORDE de la que no vas a poder librarte nunca, ya que no se deja tocar ni seleccionar (eso pasa al escribir varios asteriscos seguidos, por ejemplo), o, si modificas un texto y le aplicas algunas de las opciones de formato preexistentes en los ESTILOS DE TÍTULO INTEGRADO en Word, ese texto se transformará en un apartado con unos rasgos de estilo que no habías pedido.

Si esto causa sorpresa, puedes recurrir al socorridísimo ctrl + Z para deshacer el desaguisado, pero hasta que no desactives estas opciones no te librarás de las atenciones acosadoras de Word.

Y aún te queda el epígrafe MIENTRAS ESCRIBE, AUTOMÁTICAMENTE, que viene a ser el auténtico eje del mal de Word. La aparentemente simple e inocente opción de DAR AL PRIMER ELEMENTO DE LAS LISTAS EL FORMATO DEL ANTERIOR solo trae quebraderos de cabeza: la razón principal por la que a Word se lo conoce como el programa que *hace cosas raras*.

Esta opción permite que una lista siga la numeración de las anteriores. Y eso es algo que no siempre queremos que pase. Pongamos el caso de que en un documento tienes, por una parte, una lista de nombres (destacados con una viñeta o topo) y en otra parte del documento otra lista con la serie de tareas que hay que hacer esa semana (ordenadas con numerales); supongamos que decides agregar bajo la lista de tareas numeradas el listado de los nombres de quienes se ocuparán de esas tareas. Pues bien, el listado de nombres dejará de usar sus viñetas y simplemente continuará la numeración de las tareas.

VISTAZO DEL CAOS

Tenemos dos listados con distintos sistemas:

• Celia	1. Revisar correos
• María	2. Preparar cartas
• Patricia	3. Combinar correspondencia
• Antonio	4. Enviar mensajes
• Beatriz	5. Hacer seguimiento
• Alfonso	6. Preparar informe
• Irene	7. Evaluación de resultados
• Alma	

En cuanto el primer listado se copie después del segundo, ya tendremos el caos servido:

Las tareas de esta semana serán:

1. Revisar correos
2. Preparar cartas
3. Combinar correspondencia
4. Enviar mensajes
5. Hacer seguimiento
6. Preparar informe
7. Evaluación de resultados

Los responsables serán los componentes del equipo formado por:

8. Celia
9. María
10. Patricia
11. Antonio
12. Beatriz
13. Alfonso
14. Irene
15. Alma

Las dos opciones restantes, ESTABLECER LA PRIMERA SANGRÍA... y DEFINIR ESTILOS BASÁNDOSE EN FORMATO PERSONAL, tan solo contribuyen a contaminar tu paleta de estilos con falsos estilos, y, como verás más adelante, conviene que esté limpia y no interfiera en tu trabajo de redacción y edición. Desactívalas también.

Hecho esto, vas a conseguir que tu Word reaparezca al estilo de Robert de Niro en la película *Despertares:* va a dejar su abstracción para atender a tus instrucciones con mucha más memoria libre y con mucha más agilidad.

Entre nosotros: yo tengo la sensación de que a Word le practicamos así una sencilla lobotomía con la que, a partir de ahora, tu auxiliar y tú van a ser mucho más felices.

3.2.2. Reemplazar mientras escribe

Ahora que nos hemos librado de una pesada carga, aún nos queda un arma de doble filo: la pestaña de AUTOCORRECCIÓN.

Yo no soy partidario de activar ninguna de las opciones, exceptuando la última. Las seis primeras puedes usarlas si sientes que, por ejemplo, escribes con más seguridad sabiendo que Word te va a cambiar a minúsculas *el uso accidental de bLOQ mAYÚS* o te va a *Corregir DOs MAyúsculas SEguidas.* Son inventos que no están nada mal, excepto cuando quieres convencer a Word de que te deje escribir *eBussines,*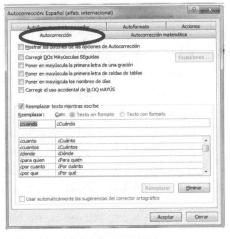

eComerce o cualquier otro término que use mayúsculas dentro de una palabra (como InDesign o un apellido como McCallan o DeWitt).

También parece una buena idea que pueda PONER EN MAYÚSCULA LA PRIMERA LETRA DE UNA ORACIÓN... siempre que Word tenga claro qué es una oración. Word piensa que una oración comienza tras un punto o tras un salto de párrafo. En la mayoría de los casos acierta, excepto cuando se encuentra con que a un punto le sigue una minúscula, como es el caso de una abreviatura en una frase: «La comercial Cálamo&Cran S.L. Es una empresa que...».

O cuando tenemos una frase demasiado larga y queremos acortarla para que ocupe dos líneas más o menos equilibradas, ya sea en el texto o en una tabla; así:

> Tema 4. Las acciones acometidas para
> Aumentar las ganancias en el sector

Por eso suelo desactivar esas opciones, para poder controlar al máximo cómo quiero componer mi texto; si me equivoco, será asunto mío corregirlo, pero es muy costoso asumir los errores de una máquina que aparentemente solo quería ayudarnos.

La opción PONER EN MAYÚSCULA LOS DÍAS DE LA SEMANA, sin embargo, es inadmisible. Nunca ha existido esa norma en nuestra gramática ni ortografía, por lo que sería mejor incluso que la desterraran del programa. Desactívala.

Ahora bien, todas las opciones que aparecen bajo REEMPLAZAR TEXTO MIENTRAS ESCRIBE constituyen un arma de doble filo que necesitas afinar antes de emplear.

Como verás, Word te ofrece por defecto un listado de errores comunes, de tal modo que si por descuido escribes *a bajado*, se cambiará automáticamente a *ha bajado*. Es una gran idea. Pero cuidado: también incluye reemplazos automáticos que te generarán errores. Así, por ejemplo, la expresión *¿cuando...* se cambia automáticamente por *¿Cuándo...* Este tipo de errores son muy graves porque pueden cambiar completamente el significado de una frase:

> En la exposición de un balance ¿cuando te planteas
> los resultados piensas en su costo...?

> En la exposición de un balance ¿Cuándo te planteas
> los resultados piensas en su costo...?

En muchas ocasiones puede ser acertado hacer ese cambio, pero no siempre. Presenta casos ambiguos. La expresión *¿cuando...* no siempre es un error, como sí lo es *vurro*.

Por eso conviene que solo una vez (¡solo una vez!) revises el listado de reemplazos que te ofrece esta opción. Cuando detectes alguno que presenta ambigüedades —como en el caso anterior—, elimínalo.

Recomiendo eliminar los que aparecen en este listado, que son los que se muestran al principio de las opciones:

, ¡cuanto	, ¿que	; ¿por que	¿cuanto
, ¿como	, ¿quien	; ¿porque	¿cuantos
, ¿cuales	, ¿quienes	; ¿que	¿donde
, ¿cuando	; ¡cuanto	; ¿quien	¿para quien
, ¿cuanta	; ¿a donde	; ¿quienes	¿por cuanto
, ¿cuantas	; ¿como	¡cuánto	¿por que
, ¿cuanto	; ¿cual	¿a donde	¿porque
, ¿cuantos	; ¿cuales	¿como	¿que
, ¿donde	; ¿cuando	¿cual	¿quien
, ¿para quien	; ¿cuanta	¿cuales	¿quienes
, ¿por cuanto	; ¿cuantas	¿cuando	
, ¿por que	; ¿para quien	¿cuanta	
, ¿porque	; ¿por cuanto	¿cuantas	

Una vez hecho esto, Word está a tu servicio. Ahora puedes añadir tú las palabras o expresiones que quieras que se reemplacen automáticamente. Por ejemplo, si tienes que estar escribiendo constantemente expresiones largas, con muchas palabras como *Ministerio de Educación, Deporte y Cultura*, te va a resultar más cómodo pedirle a Word que en ese listado, bajo REEMPLAZAR, añada *MMM* y bajo CON, *Ministerio de Educación, Deporte y Cultura*. Cuando lo hayas hecho, deberás pulsar el botón AGREGAR (en esa misma ventana, abajo, a la izquierda). Ese cambio automático habrá pasado a formar parte de tu listado y siempre lo tendrás disponible. De este modo, en cuanto escribas *MMM*, al pulsar espacio, esas tres emes mayúsculas seguidas se transformarán en *Ministerio de Educación, Deporte y Cultura*.

También recomiendo este método para quienes, además de largas expresiones, usen nombres y apellidos largos, trabajen con nombres de leyes, compuestos químicos o direcciones.

3.2.3. Autotexto

Lo mismo y más rápido. Word posee una función para reemplazar mientras escribes, pero aún más rápido.

Prueba a hacer lo siguiente: selecciona una palabra o un grupo de palabras. No importa lo larga que sea esa expresión. Pulsa entonces la combinación de teclas `Alt` + `F3` . Esto te llevará a la ventana emergente AUTOTEXTO. Solo tienes que aceptar.

A partir de ese momento, para que la palabra o grupo de palabras que seleccionaste se inserte automáticamente, bastará con que escribas los primeros cuatro caracteres de esa expresión: Word te mostrará un pequeño recuadro amarillo sobre esas letras para preguntarte si quieres que te la inserte. Si es la que quieres, solo tendrás que reconocerlo pulsando la tecla `enter` .

■ 3.3. Cómo ofrecer un texto más manejable

Ahora que ya controlamos Word, vamos a ver cómo se puede organizar el texto para mejorar su accesibilidad. Es decir, lo vamos a *editar* para que nos resulte más fácil manipularlo, desplazarnos por él y que cualquier usuario comprenda su organización con solo echarle un vistazo. Todo lo que tiene que ver con *poner bonito* el documento —una buena fuente, una buena gestión del espacio y de los márgenes, y el cuidado de las imágenes y gráficos— lo veremos más tarde. Porque si seguimos el símil de la construcción de una casa, es más importante que primero pongamos una señalización muy clara para que cualquiera sepa dónde anda y qué hay detrás de cada puerta. Que nadie se lleve sorpresas. Luego, al final de todo, ya pintaremos las paredes y cuidaremos el diseño y la decoración. Llega el momento en que Word —un Word bastante más razonable que el que conocimos al principio— se convierte en nuestro auxiliar.

¿Qué elementos son los principales delimitadores de un documento?

Los títulos, ante todo. Además de los títulos, las notas al pie de página, los ladillos, los pies de foto, etc. Podemos considerar que cada elemento posee unos rasgos tipográficos que lo identifican con los de su clase y lo distinguen del resto. De este modo se establece una convención con los lectores para que atribuyan un significado a esos rasgos tipográficos.

Son los títulos los que favorecen, ante tus propios ojos y los del lector, una organización clara que permita localizar con facilidad cualquier elemento del texto y desplazarse por él. Es decir, es necesario que la distribución de la información esté organizada en elementos fácilmente identificables por un orden reconocible: capítulos, epígrafes o títulos, secciones y otros elementos enumerados, como gráficos, ilustraciones, tablas o esquemas.

UN EJEMPLO

El epígrafe de la sección principal puede llevar estas características de formato:

- fuente Helvética de 16 puntos de tamaño
- color negro
- alineada a la izquierda
- numerada
- espacio de tres líneas entre el título y el texto principal del discurso

Así, sin ningún esfuerzo, cualquier persona distingue con claridad los elementos que definen unívocamente un epígrafe de los elementos atribuibles al texto del discurso principal, que transcurre monótonamente en párrafos.

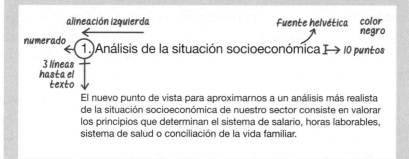

alineación izquierda — fuente helvética — color negro

numerado → 1. Análisis de la situación socioeconómica ⊦→ 10 puntos

3 líneas hasta el texto

El nuevo punto de vista para aproximarnos a un análisis más realista de la situación socioeconómica de nuestro sector consiste en valorar los principios que determinan el sistema de salario, horas laborables, sistema de salud o conciliación de la vida familiar.

Como hemos visto en otras ocasiones, esto parece obvio, pero ya sabemos que tenemos que estar alerta frente a lo obvio.

Este conjunto de características permiten al lector localizar los siguientes elementos que posean esos mismos rasgos para encontrar el siguiente capítulo.

3.3.1. Vamos a estructurar el texto

Para resaltar las distintas divisiones de un texto, tendemos a recorrerlo línea a línea, como cuando leemos. Eso es un error. De ese modo se pierde mucho tiempo porque, como suele haber prisa, vamos recorriendo el texto de manera que podamos realizar varias funciones a la vez: queremos corregirlo, revisar algún concepto y, de paso, adaptamos cada de título a sus rasgos tipográficos.

No es buen método: revisar y corregir son procesos independientes, que —como veremos en el último capítulo— requieren su propio sistema de trabajo y su propia metodología. *Marcar* los títulos tiene también su método, mucho más mecánico y ágil. Por eso no es conveniente sobrecargar nuestro cerebro con distintas metodologías u objetivos que analizar y procesar de distinto modo. Así que vamos a dividir el trabajo: ahora toca centrarse en la estructuración o *edición* básica de nuestro documento; la revisión vendrá más tarde y será mucho más sencilla si trabajamos sobre un texto en el que sea mucho más fácil desplazarse.

Por eso, olvidémonos de recorrer el texto línea a línea: vamos a centrarnos en localizar solo los epígrafes.

Siempre nos vamos a encontrar con una jerarquía, que no es otra que la que queremos que conozca el lector, la que se acabará reflejando en el índice. Eso nos permite saltar por el documento para actuar solo sobre esos epígrafes.

En la siguiente reproducción de una página hay tres epígrafes. Cada uno de ellos tiene una jerarquía, un orden que nos permite entender la relación que hay entre ellos: cuál manda sobre cuál, o cuál es el título principal y cuáles (y cuántos) sus subapartados.

1. Estudio de Web. ──────────────→ **Jerarquía de 1.er nivel**

En el estudio del World Wide Web, creemos importante analizar, aunque sea de forma breve, algunos de los dió elementos que forman parte de dicho estudio. Por ello vamos a incorporar en este apartado una breve historia de Internet, que nos ofrezca los antecedentes del mismo, así como ver la evolución importantísima que está teniendo.

La historia de Internet aunque amplia y plagada de acontecimientos vamos a abordarla desde una perspectiva de síntesis, centrándonos en algunos de los aspectos que consideramos más relevantes. Esta historia que incluimos está basada en los trabajos de (Leiner, 1997), y en los publicados en la revista Novática (Leiner, 1997b), (Leiner, 1998) que pueden consultarse en la dirección Web http://www.ati.es/DOCS/internet/histint/

1.1. Internet. Breve historia. ──────────→ **Jerarquía de 2.º nivel**

Internet ha supuesto una revolución sin precedentes en el mundo de la informática y de las comunicaciones. Los inventos del telégrafo, teléfono, radio y ordenador sentaron las bases para esta integración de capacidades nunca antes vivida. Internet es a la vez una oportunidad de difusión mundial, un mecanismo de propagación de la información y un medio de colaboración e interacción entre los individuos y sus ordenadores independientemente de su localización geográfica.

Internet representa uno de los ejemplos más exitosos de los beneficios de la inversión sostenida y del compromiso de investigación y desarrollo en infraestructuras informáticas. A raíz de la primitiva investigación en conmutación de paquetes, el gobierno, la industria y el mundo académico han sido copartícipes de la evolución y desarrollo de esta nueva y excitante tecnología.

1.1.1. Orígenes de Internet ──────────→ **Jerarquía de 3.er nivel**

La primera descripción documentada acerca de las interacciones sociales que podrían ser propiciadas a través del networking (trabajo en red) está contenida en una serie de memorándums escritos por (Licklider, 1962), del Massachusetts Institute of Technology (MIT), en Agosto de 1962, en los cuales Licklider discute sobre su concepto de Galactic Network (Red Galáctica). Él concibió una red interconectada globalmente a través de la cual cada uno pudiera acceder desde cualquier lugar a datos y

De este modo, deducimos que tenemos, por el momento, los siguientes apartados:

- Título 1 o jerarquía de primer nivel: 1. Estudio de Web
- Título 2 o jerarquía de segundo nivel: 1.1. Internet. Breve historia
- Título 3 o jerarquía de tercer nivel: 1.1.1. Origen de Internet

Por el momento, vemos que ninguno de estos epígrafes ha sido destacado con ningún tipo de resaltado tipográfico, más allá de la numeración, que es el único elemento que nos permite distinguirlos.

Déjame que te cuente qué sé sobre qué se suele hacer —equivocadamente— cuando queremos destacarlos: solemos seleccionarlo con el ratón y a partir de ahí le añadimos todos esos rasgos de formato que lo distinguirán. Es decir, si localizamos un título de jerarquía de primer orden —lo que ya podríamos llamar un Título 1— nos entretenemos en:

❶ Cambiar la fuente: la que tuviera, por la nueva (en este caso Helvética), lo que supone darse un paseo con el ratón hasta la pestaña INICIO y ahí seleccionamos la fuente de una lista desplegable.

❷ Sin irnos demasiado lejos, nos vamos al lado de la fuente donde está el desplegable para cambiar su tamaño hasta la cantidad elegida, 16 puntos.

❸ Comprobamos que la justificación es la correcta (izquierda).

❹ Pulsamos el botón de numeración para que Word le añada automáticamente su correspondiente número... aunque sabemos que eso suele dar problemas. Y para terminar...

❺ Añadimos un par de saltos de párrafo para agregar esas dos líneas.

Es decir, cada vez que te topas con uno de estos epígrafes, vas a ejecutar cinco instrucciones. Eso cuando solo hay cinco instrucciones, porque puede haber epígrafes cuyos métodos de destacado incluyan hasta veinte instrucciones. Un olvido a la hora de aplicar uno de esos rasgos o una variación en la cantidad asignada al tamaño o saltos de párrafo posteriores pueden conseguir que tu documento ofrezca un sistema no coherente, que despiste al lector, que lo entretenga innecesariamente revisando la convención que habías establecido. Puede que te parezca normal (y aburrido), pero no tiene por qué serlo si cambiamos el método de trabajo.

También puede que conozcas el truco del botoncito de la brocha, como una solución ágil para resolver esta pérdida de tiempo, pero te aviso de que esta tampoco es una buena idea.

3.3.2. Los estilos

3.3.2.a. Formatos contra estilos

Todo lo que hemos hecho hasta ahora es el equivocado sistema de aplicar cinco instrucciones para resaltar una línea de texto y convertirla así en un epígrafe. ¿No sería ideal que *con solo apretar un botón* —la frase más falsa del mundo de la informática— bastara para aplicar esas cinco instrucciones? Ese botón para aplicar las características de los epígrafes existe. De hecho no hay un solo botón, sino muchísimos; uno para cada elemento localizador: epígrafes, subepígrafes, listas, ladillos, destacados, notas, cuadros, etc. Hay tantos, que en vez de un botón hay todo un panel desplegable. Son los *estilos*.

Para entender la diferencia entre las expresiones AJUSTAR EL FORMATO DE UN EPÍGRAFE y APLICAR UN ESTILO piensa que el primero implica dar instrucciones independientes que cada usuario aplica en un orden que ha memorizado y no debe confundir jamás. El segundo significa insertar de una sola vez todas esas instrucciones, porque un estilo es un conjunto cerrado de rasgos de formato predefinidos.

Para empezar, necesitas valorar cuántos de estos estilos vas a necesitar. Para conseguir una composición básica y sencilla basta con estos ocho:

texto normal		la mayor parte de lo que se leerá usará este estilo
títulos	título principal subnivel 1 subnivel 2 subnivel 3	a partir del cuarto nivel podemos perder la orientación
destacado		para resaltar ideas, como si fueran ladillos
lista		suelen usarse tres tipos de listas: las numeradas, las alfanuméricas y las de viñetas o balas
cita		una frase en cursiva justificada a la derecha

Por supuesto, puedes usar muchos más, todos los que necesites. De hecho, la mejor composición de un texto es aquella que consigue organizar todos elementos de un documento con sus propios estilos.

3.3.2.b. Un intermedio. Por qué son tan importantes los estilos

Nosotros, como humanos, nos las arreglamos bastante bien para localizar las secciones de un documento. Haremos todo lo posible por distinguir si un epígrafe es una subsección de otro o no, aunque cuanto más fácil sea, mejor. Pero Word no. Word necesita uniformidad, que cada uno de esos elementos siempre tenga las mismas características.

Supongo que empiezas a preguntarte si acaso me estoy preocupando más de Word que de ti. No te equivoques: como quiero que consigas la máxima claridad y la mayor eficacia, procuro hacerte saber por qué nos importa tanto que Word —tu auxiliar— sepa qué estás haciendo. No podrías trabajar con un colaborador que no entendiera qué estás haciendo, porque no podría ayudarte.

Y, créeme, la ayuda de Word es valiosísima. Es Word quien te va a hacer los índices. Es quien te va a permitir desplazarte por tu documento a toda velocidad, quien te va a ayudar a hacer cambios de calado en la estructura del documento sin que se descomponga con nuestros brutales *copipega;* es quien va a convertir tu texto en PDF y lo va a llevar ordenado hasta el *ebook,* InDesign o la web. Por eso no vas a perder el tiempo pidiéndole a Word que te estructure el documento con sus estilos.

El sistema de estilos, el método para unificar características de formato en una sola instrucción, existe en todos los programas de edición y de composición. Si buceamos en la breve historia de nuestros procesadores de textos —al menos, los más conocidos—, te vas a encontrar con que aquel viejísimo y aparentemente torpe WordPerfect ya usaba estilos ¡en los años ochenta! Así que a ritmo de Rick Astley, The Bangles o Radio Futura ya se editaba a todo tren gracias a los estilos.

Así que vamos a confiar en Word y vamos a usar sus estilos para que nuestra máquina empiece a trabajar por nosotros. Te va a gustar. ¡Y eso que aún no hemos visto las maravillas que hace con el MODO ESQUEMA!

3.3.2.c. Dónde están los estilos

Puedes acceder a los estilos desde la pestaña INICIO. Allí, arriba a la derecha, verás una selección de estilos con los que ya puedes empezar a trabajar. Sueles tener a tu disposición el estilo NORMAL, con el que se escribe el texto principal de tu discurso, y una selección breve de TÍTULOS.

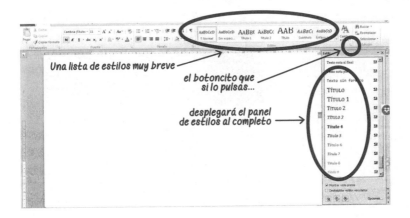

Una lista de estilos muy breve

el botoncito que
si lo pulsas...

desplegará el panel
de estilos al completo

Si quieres ver todos los estilos de los que dispones, necesitas pulsar ese pequeño botón para que se despliegue la paleta de estilos. Si recorres esta paleta, encontrarás todos los de los títulos.

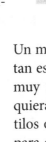

Un momento. ¿Y si no te gustan esos estilos? Una objeción muy razonable. Seguramente quieras crear tus propios estilos o modificar los que uses para que se adapten a tu diseño corporativo o a la imagen que quieras transmitir.

Para modificar un estilo solo tienes que pulsar sobre el botón desplegable de la derecha que aparece justo al lado del estilo que quieras modificar. Al pulsarlo, aparecerá una ventana con todas las opciones disponibles: elige MODIFICAR.

Cuando pulses sobre esa opción, aparecerá otra ventana que te mostrará las posibilidades para cambiar las características de ese estilo:

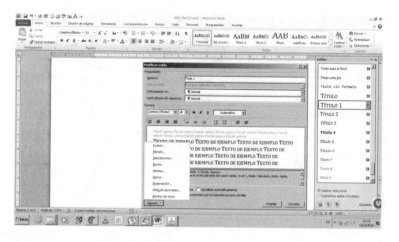

Antes de optar por cambiar el tipo de letra de un estilo o su espaciado, te recomiendo que leas el apartado sobre el uso de fuentes y su significado que encontrarás al final de este capítulo (pág. 190).

3.3.2.d. Cómo aplicar bien los estilos

Los estilos de título atañen a todo un párrafo, por lo que basta con que dejes el cursor de tu ratón sobre cualquier letra del texto del título. Entonces elige de tu paleta el estilo que quieres aplicar y púlsalo. Verás que el título se transforma automáticamente y adquiere todos los rasgos que querías. Esto significa que lo que antes te tomaba el tiempo de ejecutar cinco instrucciones, ahora puedes hacerlo *con un solo botón*.

Por favor, recuerda esto: basta con que dejes el cursor *sobre* el texto del título. No selecciones todo el título. Puede que al seleccionar el título marques, sin querer, el párrafo que le sigue, por lo que estarías asignando ese estilo a dos párrafos: Word entendería que quieres que haya dos títulos seguidos ¡aunque en el siguiente no haya nada! Por eso, recuerda: Word es obediente y ejecuta las instrucciones que tú le digas a toda velocidad, pero no es inteligente.

3.3.2.e. Todo en orden. Mapa del documento o el panel de navegación

A Word le encanta tener todo ordenado y bien ordenado. Cuando se encuentra con un texto con su división conceptual hecha, es decir, con todos los estilos de título bien aplicados te empieza a mostrar hasta dónde puede ayudarte.

Para empezar, ahora puedes activar una vista general de tu documento. En la pestaña VISTA tienes la opción MAPA DEL DOCUMENTO O PANEL DE NAVEGACIÓN. Sí: cuando cambian las versiones de Word, tienen la costumbre de rebautizar algunas de sus funciones para que los usuarios nos entretengamos un rato, jugando a una especie de ¿*Dónde está Wally?*, para descubrir dónde han recolocado nuestras herramientas y ver qué nuevo nombre les han asignado. Paciencia.

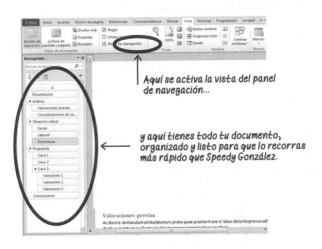

Ahora, puedes *saltar* por el documento a través del MAPA DEL DOCUMENTO O PANEL DE NAVEGACIÓN. Solo tienes que pulsar la sección de tu documento a la que quieres ir. Es decir, se acabó hacer ejercicio de musculación con tu dedo índice sobre la rueda del ratón. Ahora sí que irás más deprisa que nunca.

Y si nos fijamos bien... ¿no te parece que ya tenemos un índice? Sí, ya lo tenemos. Pero todavía no está en el documento. Vamos a ver cómo añadirlo unas páginas más adelante, porque ahora toca añadirle una numeración.

3.3.3. Numeraciones

Las numeraciones manuales son una pesadilla. En cuanto cambias de orden un título ya numerado, tienes que hacer lo mismo con el resto de los títulos para mantener la secuencia lógica. Un trabajo extra que detestamos, por lo que aprovechamos para echarle la culpa a Word, porque nunca se rebela.

Si has decidido que, por ejemplo, el capítulo 3 es más adecuado que vaya tras el capítulo 5, deberás reiniciar la secuencia numérica desde el 3 hasta el final, cambiando todos los títulos de todas las jerarquías. Es decir, tendrías que renumerar todo el documento desde el 3, pero también el 3.1, el 3.2, el 3.2.1, el 3.2.2., etc., y así hasta el final. Sé que esto puede poner a prueba tu interés por satisfacer a tu lector, pero vas a ver cómo tiene fácil solución.

¿Qué puede hacer Word por ti? Mucho: quitarte esta pesadilla. Pero tienes que ayudarle. Esto es algo que te recomiendo que hagas en todos los documentos que hagas a partir de ahora: suprime la numeración manual y usa la automática. Vamos a ver cómo se hace.

Más adelante aprenderás un truco para agilizar esta tarea, pero la primera vez lo vas a hacer manualmente: busca cada epígrafe con estilo de título y quítale su numeración. No te asustes. En seguida volverás a tenerlo todo numerado, pero primero borra todos sus números.

Nuestro documento nos puede aparecer ahora con este aspecto:

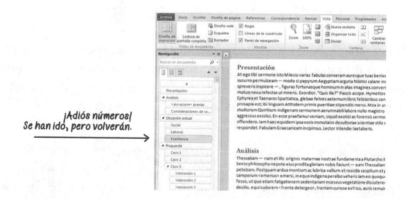

¡Adiós números!
Se han ido, pero volverán.

Desde luego, lo último que puede apetecerte ahora es insertar otra vez todos esos números. Claro. Déjale ese trabajo a Word.

Lo primero que tienes que hacer es situar el cursor del ratón sobre el primero de todos tus epígrafes, el que debería ser el número 1, al que ya has aplicado ese estilo de Título 1.

Luego vamos a añadir el sistema de numeración, pero uno especial:

En la pestaña INICIO tienes tres botones para aplicar listados y numeraciones. Nos interesa el tercero.

Al pulsar sobre ese botón se abre un desplegable que nos permite elegir entre distintos tipos de numeración. El que más nos interesa es el que asigna una numeración a un estilo; en este caso a los de títulos.

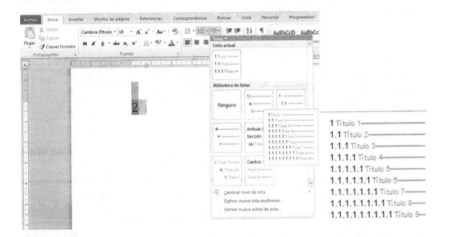

Así, será Word quien se encargue de buscar títulos y asignarles esa numeración jerarquizada.

3.3.4. Índices

El índice es una declaración de intenciones. Son tus primeras palabras. Tu tarjeta de presentación. Cualquiera puede echar un vistazo a tu documento, ojearlo y llevarse una primera impresión, pero, si ve que hay un índice, esa será la primera impresión que se lleve de tu trabajo. Por eso, ¿qué impresión quieres que tengan de ti y de tu empresa nada más ver tu documento?

Ante todo, un índice es una muestra de capacidad profesional para saber presentar en orden un documento, y ese orden te definirá: desde él se podrán ver tus primeras intenciones, como qué quieres contar y cómo vas a demostrarlo. Pero, sobre todo, algo mucho mejor: a mí, como tu lector ocupado y con poco tiempo, me vas a ofrecer la posibilidad de localizar rápidamente la información que necesito. Me estás regalando tiempo; solo por eso ya cuentas con mi gratitud, con mi afinidad y mi confianza.

¿Exagerado? No, en absoluto. Piensa que acabas de recibir —en papel o en un PDF por correo— una propuesta comercial de uno de tus proveedores. El documento consta de lo que parecen unas diez páginas —así, a ojo, porque no está numerado— donde no se ven más que los epígrafes. Por pequeño que te parezca, cuesta más trabajo leer este documento que el mismo con un índice.

Recuerda que quienes leemos no sabemos adónde nos lleva la persona emisora del mensaje. Por eso, unas mínimas pistas, como un índice, ayudan mucho a la compresión global del texto y mejoran tu imagen casi sin que el receptor se dé cuenta.

Componer un índice es facilísimo. ¿Por qué no se ven tan a menudo si son tan útiles? Me temo que la razón es que se suelen hacer mal: se siguen haciendo *¡a mano!* Un horror. Esto es lo que *no* se debe hacer nunca: cuando terminas tu documento, anotas en una hoja aparte los epígrafes principales y las páginas en que aparecen, cruzando los dedos con la esperanza de que no se descoloque nada y salte una página de sitio, lo que supondría volver a recorrerse todo el documento para comprobar dónde están las páginas y sus títulos, que han cambiado de numeración. O aún peor, como es ese momento de revisión en el que decides que debes cambiar de posición todo un apartado con sus subepígrafes, lo que te obligaría a cambiar y reestructurar todo el documento. Así, es normal que este sea un trabajo odioso, aburrido y capaz de consumir tu tiempo y tu paciencia.

Pero, como en el terreno de la edición de documentos ya hay demasiadas pesadillas, esta puede dejar de serlo si sigues estos sencillísimos pasos. Recuerda siempre que ahora Word está de tu lado. Eso significa que juegas con dos ventajas: tu auxiliar personal sabe qué es un título para buscarlo cuando quieras hacer el índice —porque los has marcado con estilos—, y tu numeración es automática, no *a mano*. Si hay que cambiar algo de sitio, se hará automáticamente, sin perder nada de tiempo. Esta es tu bienvenida a las ventajas del mundo digital.

Mejor TABLA DE CONTENIDO que ÍNDICE

Tenemos la costumbre de llamar «índice» a lo que tiene el nombre técnico de TABLA DE CONTENIDOS, que es como también lo llama Word. Se reserva el término ÍNDICE para los índices temáticos u onomásticos, por ejemplo.

Estos llevan otro procedimiento, sencillo y práctico, que puedes encontrar aquí:

 https://goo.gl/UT984u.

3.3.4.a. Cómo hacer un índice

❶ Para hacer un índice tienes que añadir una página al comienzo de tu documento, tras la portada.

❷ En la pestaña REFERENCIAS, en la izquierda, encontrarás el botón TABLA DE CONTENIDO.

❸ Cuando lo pulses, se desplegarán las opciones para que elijas entre:

- agregar una de las tres tablas de contenido ya predefinidas

- personalizar la tuya propia a través del botón que se muestra en la parte inferior del desplegable

- conseguir otras tablas ya predefinidas en la web de Office

❹ Para empezar a hacer un índice del modo más sencillo, basta con que elijas la primera de las opciones: agrega la primera tabla de contenido que te

ofrecen, la llamada TABLA AUTOMÁTICA 1. Esta te incluirá los títulos que tengas hasta de tercer nivel.

❺ Ahora, en la página que has reservado para el índice, te encontrarás con que Word te mostrará una tabla de contenidos similar a lo que veías en el panel de navegación o mapa del documento.

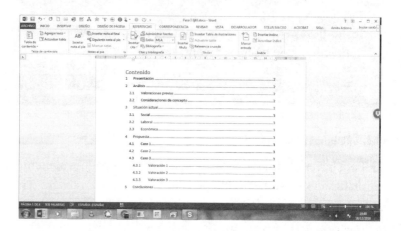

Hummm... ¿Cuánto tiempo te ha tomado? Rápido, ¿verdad? Piensa todo el tiempo que habrías perdido si hubieras tenido que anotar cada título y su número de páginas: demasiado tiempo cuando tu superauxiliar puede hacértelo en un momento.

Pero esto no termina aquí. Tener un índice te da muchas más ventajas. A saber:

❶ **Mejora del desplazamiento por el documento.** También puedes pulsar ⌃ctrl + clic sobre cualquiera de esos epígrafes para que te lleve a la página donde se encuentra. Una manera de desplazarse por el documento utilísima.

❷ **Organización exportable.** Si creas un PDF, el índice va con él. Esto supone que tanto el índice que aparece tras la portada, como la estructura de tu documento se van a ver reflejados en los paneles de navegación de un programa lector de PDF, ya sea en la pantalla de una computadora, la de una tableta o la de un teléfono inteligente.

❸ **Renumeración y actualización automática.** Si debes añadir algunos párrafos con sus títulos o más páginas, ten la seguridad de que la paginación y la numeración de títulos de tu documento habrán cambiado. Para actualizar el contenido de tu tabla bastará con que pulses sobre el botón ACTUALIZAR TABLA que tienes en la pestaña REFERENCIAS, o bien, sitúate con el cursor del ratón sobre la tabla que ya tienes y pulsa el botón derecho. En el menú contextual que aparecerá, también tendrás disponible esta opción.

❹ **Vista esquema.** También puedes reorganizar tu documento. Cuando ya tengas una visión global del mismo, puede que tú o tu equipo decidan cambiar de posición un epígrafe por otro, o cambiar la categoría de algunos (porque, por ejemplo, deciden que son subcategorías de segundo nivel, en vez de primero). Dispones de una opción muy sencilla en la pestaña VISTA / VISTA ESQUEMA.

3.3.5. Aprender a amar al monstruo: unas notas sobre VISTA ESQUEMA

VISTA ESQUEMA es precisamente la manera de ver un documento que menos nos puede apetecer. ¿Para qué, si ya disfrutamos de nuestra incomparable VISTA IMPRESIÓN? Prepárate: vas a pasar de odiarlo a amarlo.

Vamos a ver el documento como lo ve y lo entiende Word. No está nada mal descubrir cómo ve el trabajo el auxiliar que tanto tiempo nos va a ahorrar, ¿no te parece?

Cuando activamos esta opción, pasan varias cosas importantes:

❶ Cambia la disposición de nuestro texto: a cada epígrafe le precede un pequeño círculo con un símbolo «más» [+] en su interior. Esto significa que el contenido de ese título puede expandirse o contraerse. Word ve una relación clara entre un título y su contenido, y la jerarquía existente.

❷ Aparece una nueva pestaña con varias opciones. La que más te interesa es MOSTRAR NIVEL. En cuanto la pulses, verás que te ofrecerá la posibilidad de elegir el nivel (la jerarquía o título) que quieres que se muestre. Así, si eliges hasta el nivel 3, te mostrará tu documento solo a través de los epígrafes, cuyo contenido está contraído bajo cada título.

❸ ¿Sabes para qué te sirve esto? Para que, en caso de que lo necesites, cambies de lugar un epígrafe —o un título y todos sus subepígrafes—. Basta con que selecciones. ese círculo con el «más» [+] y lo desplaces hasta la posición elegida. Al hacerlo de este modo, desde la VISTA ESQUEMA, sin usar COPIAR/PEGAR (y evitando de este modo sus imprevisibles efectos secundarios), puedes reorganizar tu documento al tiempo que cambian ¡automáticamente! la numeración y la correlación de jerarquías de tus títulos. Ahora, en tu tabla de contenido, bastará con pedirle ACTUALIZAR TABLA y todo volverá a estar en orden.

Un vistazo general de tu documento.

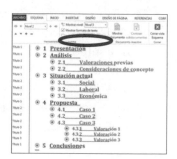
Fíjate en los epígrafes 2 y 3.

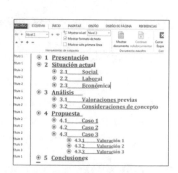
¡Los epígrafes 2 y 3 han cambiado de lugar!

Volvamos al borrador porque este es un recurso extra para el trabajo con estilos.

Ahora que has visto las ventajas y posibilidades que nos ofrece el trabajo con estilos y la necesidad de ofrecer un índice, quizá te plantees que también podría haber sido útil trabajar con ellos desde el principio.

Esta es una opción que no podrías haber considerado hasta descubrir las ventajas que tiene este sistema. Porque, de hecho, aunque es una herramienta esencial para que tu Word te facilite el trabajo y así tu texto sea más fácil para quienes te lean, también puedes usarla para algo esencial: para organizar tus ideas, para tomarlas como un borrador organizado en títulos.

De este modo, cuando te encuentres en las primeras fases de tu trabajo —con el resultado de la lluvia de ideas delante—, ya puedes empezar a plasmarlas en pantalla con el sistema de aplicar estilos a los títulos. Así, puedes ver un avance de lo que puede ser tu obra en un futuro. Tendrás a la vista esos mimbres con los que desarrollar tu construcción.

Gracias a la vista esquema podrás reorganizar tus ideas, empezar a desarrollarlas en el orden que hayas determinado al principio o saltar a desarrollar otra idea cuando consideres que debes tomar notas sobre un punto determinado más adelante.

Lo que estarás haciendo es unir en un único documento tu esquema, tu borrador y tus notas, pero todo de un modo ordenado, claro y visible. Adquirirás desde el principio la capacidad de tener una visión global de tu obra que te permitirá conformarla con mucha más precisión. Una precisión y visibilidad que también apreciarán quienes te lean.

▣ 3.4. Recursos para hacer un texto más atractivo

Para el lector común, la puesta en página es casi un fenómeno natural. Fuera del mundillo de la edición, un lector no suele detenerse a analizar el tipo de letra, la anchura de los márgenes, el número de caracteres por renglón, el interlineado o la disposición de los folios. Es como si esas cosas no pudieran ser de otra manera, como si las letras de imprenta, atrapadas, no tuvieran otro sitio adónde ir. [...] Si usted no tiene un entrenamiento en diseño editorial, tal vez no pueda enumerar los atributos que hacen que ciertos ejemplares sean más atractivos que otros. Hay solo una suerte de embeleso que, quizás, lo está enamorando de uno en especial. Esto es a lo que llamo *text appeal*. [...] La labor del diseñador editorial es, justamente, dotar sus textos de *text appeal*. Para ello tiene que equilibrar perfectamente todos los recursos que tiene a la mano, recursos que no se limitan a las cosas impresas, sino también a lo que ha de quedar en blanco: los márgenes, los espacios entre letras, palabras y renglones. En el mundo del diseño editorial funcional, es decir, en el que se hace pensando en la comodidad y mayor beneficio de los lectores, todos los elementos gráficos se eligen con el mayor esmero, y, no obstante, se cuida que ninguno destaque sobre los demás.

Lo más interesante es que todo lo que funciona en la composición de los buenos libros sirve también en el diseño del más simple de los documentos. Una carta de presentación, una corrección, una traducción, un presupuesto, un currículo, un informe, tesis o trabajo escolar serán mucho mejor recibidos si tienen un arrollador *text appeal*. [...] Procuraré ayudarle, querido lector, a que sus documentos no desaparezcan sumergidos en la pila de papeles de su cliente, contratante o profesor. En resumen, haré lo posible porque el *text appeal* no sea más aquel viejo *je ne sais quoi*.

GÓMEZ FONT, A.; CASTRO, X.; MARTÍN, A.; de BUEN, J.:
199 recetas infalibles para expresarse bien. Palabras Mayores. El libro,
Barcelona: Vox, Larousse Editorial, 2015, págs. 213-214.

El inventor del *text appeal* nos hace una propuesta bien sencilla: ¿por qué no usar bien los mismos trucos que usa un diseñador editorial para captar la atención de tu público incluso antes de que empiece a leerte? Si somos capaces de aceptar el reto de usar los elementos del *storytelling* para hacer más entretenido y cautivador un texto, ¿por qué no aprovechar las enseñanzas de los diseñadores editoriales?

Te confieso que estos recursos, de un modo mucho más básico, los he usado desde que estudiaba para presentar trabajos, propuestas, informes o una presentación. Y cuando cautivas la atención de la persona a la que te diriges, hazte a la idea de que en ese momento tienes unos poderes mesméricos similares a los de un mago hipnotizador. Lo que digas a partir de ese momento ya está recompensado porque es hermoso y atractivo en su presentación.

Para lograrlo, tienes que centrarte en cuatro elementos sencillos que tienes a tu alcance: la tipografía, el espacio, las imágenes y los gráficos. Y todos ellos están en tu procesador de textos. Llega el momento de hacer magia con ellos.

3.4.1. Tipografía

Cada fuente posee un significado implícito. La elección de una fuente conlleva una declaración de intenciones. Además de los rasgos formales sobre legibilidad y claridad, todas las fuentes tienen una apreciación subjetiva —una fuente, no puede evitarlo, está cargada de *arte*— y el paseo que recorremos al leer puede hacerse más o menos grato si la fuente que nos acompaña facilita la lectura, la enriquece, o incluso nos hace partícipes de una complicidad en un trasunto de belleza que no llegamos a detectar.

Por el contrario, una mala elección de fuente hace la lectura tortuosa, plana o aburrida y nos lleva con resignación a recorrer las líneas con insatisfacción. Siguiendo este ejemplo, la impersonal `Courier` nos remite a documentos formales, asépticos y fríos aunque puedan ser interesantes y convincentes; incluso puede imprimirse una novela con esta fuente, pero va a ser difícil leerla con agrado y con comodidad. Un epígrafe con una fuente tipo *Script* transmitirá la sensación de estar imbuyéndose en un texto con el glamur de la revista *Vogue*.

Por eso no se puede elegir la primera fuente que te encuentres. Durante muchos años, la primera que aparecía en las listas de fuentes instaladas era la ALGERIAN. Y por esa sencilla razón esta fuente aparecía en los rótulos de comercios a los que probablemente respondieron con un «cualquiera» cuando preguntaron si querían alguna fuente en especial.

Esa despreocupación por la fuente —algo que parece un detalle sin importancia— puede comprometer la imagen de una tienda o una empresa, y puede llevar a la desconfianza. Puedo ser un friki, pero no me fío de la empresa o del profesional que use esa fuente. Pueden ser buenos, pero el detalle no les ha importado. Mala señal. Tendré que vencer esa barrera para saber si solo tengo unos prejuicios tipográficos injustificados o realmente se merecen la fuente Algerian.

Por otra parte, si se presentan con una Helvética o una Futura, sé que voy a caer como una mosca en la miel, por lo que debo contener mi impulso comprador y no dejarme convencer *solo* por la fuente; pero, para empezar, ya me han conquistado y me costará ser objetivo.

Así, basta echar un vistazo a la cantidad de fuentes que aparecen en nuestro procesador para darnos cuenta de lo que parece que va a ser una elección complicada. Pero no nos rindamos tan pronto. Es más fácil de lo que parece. Veamos unas pautas básicas para conocer las fuentes y elegir bien.

Un informe en la clásica y formal Times New Roman exige tomarse una buena taza de café para afrontarlo.

Propuesta de cambio de sistema de gestión documental

Una propuesta de avance para la aplicación de la normativa europea

Madrid — Bruselas 2017

Y el mismo informe con fuente Futura y una variante de Helvética parece invitarnos a disfrutar de un cóctel en su lectura.

PROPUESTA DE CAMBIO DE SISTEMA DE GESTIÓN DOCUMENTAL

Una propuesta de avance para la aplicación de la normativa europea

Madrid — Bruselas
2017

3.4.1.a. Tipos de fuentes y su función

Podemos clasificar las fuentes de muchas maneras, pero una de las más sencillas sigue siendo la que propuso Francis Thibadeau: *serif* o serifas, *sans serif* o sin serifas y otras. Es decir con *remates,* sin ellos y otras, como las manuscritas, fantasía o decorativas. No se trata de que clasifiquemos todas las fuentes —ese no es nuestro interés ni nuestro trabajo cuando redactamos—, sino de que veamos su aplicación práctica. —Por si te apasiona la tipografía, Jorge de Buen recomienda la clasificación de la Asociación Tipográfica Internacional (ATypI)—.

Las fuentes con serifa son las clásicas, porque parece que siguen el modelo clásico romano: la Times New Roman, la Garamond, la Georgia, la Cambria o incluso la **Rockwell**, entre otras muchas.

Las sin serifa, como la Helvética, la Gill Sans, la Futura o la Calibri, carecen de remates y parecen más sencillas, son más claras, pero también más frías e impersonales. Son perfectas para títulos y encabezados. Se pueden usar en el texto principal, pero no es frecuente encontrárselas allí.

Clasificación tipográfica de Francis Thibadeau

Las fuentes serifas tienen un marcado carácter humanista y por eso se asocian a la literatura, la historia o el arte. A las sin serifa se las relaciona con la ciencia y con la técnica, pero vamos a ver cómo podemos hacer un buen maridaje con ellas.

Lo que necesita la persona que nos lee es identificar con facilidad cualquier elemento del documento, como vimos en la parte que trataba los estilos, para sentir que puede desplazarse con facilidad y saber dónde se encuentra en todo momento. Por eso, te mostramos dos maneras de usar la tipografía para destacar los títulos del texto principal.

a. Usar fuentes sin serifa en los titulares (Calibri) y usar las serifas (Cambria) para el cuerpo del texto principal.

Propuesta de cambio documental

La línea de trabajo en la que nos encontramos actualmente insiste en reconocer como válidos los objetivos académicos formales que se sintetizaron a finales del último siglo.

b. Usar una fuente serifa (Georgia) distinta de la que se usa para la principal (Cambria).

Propuesta de cambio documental

La línea de trabajo en la que nos encontramos actualmente insiste en reconocer como válidos los objetivos académicos formales que se sintetizaron a finales del último siglo.

Si optas por una u otra selección, esta debe quedar reflejada en los estilos de título de tu procesador de textos. Recuerda que no debes andar cambiando la fuente de los títulos, sino que debes decidir cuál es la fuente que debe definir tus estilos. Y recuerda también que en la redacción web solo puedes optar a las fuentes y estilos que te ofrezca tu plataforma. Pero nunca olvides que sea cual sea tu elección, no uses ALGERIAN, por favor.

3.4.1.b. La cantidad y la calidad

Con tantas fuentes a tu disposición, es tentador acabar usando unas cuantas al mismo tiempo. Bien, trata de no sucumbir a esa pasión. La Revolución Industrial permitió conseguir más fundiciones de tipos, de fuentes, por lo que cualquier imprenta tenía a su alcance —con relativa facilidad— una gran variedad de tipos de letras: los clásicos anuncios que se ven en un wéstern, en el *saloon* o junto a la estación de tren, son precisamente fruto de ese delirio por usar al mismo tiempos todas las fuentes que se permitiera introducir el impresor antes de morir de un colapso por el *horror vacui*.

Eso es precisamente lo que debes evitar. Basta con que uses dos fuentes para todo el documento.

3.4.1.c. ¿Cómo saber cuál es tu fuente?

La fuente elegida debe contener todos los símbolos, letras y signos que vayas a necesitar. Ni que decir tiene que tendrá que tener la letra eñe, mayúscula y minúscula, todas las vocales acentuadas y los signos de apertura de interrogación y exclamación. Si además vas a usar texto en otros idiomas occidentales, como por ejemplo el alemán, será imprescindible que cuente con su [ß]; o la thorn mayúscula [Þ] si trabajas con islandés.

3.4.1.d. ¿Cómo saber qué caracteres tiene una fuente?

A través de Word puedes ver qué contiene tu fuente elegida si accedes a la pestaña INSERTAR / SÍMBOLO / MÁS SÍMBOLOS. Desde la ventana emergente puedes ver todo lo que contiene. Y tiene muchísimos elementos. La mayoría de las fuentes bien diseñadas tienen en consideración estas necesidades para ser versátiles y accesibles a todo el mundo y para todo tipo de documentos.

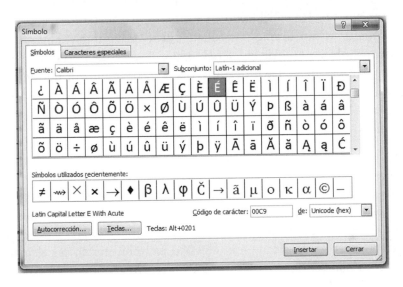

Ya puedes dormir tranquilamente: tu fuente Calibri tiene ß y Þ.

3.4.1.e. ¿Papel o pantalla?

Piensa antes de tomar la decisión de cuál es tu fuente. ¿Cuál es el objetivo de tu documento? ¿Verlo en pantalla —videoproyector, computadora, tableta, celular— o en papel —satinado, brillo o mate—?

Aunque en papel aparentemente disponemos de los mismos recursos, la única y gran diferencia entre uno y otro sistema es que el del papel siempre será más caro: hay que imprimir. Imprimir en blanco y negro no es costoso; en color empieza a encarecerse, y si requerimos de algún tipo de papel para resaltar colores y texturas, te aseguro que este será un criterio importante que defina tu elección dado lo costoso del proceso.

En pantalla y web, volviendo al salvaje Oeste, puedes hacer lo que quieras: páginas de colores, gráficos en movimiento, luz, sonido, color... pero unas fuentes legibles, por favor. Puede que en el frenesí de recursos digitales necesites un Jinete Pálido que vuelva a restaurar el orden.

Vayamos por la más simple de las dificultades, la del papel, pues esa nos dará pistas para entender cómo resolver el resto de las dificultades que nos encontramos a la hora de elegir fuente, como la de la tinta. Si imprimes en un papel basto, no satinado, la tinta tiende a correrse, a expandirse, por lo que una fuente puede desfigurarse, enlazar los remates —la serifa— de una letra con los de otra. La impresión láser ha suprimido buena parte de estos problemas, pero puede que en una pantalla —con la sencilla ampliación o reducción de tamaño de letra con el movimiento del pulgar y el índice— se provoque un fenómeno similar.

Por otra parte, la impresión en un papel satinado y brillante hace que las letras *adelgacen,* que pierdan parte de su corporeidad. Así, si usamos como ejemplo una fuente clásica, como la Times New Roman, al imprimirla en un papel satinado se vería con rasgos más finos, al tiempo que esa misma fuente, en negrita, resaltaría por parecer de cuerpo normal. Es decir, si el objetivo es imprimir en un elegante papel satinado, atención, la fuente debe ser ligeramente más robusta. La elegante Garamond se desvanece y una Georgia resiste y sigue destacando.

Pensemos que, en vez de tinta, usamos luz, luz blanca que configura el contorno de las letras. Las letras son negras, están rodeadas de luz. Cuanto más intensa sea esa luz, más problemas de *satinado* podremos encontrar: las letras *adelgazan,* cuidado con elegir fuentes más finas y claras. Elígelas robustas.

Pero para tener unas nociones esenciales de tipografía no podemos olvidarnos de su tamaño. En el siguiente apartado —el espacio— veremos cómo la relación de su tamaño relativo a la página y a otros elementos también aporta un significado que nos llega subliminalmente. Las letras esconden mucho más significado que las palabras.

3.4.1.f. ¿Dónde conseguir fuentes?

Como las fuentes son una obra de arte, el trabajo artesano de profesionales, tienen derechos de propiedad y tienen su costo.

⊕	USOS
www.linotype.com	**En textos impresos** Aquí puedes comprar la mayoría de las fuentes esenciales para un trabajo y acabado profesional, desde la Helvética, ese lujo de sencillez y claridad sin serifa que ha popularizado el metro de Nueva York, hasta una fuente caligráfica.
www.dafont.com/es fonts.google.com	**En trabajos para web** Si no queda otra opción que recurrir a las que ofrecen nuestros programas o nuestra plataforma web, siempre se puede contar con fuentes gratuitas.

3.4.2. El espacio: márgenes e interlineados

El espacio es la esencia de lo obvio. Como vimos en anteriores ocasiones, lo obvio se supone, se da por resuelto y se prescinde de reflexionar sobre ello. El espacio en un texto no se ve, pues establecemos relaciones entre las distancias de los elementos que componen el espacio donde leemos, sea una página o una pantalla.

Aunque parezca un contrasentido, nuestra vista es como el bastón blanco de los ciegos: vamos *tocando* los elementos del texto para que —antes de leerlos— su posición y sus atributos de diseño nos digan a qué categoría pertenecen. Es decir, el espacio y su posición ofrecen información. ¿Un mensaje subliminal? Sí, así, es; información básica y esencial, pero que no admite otro mensaje que no tenga que ver con los recursos de localización (para facilitar la comprensión) y, de nuevo, con la imagen de tu mensaje. La elegancia se ve claramente en un documento limpio, claro y aireado.

Por eso, no pienses que puedes añadir un mensaje extra subliminal entre líneas. Solo entra en juego tu facilidad para comprender y tu imagen. El espacio en blanco poco cuenta.

Echa un vistazo a esta página:

❶ De un solo vistazo, nuestro *bastón blanco* de la vista ha localizado todos estos elementos:

❷ **Encabezado y pie de página**, para saber el título del libro y su sección, así como el número de página.

❸ Cuáles son el **epígrafe principal y el secundario.** Una vez que leemos y reconocemos sus características, bastará con que avancemos por el documento para reconocer estos elementos y dotarlos de ese significado que le hemos atribuido.

❹ Cuál es el **texto del epígrafe principal** y el de los **secundarios.** Esto nos permitirá saber automáticamente en qué zona estamos leyendo, también delimitada por la **anchura de la línea.** Las **sangrías** a principio de párrafo nos permiten saber cuándo empieza *realmente* un párrafo. Y solo es un poco de espacio en blanco. La **distancia entre los epígrafes y el texto** también es una constante que sabremos que se mantendrá a lo largo del documento. También los espacios entre líneas, el **interlineado,** marcan una pauta de significado. Cualquier alteración de esos elementos se considerará que o bien tiene una razón especial (es una cita textual, es un ejemplo), o bien es un error.

❺ También vemos un **listado** con balas y viñetas, pero además con una sangría a la izquierda.

Hay una **nota al pie,** separada con una línea que corta dos mundos, el del texto del discurso y el de los recursos.

❻ Además, también tenemos una **imagen** debajo de la cual aparece un texto, el **pie de foto,** que sabemos que corresponde a la fotografía, no al texto principal.

❼ Y lo más obvio de todo: los **márgenes superior, inferior** y **laterales,** unos espacios que tienen mucho que contar.

¿Nunca te has preguntado por qué no aprovechar *bien* el papel y llenar todo el espacio en blanco hasta el borde de la página? Si echamos la vista atrás y revisamos nuestros apuntes de cuando éramos estudiantes, comprobaremos que en muchas ocasiones nos *comíamos* el espacio de los márgenes para insertar un comentario extra o una frase que aportaba y resumía todo un concepto; éramos salvajes con los márgenes porque nosotros mismos éramos sus lectores. A nadie se le ocurrió jamás presentar un trabajo de estudio en esas condiciones.

El *horror vacui* es la obsesión por rellenar todo el espacio vacío, como en el arte bizantino, el barroco o el rococó... o el lugar para descubrir dónde está Wally. Es precisamente esa sobreocupación lo que convierte buscar a Wally en un pasatiempo. Buscar y localizar la información en nuestro documento no puede ser un pasatiempo para quien nos lea. Para eso necesitamos espacio, mucho espacio vacío.

Los márgenes también existen por una razón básica: para que el escribano tuviera lugar donde apoyar su mano (y un espacio para recrear sus *iluminaciones*), para que, al encuadernar las hojas, el texto no quedara prisionero en el lomo y pareciera que brotara de él como de una sima. Y luego las máquinas, las imprentas, al igual que los escribanos, necesitan agarre, un lugar donde no llegará la impresión porque hay que sujetar el papel por algún sitio. Y en la web... bueno, en la web, precisamente esto *sí* que ocurre en algunas ocasiones ya que no hay nada que imprimir ni escribir.

Un espacio generoso podría interpretarse tradicionalmente como una ostentación de riqueza. En un momento en el que la producción del papel era muy costosa, los márgenes amplios eran un signo de que el costo no importaba. Ahora que el papel es relativamente barato, pero nos preocupa su reciclado y la protección de los bosques, tenemos la ventaja de que podemos publicar en digital, en pantalla, y seguir disfrutando de unos márgenes generosos.

Pero ¿para qué tanto espacio en blanco? ¿Por qué no llenarlo de información? El espacio en blanco nos permite resaltar la información y localizarla con mucha más facilidad. Por eso aquí entra en juego el tamaño de las líneas para delimitar el espacio vacío.

Tenemos la costumbre de redactar en un formato determinado: una pieza de papel que reconocemos como A4 o *Letter* en América. Aunque formalmente son dos formatos distintos, redactar es casi un sinónimo de escribir a máquina o en computadora. Si estuvieras jugando al Pictionary y tuvieras que describir un papel, ganarías en cuanto imitaras a alguien escribiendo a máquina o redactando. «El miedo al papel en blanco» es a ese A4 que aparece en tu pantalla esperando instrucciones. En ese momento todo lo que tienes es espacio pero nada de contenido. Vamos a ver ahora cómo aprovechar ese espacio.

Una línea de más de setenta y cinco caracteres, espacios incluidos, es cansadora. Nuestros A4 están pensados para redactar con líneas de hasta noventa caracteres. Y es lógico: nuestros procesadores de textos están pensados para redactar, no para componer. Lo esencial, como vimos en los primeros pasos de este libro, es redactar, hacer un volcado de ideas, limpiarlo y pulirlo, hasta que llega el momento crítico de darle *text appeal* al texto. Y esas líneas tan largas no valen: cansan al lector. Y si las líneas de un texto en Word parecen largas, no son nada ante las líneas cuasi eternas de las webs, que si no se les pone control se pueden desbocar hasta ocupar todo el ancho y convertirse en líneas de hasta doscientos caracteres. Cuando la vista llega al final de esa línea para empezar la vuelta hasta la siguiente línea, los ojos entran en un territorio salvaje (ya dije que lo digital es el salvaje Oeste) donde pueden ser asaltados en el camino de retorno por cualquier anuncio brillante, cualquier otra palabra que saluda al pasar la vista sobre ella, y así, nuestros ojos descarrilan con una facilidad poco aconsejable para una buena lectura. Dicho de otro modo, las líneas largas (de más de setenta y cinco caracteres) pueden dificultar la lectura. De aquí que consigamos líneas más pequeñas con el beneficio de unos márgenes más generosos.

Veamos algunos ejemplos de la importancia de tener control sobre la longitud de estas líneas:

Una línea de más de setenta y cinco caracteres es cansadora. Nuestro ojos pueden *descarrilar* a la vuelta si se topa con algún resaltado, como esa palabra en negrita. Y es lógico: nuestros procesadores de textos están pensados para redactar, no para componer. Lo esencial, como vimos en los primeros pasos de este libro, es **redactar,** hacer un volcado de ideas.

Líneas gigantes con las que nos perdemos en textos web. Busca estilos en tu editor web que limiten la longitud de estas líneas.

Una línea de más o menos setenta caracteres es más fácil de leer. Nuestro ojos ya no *descarrilarán* con tanta facilidad aunque se tope con algún resaltado, como esa palabra en **negrita**. Pero apenas usamos este tamaño porque solemos usar los tamaños y márgenes que se nos dan por defecto.

Estas líneas son ideales porque son fáciles de leer.

justificado

Esto no significa que las líneas más pequeñas sean más fáciles de leer solo porque sean pequeñas. En el caso de las columnas, de hecho, hay que tratar de ajustar bien esos horribles espacios en blanco —que se llaman «calles»— para que no estropeen la lectura. Estos se producen por la obsesión de que todo párrafo lleve una justificación homogénea en los dos márgenes. Te recomeindo que uses separación de sílabas con guiones para ajustar bien esos espacios y que uses la justificación en bandera —solo a la izquierda— para conseguir una composición excelente y una mejor lectura.

en bandera

Esto no significa que las líneas más pequeñas sean más fáciles de leer solo porque sean pequeñas. En el caso de las columnas, de hecho, hay que tratar de ajustar bien esos horribles espacios en blanco —que se llaman «calles»— para que no estropeen la lectura. Estos se producen por la obsesión de que todo párrafo lleve una justificación homogénea en los dos márgenes. Te recomeindo que uses separación de sílabas con guiones para ajustar bien esos espacios y que uses la justificación en bandera —solo a la izquierda— para conseguir una composición excelente y una mejor lectura.

en bandera y con separación de sílabas

Esto no significa que las líneas más pequeñas sean más fáciles de leer solo porque sean pequeñas. En el caso de las columnas, de hecho, hay que tratar de ajustar bien esos horribles espacios en blanco —que se llaman «calles»— para que no estropeen la lectura. Estos se producen por la obsesión de que todo párrafo lleve una justificación homogénea en los dos márgenes. Te recomeindo que uses separación de sílabas con guiones para ajustar bien esos espacios y que uses la justificación en bandera —solo a la izquierda—para conseguir una composición excelente y una mejor lectura.

Las líneas muy cortas se usan en textos con columnas, que permiten una lectura rapidísima. Tienes que ajustar bien esos horribles espacios en blanco —que se llaman «calles»— para que no estropeen la lectura. Estos se producen por la obsesión de que todo párrafo lleve una justificación homogénea en los dos márgenes (ejemplo 1). Te recomiendo que uses la justificación en bandera —solo a la izquierda— (ejemplo 2) y que apliques una separación de sílabas con guiones para ajustar bien esos espacios para conseguir una composición excelente y una mejor lectura (ejemplo 3).

Todas estas decisiones sobre la cantidad aproximada de caracteres se tienen que transformar en especificaciones de párrafo y del tamaño de la fuente que definan el estilo de párrafo que vayas a usar. Porque, recuerda, tienes que trabajar con estilos; no tiene sentido andar ajustando el formato de cada párrafo porque únicamente sirve para perder el tiempo y dejar un documento incoherente que Word no reconozca. Por eso, transforma tus decisiones en características de estilo. Tu texto será consistente y tu edición mucho más rápida.

UN EJEMPLO

Veamos un ejemplo de cómo ganar *text appeal* en una sencilla carta comercial:

Una carta con una fuente Courier, sin casi márgenes, líneas de algo más de setenta y cinco caracteres y un interlineado doble, puede ganar mucho solo modificando esos tres parámetros:

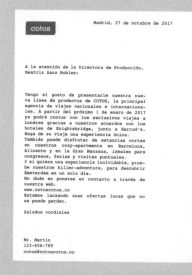

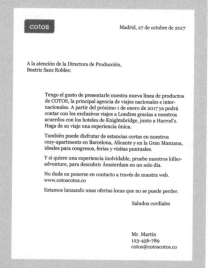

Cambios efectuados

- La fuente Courier se ha cambiado por la Georgia, más clara y con más personalidad.

- Las líneas no llegan a sesenta y cinco caracteres, y así se deja un margen generoso a la izquierda que nos permite destacar otros elementos para facilitar su comprensión.

- El encabezado, el cuerpo del mensaje y la firma están resaltados solo por su posición.

- El interlineado se ha ajustado a una proporción más adecuada tan solo aplicándole la opción de ajuste SENCILLO.

Solo con estos pequeños cambios tenemos un documento más atractivo.

3.4.3. Imágenes

Una vez un editor me contó su método para conseguir que sus comerciales vendieran más libros de textos que otras editoriales. Los libros no eran los mejores, no tenían a los mejores autores (tampoco a los peores), pero desde luego había invertido la mayor parte de su presupuesto en los mejores diseñadores. Así, cuando sus comerciales presentaban los libros al profesorado, los comentarios empezaban con un «Qué diseño tan impactante, qué bonito...» para ir metamorfoseándose en «qué bonito... qué bueno». Así consiguieron subir las ventas. Vendieron imagen.

Este ejemplo lo conoces: te ha podido ocurrir cuando te enfrentas a la hilera de vinos y no sabes cuál elegir; o a la hora de decidir qué comprar entre dos productos iguales: el diseño va a pesar mucho en tu decisión. Y aunque somos conscientes de ello, no podemos evitarlo porque nuestro subconsciente —al igual que un niño pequeño— ya ha decidido, ha sufrido ese flechazo y no quiere frustrarse ni un poco a pesar de que nuestro lado racional le aconseja leer con más detalle sus componentes, garantías y letra pequeña.

Ese flechazo es el que buscamos con nuestro documento: que además del valor de lo que contemos aportemos el valor de la imagen para convencer y persuadir, y, por qué no, hacer que la experiencia de la transmisión de nuestro mensaje sea mucho más placentera.

Por eso, la aportación de imágenes —fotografías o ilustraciones, porque de los gráficos hablaremos más adelante— tiene que tener una clara justificación, un orden y un estilo, además de unos procedimientos básicos para evitar disgustos posteriores.

Estas recomendaciones que vamos a ver te serán útiles para cuando trabajes con imágenes, independientemente del programa que utilices para presentar tu texto. Tanto Word como PowerPoint, tu gestor de la web o cualquier otro sistema requieren que prestes atención a unos detalles mínimos para que tus imágenes ensalcen el mensaje y no consigas el efecto contrario al deseado.

Por eso, ahora veremos todo lo relacionado con el tamaño de las imágenes, su resolución y formato, cuestiones de línea, estilo y posición, sus derechos y dónde conseguir imágenes.

3.4.3.a. El tamaño no importa; importa el peso

Si vas a usar imágenes de tu cámara o de tu *smartphone,* lo primero que tienes que recordar es que esas imágenes pueden ocupar fácilmente entre dos y veinte megas. Y eso significa que tienen una calidad y resolución excelentes incluso para imprimirse en un cartel... pero serán enormes para un documento impreso o para ver en cualquier dispositivo digital; serán monstruosamente grandes para acompañar un texto en una web, y estarán muy bien para ver en una presentación tipo PowerPoint, Prezzi o Canvas, pero la calidad de la imagen estará predeterminada, en ese caso, por la calidad y la potencia del videoproyector que la emita, no por su tamaño. Una imagen grande, que ocupa muchos megas, *pesa* mucho, lo que ralentiza o colapsa el programa con el que estés editando tu documento. Por eso, tienes que vigilar su *peso.*

El peso, lo que ocupa una imagen, depende de su tamaño y su resolución: una imagen grande, a la máxima resolución (medida en *puntos por pulgadas:* «ppp»), será muy pesada, ocupará demasiados megas para que lo soporte cualquier programa de edición. Una imagen pequeña, a baja resolución, pesará muy poco. Ninguno de los programas con los que estés trabajando se verá ralentizado.

En informática, una imagen capturada (por escáner o cámara digital) se codifica como una distribución de puntos de colores. La unidad mínima de color en una imagen digital es un cuadrado de color llamado píxel (de *picture element*). Digamos que un píxel es un «dato» y por tanto tiene una dimensión fija, por lo que una imagen tendrá mucha «riqueza» si está formada por un gran número de píxeles, y será pobre si la componen pocos. Por tanto, la resolución puede medirse por el número de píxeles que tenga por unidad de superficie, por ejemplo píxeles por cm, aunque también es habitual medirlo en píxeles por pulgada, (px/p o ppp).

En realidad, una imagen debe tener más o menos resolución en función del fin al que se destina; ve a la tabla que sigue:

resolución de 72 ~ 75 ppp	resolución de imagen baja, habitual en las imágenes de internet, que ocupa poca memoria	Su poco peso facilita colgarla y descargarla de la red.
resolución de 144 ~ 150 ppp	resolución mediana	Se utiliza para las imágenes de internet de gran tamaño destinadas al fondo de la página web.
resolución de 300 ppp o más	resolución alta, necesaria normalmente para la reproducción de imágenes en color sobre papel por la imprenta.	Para la impresión en papel de baja calidad (diarios) o para ilustraciones de línea en negro (libros con «grabados» en B/N), podría necesitarse algo menos, por ejemplo, 200 o 250 ppp. En otros casos, en los que la imagen deba aparecer con calidad extrema (libros de arte), puede requerirse una resolución incluso mayor de 300 ppp.

Cualquier programa de edición básico —no hablemos ya de un Photoshop o el gratuito InfanView— trae una opción para reducir la resolución y el tamaño de las imágenes.

No obstante, también puedes usar estos recursos en línea para ajustar imágenes:

 www.picresize.com   www.webresizer.com

3.4.3.b. El formato: papel y pantalla

Si solemos pensar que Word *hace cosas raras*, lo que hacen las impresoras puede ser terrorífico. Es muy probable que una buena imagen no responda o se ponga rebelde a la hora de imprimirla. Y eso se debe a que las impresoras tienen su propia manera de interpretar las imágenes.

Estas necesitan cuatro canales: Cyan, Magenta, Yellow y Key (CMYK). Sin embargo, las imágenes con las que solemos trabajar habitualmente, las que capturamos o descargamos de la red, tienen tres canales distintos: Red, Green y Blue (RGB). Son las que están pensadas para ver en pantallas, no para imprimir.

Si estás pensando en imprimir, es conveniente que uses imágenes en alta resolución y en formatos tiff o JPG (pero en modo CMYK) o directamente convertidas a PDF. Si piensas usarlas para la web o para documentos que se van a acabar leyendo en pantalla (y no es necesario imprimirlos a máxima resolución), te valen los formatos JPG y PNG.

Tiff no comprime la imagen, como JPG, por eso, si la amplías mucho tardarás en ver su pixelado. Pero una JPG se pixela en cuanto se amplía.

> Escoge bien el formato de imagen para el uso que le quieras dar:
>
> **Para imprenta:** tiff, JPG (en CMYK)
> **Para digital:** JPG, PNG (en RGB)

3.4.3.c. Línea y estilo

Cuando elijas imágenes, trata de mantener cierto equilibrio para no encontrar saltos bruscos.

color o B/N	Si usas imágenes a color, procura que no aparezcan imágenes en blanco y negro. ¡No mezcles!
formato	Si estás usando dibujos o infografías, no las alternes con fotografías, y viceversa.

técnica	Si, por ejemplo, son dibujos con trazado a mano, trata de mantener esa técnica. Si fueran imágenes esquemáticas de acciones, no las combines con otras.
color y tono	Si tienes una línea de color corporativa, úsala; o si tu mensaje quiere transmitir alguna emoción a través de los colores, recuerda que, básicamente, los colores se pueden dividir en fríos y cálidos.
temática y conceptos	Las imágenes son muy inspiradoras; pueden centrarse en objetos, edificios o paisajes naturales o artificiales, y todos ellos con presencia humana o no. Piensa si quieres mostrar un lado más humano o un tono más aséptico e uniforme.

Sobre el color hay que tener en cuenta que las interpretaciones difieren según la cultura. En la occidental podría resumirse así:

color	emociones básicas
rojo	irritación
naranja	precaución
amarillo	sorpresa
verde	felicidad
azul	frialdad
violeta	disgusto
blanco	paz
negro	soledad

Pero cuidado con estas interpretaciones. Precisamente el color negro, por ejemplo, asociado a la soledad, también suele ser un signo de elegancia, distinción o misterio.

3.4.3.d. Propiedad intelectual

Las imágenes suelen tener derechos aunque sean de código abierto: serán propiedad de un profesional de la fotografía, del diseño o de la ilustración, o del banco de imágenes a quien se las hayas comprado.

Es imprescindible que en tu texto, ya sea en un documento o en una web, aparezca la autoría o precedencia de la imagen.

UN EJEMPLO

Campaña de Cálamo&Cran

Cuando en C&C lanzamos la campaña de 2104 con una imagen renovada, queríamos que en el espacio tan pequeño de un marcapáginas y un póster se pudiera comprender nuestro mensaje. Para ello usamos unas pautas para mantener un buen equilibrio unificador:

- una línea de imágenes de animales —que podían asociarse a un trabajo profesional—.

- que las imágenes fueran grabados, en blanco y negro.

- que el color no fuera primario, pero sí independiente para cada marcapáginas (en esta página los hemos reproducido en bitono, pero los marcapáginas originales eran en verde quirófano, malva, teja y color aceite de oliva).

Con esa pauta definida por el contenido de la imagen, el tipo de imagen y el color, conseguimos una de las campañas más sólidas y con más personalidad, por la que todavía se nos recuerda.

El equilibrio en esa pauta es la clave de la selección de imágenes.

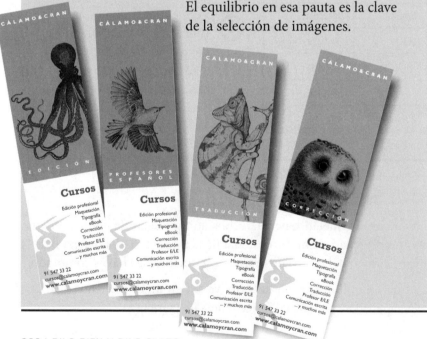

3.4.3.e. Dónde conseguir imágenes

Existen bancos de imágenes que te pueden facilitar mucho tu trabajo
y ayudarte a aprovechar mejor tu tiempo, ya que podrás conseguir la
imagen que necesites en menos tiempo del que tardas *merodeando*
por la web.

imágenes gratuitas	www.iconarchive.com www.freepik.com www.deathtothestockphoto.com	
imágenes profesionales	www.istockphoto.com www.shutterstock.com/es/	
imágenes prediseñadas	Canva o Microsoft Office	
una maravillosa colección	www.loc.gov	

3.4.4. El poder del gráfico

No sé si te habrá pasado algo parecido, pero cuando he tenido que pedir explicaciones ante un doctor, ante un comercial o ante un proveedor, me he encontrado con que la última respuesta son datos de porcentajes, y si aún sigo dudando, me muestran un gráfico.

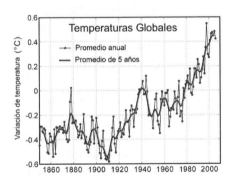

El gráfico tiene el poder de la persuasión porque ofrece una exposición global. De un vistazo puedes sacar conclusiones. Un gráfico no se lee como unas líneas: los gráficos se recorren, se analizan sus componentes, se toma conciencia de los valores ofrecidos para contraponerlos y contrastarlos, de tal modo que una diferencia de líneas o un punto intermedio es el mensaje.

Cuando trates de presentar cualquiera de tus puntos de vista, ya sea para presentar tu idea, demostrar la verosimilitud de tu propuesta o argumentar sólidamente tus conclusiones, utiliza un gráfico.

Los gráficos, además de la claridad en la presentación de sus datos, tienen el poder de la atracción de la profesionalidad. No queda aún lejos el tiempo en el que conseguir un gráfico era una tarea complicada, por lo que quienes mostraban el empeño de ofrecerlos —con lo costoso de su elaboración— estaban exhibiendo tal capacidad y fuerza que su sola presencia en un documento significaba profesionalidad y verosimilitud. Y todavía hoy sigue presente el mito del gráfico.

No obstante, mostrando los datos adecuados y bien ordenados, puedes aprovecharte por partida doble de este recurso: primero, porque se sigue considerando como un manojo de cualidades positivas (profesionalidad, esmero, esfuerzo, resolución), lo que contribuirá de partida a hacer más atractivo y persuasivo tu documento; y, segundo, porque es un elemento que facilita y simplifica aspectos de tu mensaje que pueden perderse entre líneas, pero que en un gráfico se ensalzan y revalorizan.

Centrémonos en los tres esenciales:

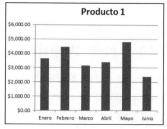

- **Gráfico de barras.** Los datos se presentan mediante barras verticales. Pueden mostrar la evolución de varios factores a lo largo de una cantidad de tiempo.

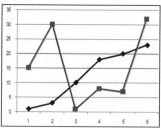

- **Gráfico lineal.** Es similar al anterior, pero solo se muestran las cotas superiores. Es posible combinarlo con el de barras para potenciar el efecto de contraste.

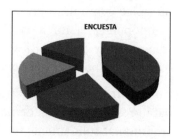

- **Gráfico circular.** Es esencial para entender las partes de un todo, el peso relativo de cada segmento frente al total.

Un programa como el Excel de Microsoft te va a proporcionar todos los recursos necesarios para convertir en gráficos tus tablas de datos.

La variedad y la riqueza, como vimos anteriormente con las fuentes o las imágenes, no deben distraerte de tu objetivo de mantener un equilibrio: si usas gráficos en dos o en tres dimensiones, mantén esa línea; si son los gráficos de barras los más expresivos, trata de mantener ese sistema, a no ser que requieras otro tipo de gráfico que explique con mayor rotundidad otro tipo de datos.

> **Recuerda: siempre que quieras convencer, utiliza gráficos.**

Y los colores: mantén la uniformidad. Si tu texto va a salir impreso —y muy probablemente en blanco y negro— todo el significado que recae sobre los colores va a perderse: trata de usar texturas bien diferenciadoras para las barras, líneas de puntos o discontinuas para los gráficos lineales, y porcentajes bien separados y con tramas —en vez de colores— para los gráficos circulares.

3.4.5. La infografía

Si quieres conseguir la máxima concisión, utiliza infografías. El concepto de este término ha variado con el tiempo, pues, aunque originariamente las infografías requerían profesionales del diseño —capaces de levantar una acción, un proceso o un movimiento en un escenario en 3D—, ahora las infografías se consideran también una simplificación, un resumen de los puntos principales de un mensaje transformados en una sola imagen.

Una imagen que puede convertirse en un meme que se reproduzca y viralice por las redes.

Para crear una, puede bastarte tu procesador de textos o tu programa de presentaciones.

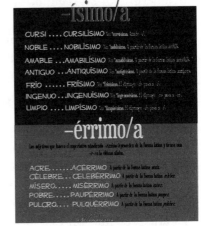

Los criterios para conseguir una buena infografía siguen alrededor del concepto de equilibrio: una idea unificadora, con tonos, colores y líneas similares. Que no haya demasiadas alternancias ni de colores ni de fuentes.

PASO 4. CÓMO PRESENTARTE ANTE EL PÚBLICO QUE ESCUCHA

Llega el momento de la verdad. Hay que subir al escenario. Te presentan, tomas el micrófono en la mano, agradeces la presentación y comienzas. Es tu turno: tu público espera que le cuentes tu propuesta, algo que le haga sentir que merece la pena escucharte durante todo ese tiempo.

Habrá personas a las que esta situación las estrese y les haga perder una magnífica ocasión de lucirse. Pero hay que tener en cuenta que nadie que sube a un estrado y toma el micrófono lo hace sin haberlo preparado muy bien antes. Seguro que también habrás conocido o visto a alguna persona que es capaz de hacerlo así, sin más, casi sin pensarlo: ten por seguro que no será la primera vez que lo hace. Una persona así lleva preparándose años. Y cuanto más te prepares y más ensayes, antes saldrás sin temores ante el público.

Vamos a ver cómo lograrlo en dos secciones: en primer lugar, cómo tienes que organizar tu discurso y de qué recursos dispones para enriquecerlo, y en segundo lugar, cómo aprender a usar tus recursos físicos para mejorar tu expresividad. También encontrarás una lista de chequeo esencial para planificar tu charla, así como unos consejos para ensayar y practicar tu discurso frente a un video.

■ 4.1. La organización visual del discurso

A lo largo de este libro hemos visto cómo desarrollar tu mensaje, cómo enriquecerlo y mejorarlo. Por eso, cuando llega el momento de pensar en presentarte al público ya debes de tener ese mensaje preparado. Partamos de este punto: tienes algo que contar, ya sabes a quién, para qué lo cuentas y a quién se lo vas a contar, porque cuando acudas a una presentación ya habrás preguntado por el tipo de personas que vas a encontrarte allí.

4.1.1. El factor tiempo

Vamos a empezar a prepararnos para ese momento. Tienes tu mensaje y tienes un tiempo limitado. Hablaremos luego del mensaje y de cómo presentarlo, porque vamos a centrarnos en lo más sencillo que hay que tener en cuenta: el tiempo que te han dado.

Lo primero, tienes que interpretar qué significa ese tiempo en realidad. Si te han prometido treinta minutos, considera que, entre presentaciones, agradecimientos y despedidas, como poco desaparecerán cinco. Si quieres que el público pueda preguntarte, déjales como poco otros cinco minutos. Es decir, en realidad no dispondrás más que de veinte minutos. ¿Serás capaz de transmitir todo lo que quieres en ese tiempo? Por eso empezamos a concebir cómo preparamos una presentación en función del tiempo, ya que esto condicionará —de nuevo— las preguntas con las que has construido tu mensaje: tu *para qué quieres decirlo* se mantendrá inalterado, pero el *qué quieres decir*, la jerarquía de ideas principales y secundarias, tendrá que reformularse para que quepan en ese tiempo las imprescindibles. Piensa, no obstante, que siempre que quieras facilitarles una versión completa de tu propuesta, puedes llevarla impresa o en formato digital para que se la descarguen. Y el *para quién* también quedará condicionado, obviamente, pues ahora tendrás a tu público delante. Puede que tengas que readaptar tu estilo de contarlo —tu registro y tu tono— pues, aunque tengas el mismo mensaje, no se suele tratar con la misma formalidad ante un ambiente distendido que ante un público más académico que no te dará respiro ni para un giro coloquial ni aun la menor de las bromas. Y son veinte minutos.

Compara entonces el tiempo que te hayan ofrecido, tras recortarlo, con tu guion: piensa en cómo puedes distribuirlo para que se adapte a las ideas que mantienes en tu propuesta.

Piensa cómo vas a contarlo: ¿Lo contarás a viva voz y con recursos como un pizarrón o una pantalla o sin nada de todo esto? ¿Necesitarás una presentación que apoye lo que cuentas? ¿Es realmente necesaria? En la mayoría de las ocasiones lo que puedes necesitar son unas pocas diapositivas para presentarte, un documento o un gráfico. No te obsesiones con crear una presentación con diapositivas sino con qué elementos son realmente imprescindibles para que tu público te entienda. Y si te decides por usar una presentación, elabora primero un guion.

Tu objetivo va a ser concentrar tu mensaje en el tiempo que te han dado, enriqueciéndolo con tus recursos en pantalla y tus habilidades expresivas, de lo que hablaremos enseguida. Pero el tiempo es la clave: tu público tiene que comprender qué va a pasar cuando te vea en el escenario; tiene que ver con claridad cómo está organizado y dividido tu discurso; tiene que saber cómo va a poder interactuar y cuándo, y cómo acceder a los materiales que irás mostrando. Si consigues todo esto y además te sobra tiempo, te lo agradecerán. Y eso será un refuerzo positivo en tu imagen y en la de tu empresa. Por eso, la clave ahora es el tiempo.

LA OBSESIÓN POR POWERPOINT

Parece que hablar en público se ha convertido en sinónimo de usar PowerPoint. Este programa es herencia directa de la presentación con diapositivas —así se siguen llamando cada uno de sus documentos—, pero su uso se ha exagerado por la cantidad de recursos que ofrece y por su simplicidad.

Sin embargo, nadie exige que para hablar en público se necesite una presentación. En algunas ocasiones yo tengo que presentar un extracto de un documento donde se cita algo que considero pertinente para mi charla y por eso puedo mostrar la imagen de ese texto ya sea en PDF o JPG. O necesito enseñar a editar con Word o trabajar eficazmente con PDF, por lo que usaré la pantalla para ver esos programas.

Pero en muchas ocasiones no quiero mostrar nada de nada: solo quiero que escuchen lo que estoy diciendo. No quiero transiciones entre imágenes atractivas. Quiero convencer de lo que estoy contando. Por eso no es imprescindible Power-Point. Lo que se muestre en pantalla es un recurso extra.

¿Cuál es la ventaja real de una presentación? Que debes atenerte al orden y al ritmo de ese discurso. Piensa qué recursos necesitas realmente.

4.1.2. Cómo unir tu discurso y una presentación

El guion es el índice. Es una instrucción breve y fácil de seguir. Si tu charla va a partir de una documentación previa, con imágenes y datos, el índice de esos materiales es el eje desde el que construir el guion. Ten a mano tu guía de redacción, pues te hará falta.

Ante el público no puedes leer tu documento, por bueno que sea, ya que no está pensado para ser leído. Ahora debes presentarlo ante el público, hablar sobre tus ideas. Dicho de otra manera: el documento vas a ser tú.

Si vas a apoyarte en una presentación, sigue la pauta de las diez diapositivas. No son pocas. No pienses que tu mensaje será mejor porque tengas una presentación repleta de diapositivas. No tienes que abrumar a tu público: tienes que convencerlo. Y para lograrlo, tienen que poder quedarse con tu discurso y con algunas de tus imágenes en su memoria. Cuanto más sencillos, ordenados y claros sean tu discurso y la presentación, antes los entenderán, comprenderán y recordarán. Antes de intentar volcar tu documento en un PowerPoint, recuerda que la presentación está para apoyarte, no eres tú quien apoya la presentación.

Por eso, cuentes lo que cuentes, trata de reducirlo todo a diez diapositivas. Como una es para la introducción y otra para el cierre, cuenta en realidad con solo ocho diapositivas. Recuerda que las diapositivas no son un documento para leer: cada diapositiva tiene que ser una síntesis: nada de párrafos. No obligues a tu público a pararse a leer párrafos, porque entonces leerán, no te escucharán.

1 introducción 2 impacto 3 análisis 4 propuestas 5 argumentaciones

6 datos 7 conclusiones 8 recursos 9 impacto 10 cierre

10 CONSEJOS PARA UNA PRESENTACIÓN DE ÉXITO

❶ Nunca uses más de diez diapositivas.

❷ Si existe una plantilla de trabajo común, úsala. Eso te ahorrará horas de trabajo y diseño.

❸ El título de tu discurso tiene que ser atractivo y sencillo: que no ocupe dos líneas. Y comprueba que coincida con el de la programación de la jornada, taller o encuentro.

❹ Toda diapositiva debe contar con tus referencias básicas en su pie de página (tu **@cuentadetuiter,** un **#hashtag, tu@correo** y tu **wwweb**). Si usas una plantilla, añádelos en el documento maestro para no repetir esta tarea en cada diapositiva.

❺ Haz que se vea con claridad el número de la diapositiva y su total. Usa una numeración del tipo 1/10.

❻ Nada de textos en bruto: síntesis y palabras clave. Lanza mensajes listos para tuitear. Piensa en infografías. Recuerda que tu público no ha ido a leer sino a escucharte.

❼ Todo lo dicho en la parte de edición (Paso 3) sobre imágenes (tipos de imagen, calidad y formato), sobre la tipografía (usa tipografía para pantalla), así como la línea de diseño equilibrada, es igual de útil en una presentación.

❽ El poder del gráfico aquí también se mantiene, y con más fuerza.

❾ No abuses de los efectos de transiciones ni otros artificios.

❿ El cierre es cierre, no una apoteosis final. Esa diapositiva será la que más tiempo se verá en comparación con el resto, porque puede ocupar el tiempo de las preguntas. Aprovéchala para recordar tus datos o cómo contactar contigo.

Del mismo modo que con las preguntas iniciales construimos un armazón —como quien prepara los mimbres para crear la estructura de una cabaña—, ahora retomamos ese ejemplo para construir un guion con el tiempo, las diapositivas y tus ideas.

PROPUESTA DE GUION

Diapo.	Tiempo	Contenido	Notas	Apuntes
	5 min	presentaciones y saludos	La persona X va a presentarte.	
1/10	30 s	presentación, agradecimientos e índice	Título claro. Tu logo, tus datos de contacto. *Para qué.*	Usar el sistema de Horacio.
2/10	30 s	impacto 1. Alegoría	Imagen alegórica	Anécdota.
3/10	2 min	análisis de situación actual	Palabras clave. Localización y contexto comprensible.	Preocupación. Lanzar preguntas. Empatizar: usar datos locales.
4/10	4 min	propuestas	*Qué quieres contar.* Ideas clave 1.	Énfasis. Respuestas.
5/10	4 min	argumentaciones	Ideas clave 2.	Paseo por escenario. Puntualizaciones.
6/10	2 min	datos	Gráficos	Momento valle: anécdota.
7/10	4 min	conclusiones	Ideas clave 3.	Énfasis. Empatizar: cómo tu propuesta afecta a lo local, a su contexto.
8/10	2 min	recursos	*Link* o *QR* con acceso a carpeta compartida. Solicitud de recogida de datos (*mail*, firmas, etc.).	Indicaciones para usar tus documentos. No andar.
9/10	30 s	impacto 2. Recuerdo	Alegoría.	Retomar anécdota.
10/10	30 s	despedida y agradecimiento	Presentar tu logo y dar tus datos de contacto.	Ofrecer folletos, tarjetas.
	5 min	preguntas del público		

En la propuesta de guion que te ofrezco tienes cuatro columnas que puedes ir rellenando de izquierda a derecha.

❶ **Diapositivas.** Como sabes que van a ser un máximo de diez, es fácil rellenar esta columna. Valora aumentar o reducir esta cantidad en función del tiempo de que dispongas. También puedes incluir espacios *sin* diapositivas, bien porque tengas que parar a hablar con el público, bien porque tengas que usar un programa o mostrar un video u otro tipo de archivo. No obstante, incluye esos espacios en esta columna.

❷ **Tiempo.** Si suprimes los minutos que vas a dedicar a despedidas, cierre y preguntas, tendrás el total real de tu tiempo disponible. Lo que queda puedes distribuirlo equitativamente, aunque con toda seguridad tendrás que reajustarlo. Precisamente los ensayos previos son esenciales para cronometrarte y calcular si tienes tiempo para contar todo lo que quieres decir en cada franja de tiempo y con cada diapositiva. Este es uno de los momentos en los que más se valora la síntesis.

❸ La columna de **Contenido** es un resumen de tu índice muy muy sintetizado. Ese será el eje sobre el que construir todo lo demás. Aquí sí que puedes hacer un volcado básico de tus ideas, pero comprobarás que no va a caber todo: tienes que resumir, concretar y sintetizar. Es aquí donde se tiene que apreciar un orden lógico de tu discurso, una estructura lógica que permita a tu público entender no solo las transiciones, sino los motivos que llevan de un paso al siguiente

❹ Ahora, en la columna **Notas** añade lo que anotaste en tu guía de redacción, que al fin y al cabo se ajusta al modelo de contenido que has propuesto. Revisa, por importancia, a qué le vas a dedicar más o menos tiempo. Como es lógico, la exposición central de tus ideas, argumentación y conclusiones requerirá más tiempo y menos la de las anécdotas; y estas podrán modificarse en función de tu público. Por eso, vuelve a la columna **Tiempo** y reajusta los minutos que has asignado previamente.

❺ Cuando lo tengas todo cumplimentado, revisa la columna **Apuntes,** pues son acotaciones —como en un guion— que pueden variar de una presentación a otra, aunque los contenidos sean los mismos. En esta columna puedes ir anotando todo aquello que consideres que debes resaltar en tu intervención, como cuándo es un momento valle y toca reanimar al público; qué palabra quieres destacar y de qué modo, o cómo modular la voz... Es la parte de atrezo de tu discurso. En mi caso, literalmente, porque cuando organizamos las presentaciones de Palabras Mayores, aquí se señala incluso cuándo ponernos un birrete de licenciado, una nariz de payaso o una máscara de luchador mexicano. Cuando ensayes tu presentación, aquí podrás anotar las necesidades o problemas con los que te encuentres, si puedes o no ajustarte al tiempo, y qué ideas se te ocurren para mejorar cada uno de esos pasos. Verás cómo sacarle más provecho en cuanto sigas los pasos de los ejercicios prácticos que verás más adelante.

¿POWERPOINT CONTRA PREZI?

Ante todo, insisto en que lo que pase en la pantalla es un acompañamiento a tu discurso. Pueden ser diapositivas o documentos de distinto formato que amplíen tus contenidos.

Por eso los programas como PowerPoint, Canva o Prezi, incluso Genial.ly y Evernote, están considerados como los mejores programas para agrupar esa documentación y presentarla ordenada con un diseño común que evite distracciones del público.

Pero estos programas son tan potentes que la presentación puede convertirse en una auténtica animación. Piensa si esto es lo que quieres, porque requerirá mucho más trabajo de producción. El efecto puede ser atractivo e hipnótico, pero te exigirá una mayor inversión de tiempo y costos. Está en tu mano decidir dónde está ese punto de equilibro entre exponer una idea y los recursos para exponerla. Del mismo modo, la presentación de un documento, impreso, digital o web, se puede hacer con los recursos de los que dispones o ponerlo en manos de profesionales. Es una cuestión de costo/beneficio.

PowerPoint está dotado de grandes recursos del mismo modo que vimos el potencial que tenía Word para editar (con docenas de fuentes y estilos), pero no te dejes llevar por la fascinación digital: ante todo tienes que conseguir una buena línea argumental. No obstante, dispones de muchas plantillas gratuitas en Office.com. Prueba Canva como una alternativa mucho más sugerente, fácil e intuitiva que PowerPoint.

Prezi va más allá y presenta su línea de discurso bajo un efecto de zum con el que se entra o se sale de un tema, en el que se puede profundizar o ampliar para volver a salir a la línea principal de la argumentación. Por eso, para trabajar con Prezi hay que crear un guion muy sólido que te permita aprovechar a fondo este sistema de zum y saltos. Solo está disponible en línea y eso puede complicarte la presentación si no hay wifi o es de mala calidad.

4.1.3. Pistas para practicar

Ese guion básico que acabamos de ver te va a servir para crear tu presentación, desde luego, pero también para controlar cómo quieres que se desarrolle tu intervención. Puedes usar ese mismo documento o transformarlo en fichas —lo lógico serían diez fichas si seguimos el ejemplo— en las que registres con toda claridad las columnas de **Notas** y **Apuntes**.

Con tu guion, tu presentación y tus fichas ya podrías lanzarte, pero es mejor que ensayes antes. Por eso, vamos a ver algunos pasos esenciales que aparecen en tu exposición para que los pongas en práctica ante un auditorio imaginario.

4.1.3.a. Agradecimientos

Siempre debes dar las gracias a la institución que te acoge, a quien la patrocina, a la persona o personas que te presentan o a los que comparten la mesa contigo, además de otros agradecimientos que consideres necesarios. No te extiendas demasiado, porque a quien siempre tienes que agradecer su presencia es al público.

4.1.3.b. Preliminares e instrucciones de manejo

A partir de aquí ya podrías empezar con tu charla, pero yo considero conveniente preparar al público y contarle lo que va a pasar a continuación antes de que empieces tu charla; es el momento de contextualizar tu discurso: el tiempo que va a durar; cuántas diapositivas hay; si van a disponer o no de los materiales y cómo conseguirlos; si van a poder hacer preguntas o no, y cómo ponerse en contacto contigo. La mayoría de estas cuestiones —que el público quiere saber siempre de antemano— puedes agruparlas y derivarlas para no perder el tiempo: «Al final de mi exposición, tras el tiempo para sus preguntas, les indicaré dónde conseguir los materiales que vamos a ver a continuación. A lo largo de la presentación verán mis datos por si quieren citarlos en las redes o ponerse en contacto conmigo». También es momento de pedirles si quieres que participen en una encuesta al final, o que se repartan materiales impresos o que accedan a un sitio web.

4.1.3.c. Plan de vuelo

Luego es el momento de explicar brevemente qué van a ver y escuchar. Cita rápidamente los pasos esenciales de tu propuesta: «Dado que estamos en una situación X, he pensado que era conveniente que primero valoraran mi análisis y argumentaciones —que veremos en las diapositivas 3 y 5— y así compartan mi propuesta con los datos que les ofrezco». Así, acabas de contar a tu público el camino y los hitos que va a empezar a recorrer inmediatamente. En este momento —según cuáles sean tus intenciones— ya puedes ir sugiriendo el motivo esencial de tu discurso o *para qué* vas a contarles lo que sigue. Piensa que tiene que ocurrir igual que en un avión: antes de despegar te dan unas instrucciones previas, y después, ya en el aire, tendrás unas palabras del piloto para que conozcas el trayecto, la duración, qué puedes esperar y qué no. Tú no tienes que alertar sobre las salidas de emergencia, solo sobre las bondades del vuelo y desear un feliz viaje. Listos para el despegue.

Tu exposición puede estar *on line* y al momento. Facilita siempre tus datos —personales o de tu empresa— para que accedan a ellos vía Twitter o Facebook (u otras redes). Así tu charla puede tener mucha más repercusión. Considera las opciones de emisión en directo, como las de las citadas redes, o aplicaciones como Periscope, YouTube o Hangouts.

4.1.3.d. Anécdotas e imágenes

Habrás visto que se menciona el uso de imágenes para impactar tanto al principio como cerca del final, en las diapositivas 2 y 9. Si tienes tan poco tiempo y tan poco espacio —tan pocas diapositivas—, ¿merece la pena *desperdiciar* dos de ellas en meras imágenes y anécdotas?

Sí, si quieres que tu discurso sea atractivo: tienes que conseguir acercar tu idea al público... o al público a tu idea. Tienes que empatizar: las personas que te escuchan están sentadas dispuestas a prestarte atención o... a interactuar con sus vecinos o con sus amigos a través de sus celulares. Tienes que captar su atención. Porque una imagen sirve para fijar en la memoria tu charla, para crear ese impacto por el que te recordarán.

Una imagen alegórica te sirve para romper el hielo, pero sobre todo para describir un contexto desde el que partir, y ese contexto tiene que compartirlo tu público. Puedes ser impactante, emotivo, desconcertante e incluso hilarante. Tienes que sacar a tu público del recinto, de la formalidad de las presentaciones, de las necesarias instrucciones y pasar —por fin— al relato de tu mensaje.

No lo hagas si no consideras necesario romper el hielo o captar su atención. Pero piensa que en muchas ocasiones menos es más.

Por eso, esa imagen con esa alegoría o esa anécdota es una puerta que abre un viejo camino conocido por todos: la suspensión temporal de la realidad. No les vas a contar un cuento, pero tienes que recurrir a ese salto para que activen inconscientemente su actitud de escucha total.

No es fácil encontrar una buena imagen o una buena anécdota. Tras años asistiendo a congresos, jornadas y simposios he comprobado quiénes saben captar la atención y quiénes no. Quienes comenzaban con una buena anécdota o con la historia de una cita, nos tenían en sus manos.

Cuando necesito explicar, por ejemplo, la necesidad de valorar la programación en la edición para mejorar la productividad desde el punto de vista costo/beneficio, no puedo comenzar mi exposición de este modo tan precipitado. No se entiende. Mi público —mayoritariamente de letras— detesta todo lo que tenga que ver con programación. Es decir, sé que

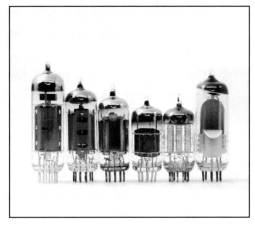

tengo a mi público en contra. Por eso les presento la imagen de unos antiguos bulbos de una radio, con fondo blanco, sin contexto. Era lo máximo en tecnología de la década de 1930. Y entonces les hablo de la infancia de Richard Feynman, uno de los físicos, pensadores y divulgadores de la ciencia más grandes —y más amenos— que conocemos. Pero cuando tenía diez años vivía en un Estados Unidos sumido en la Gran Depresión. Entonces no era ni un grande ni mediano ni pequeño físico: era un chaval que descacharraba cualquier aparato y lo volvía a reconstruir porque le consumía la curiosidad. Un día, la radio de su casa dejó de funcionar. Y en aquella época la radio era la conexión con el mundo, la mayor diversión cotidiana, como serían ahora la televisión e internet juntos. No podías vivir sin tu radio. El niño Feynman abrió la radio para saber por qué había dejado de funcionar. Siguió el circuito de la radio como un proceso lógico: por aquí entra la corriente; llega a este cacharro; de aquí salta a estas válvulas, y de aquí va a... Y al hacer ese recorrido descubrió un bulbo estropeado. Si lo cambiaba por uno igual, ¿se arreglaría la radio? En una crisis como la de entonces conseguir un bulbo era más barato que repararlo, por lo que hizo la prueba, y funcionó. A partir de entonces se transformó en un niño que podía arreglar radios, y así aportar un ingreso extra. Un día, un vecino le llevó una radio para que se la reparara. El niño Feynman la abrió, la miró y la siguió analizando quieto, callado. El vecino, al ver que no hacía nada con las manos, quiso saber por qué estaba perdiendo el tiempo y no se ponía manos a la obra. El niño, muy serio, le respondió: «Estoy usando la mente. Estoy pensando». Al rato localizó otro bulbo estropeado y se lo cambió. Entonces corrió la voz de que aquel niño era capaz de arreglar radios «con la mente».

¿Qué significa esta anécdota? Que cuando nos encontramos con problemas, es mucho mejor y más eficaz detenerse a analizarlos antes de tomar cualquier solución rápida. El costo de pensar es menor y el beneficio mayor.

Es solo una mera anécdota que puede servir de apoyo para el desarrollo del resto de la exposición. Cuando más tarde expongo a mi audiencia qué se debe hacer para organizar una tarea repetitiva organizada —otro nombre para programar—, le recuerdo el ejemplo del niño: primero hay que pensar, y, más aún, si hay prisa. Ese es el único camino para llegar antes a la solución.

Observa lo obvio de tu entorno, de tu trabajo y de tu ciudad, de las personas que conoces y crees conocer: descubrirás muchos de esos detalles. Si no encuentras inspiración, también puedes recurrir a escenas clásicas de la literatura como alegoría para explicar la situación de la que partes. Tan solo con mirar dos figuras como la del Quijote o la fábula del traje nuevo del emperador basta para encontrar un símil de contextos parejos a tu exposición que te faciliten la empatía del público. Quizá incluso te atrevas a sacar un ejemplo aparentemente distante de tu discurso pero cercano a su contexto, porque con algo tan simple como el resultado de un partido de un equipo local puedes ganarte su atención.

No hay una única fórmula. Prueba y prueba. Piensa en tu público —al estilo de Gianni Rodari en la *Gramática de la fantasía*— quiénes son y qué elementos comunes hay entre esas personas y tu propuesta. Es un claro ejercicio de imaginación que puede ser más impactante que unos datos.

Una nota sobre el humor

Si tienes cierta habilidad con el humor, si tienes cierta *gracia* que reconocen hasta quienes te rodean, no tengo nada que añadir sobre cómo dar unas notas de desenfado a un discurso, si es que la ocasión te lo permite. Sabes mucho más que la mayoría al respecto. Pero si el humor no es lo tuyo, no lo intentes: puede ser peor. Es así de sencillo. Nada empatiza menos que alguien tratando de hacer gracia.

4.1.3.e. Comienza el discurso

El transcurso de una diapositiva a otra es parte de tu hilo argumental. Como vimos en la primera parte, necesitamos que nuestra exposición responda a estructuras lógicas: que se pueda sobreentender por qué se salta de una diapositiva a otra o por qué se requiere un espacio sin imágenes para reflexionar. Vas a ser quien conduzca la charla para mostrar la relación entre tus ideas y las bases de tu argumentación. Todo ello es la arquitectura del mensaje que hemos construido previamente. Para dotar de expresividad a esta sección ahora es imprescindible que des otro paso: toca hablar de tu cuerpo y de tu voz.

Para saber qué hacer en la sección de preguntas y respuestas, encontrarás las instrucciones prácticas en la última sección de este capítulo 4.4.4. El lado humano, pág. 242.

■ 4.2. Hablando se entiende la gente

4.2.1. Puesta a punto. El cuerpo

Tu cuerpo va a hablar por ti. Como vimos en los pasos anteriores, un documento se tiene que *defender* solo, y tener la capacidad de ser persuasivo y claro, gracias a la claridad del texto, de las revisiones y de una edición con *text appeal*. Tu presentación puede jugar ese papel, pero ahora cuenta contigo. Tú eres quien emite el mensaje en directo. Y tu cuerpo, tu lenguaje no verbal, tu voz, tu escritura y tus recursos externos (la presentación, los materiales impresos y tus tarjetas) entran en juego para exponer con claridad tu idea. Ahora te toca a ti dotarte de persuasión.

Aunque no se especifique un *dress code* para el acto al que te presentes, infórmate con antelación sobre el nivel de formalidad que se exige. Puede que ir de traje (y corbata en el caso de los hombres) no sea acertado si el ambiente, aunque profesional, es más distendido y cercano. O por el contrario, un aspecto informal en un ambiente de etiqueta puede influirte y hacerte sentir incómodo. Por eso, lo más importante es acudir con un atuendo con el que te sientas bien y que te dé seguridad. Y es aún más importante que se adecue a la temperatura del lugar al que te presentes y que vaya limpio y planchado —que lo irá, faltaría más—.

¿De pie o sentado? Cualquiera que haya disfrutado de los *TED talks* habrá visto que en menos de veinte minutos —incluso en cinco— son capaces de transmitir cualquier conocimiento, desde avances para la lucha contra el cáncer o por qué es recomendable sacudirse las manos hasta doce veces después de lavárselas y así usar menos toallitas de papel. En todos ellos siempre hablan paseando.

Fijar la vista en una persona que pasea permite al espectador mantener la atención de una manera más dinámica, casi sin esfuerzo. Oír a una persona sentada tras una mesa es una promesa de que no habrá mucho dinamismo, aunque su discurso no tiene por qué dejar de ser interesante.

Estar de pie tiene una ventaja esencial: podemos usar todo el cuerpo para matizar, especificar, exclamar, para usar a fondo todos los recursos del lenguaje no verbal.

Marcas en el escenario

Si nunca antes has hablado ante el público desplazándote por una tarima o un escenario, prueba esto: tienes que ensayar tu discurso, comenzando en un punto en un extremo de la habitación en la que practiques, para pasar en unos pocos minutos al centro, y al rato llegar al otro extremo. Puedes colocar unos puntos de referencia en el suelo, como un libro o un bote de bolígrafos.

4.2.1.a. La cabeza y la mirada

El público observará tu rostro, tus gestos, la dirección de tu mirada. Usa la cabeza como una herramienta más: si lanzas una idea positiva o correcta, asiente con la cabeza. Si niegas o rechazas una idea, niega con la cabeza. Si dudas o haces una pregunta retórica, inclina ligeramente tu cabeza hacia uno de tus hombros. Deja que tu cabeza sea tan expresiva como tu rostro. Emite todas las señales que puedas porque el público quiere anticiparse a lo que cuentas, quiere tener pistas de por dónde va a ir tu discurso. Si quieres que tu público empatice contigo, ayúdale.

Tu cabeza tiene que acompañar tu mirada. Atrévete a mirar abiertamente a las personas que te están escuchando. Encontrarás respuesta rápidamente. Hay personas muy tímidas que ni siquiera se atreverán a mirarte, pero otros están interactuando contigo para darte su aprobación, compartir una negación o una duda contigo. Búscalos y aprovéchalo: es una fuente esencial de información para saber cómo está transcurriendo tu discurso, si lo están entendiendo o si lo comparten, o si se están aburriendo soberanamente o no te entienden. Sus gestos te pueden servir para reajustar sobre la marcha la intensidad o el tiempo que vas a dedicar a desarrollar cada una de tus ideas. ¿Te imaginas qué gestos tendrán los rostros de tu público si para empezar tu intervención comienzas con un «Seré breve», y sigues con un desarrollo histórico? Valóralo. Puede que pensaras que era esencial una aportación histórica, pero es probable que tu público quiera entrar antes en materia. Nunca aburras a tu público.

Tu mirada tiene que repartirse desde un lado al otro de la audiencia: una frase para un lado —y espera respuesta—; otra frase para el otro lado —y mira qué te dicen sus gestos—; luego mira a los del centro o a los del fondo, que también existen, y espera su respuesta. Tienes que interpretar los gestos de quienes miran: ¿asienten o esquivan la mirada? Es el momento de decidir si darle más impulso a tu discurso o continuar en ese tono.

4.2.1.b. Los brazos y las manos

Puede que tengas mucha o poca expresividad con tus manos. No se trata de que esa sea una buena o mala actitud: lo importante es que tus movimientos acompañen a tus actos, que subrayen intenciones de tu discurso. Un exceso de confianza en tu expresividad puede relegar a gestos partes esenciales del contenido de tu mensaje. Tus gestos nunca pueden sustituir las palabras: solo modificarlas para dotarlas de más o menos énfasis. El texto de tu discurso o de tu ponencia está basado en ideas, las ideas en párrafos, los párrafos en frases y estas en palabras. El tono de tu voz es esencial para aplicarle una intención a cada frase, así como tus brazos y tus manos también pueden atemperarlas. Las manos y brazos pueden alzarse sobre los hombros. Es necesario que las dotes de movimiento: subrayan una palabra; espacian en el aire los pasos de un procedimiento que explicas y pueden trocearlo; hacen algo muy sencillo: enumeran; detienen lo que no deseas y dejan pasar una nueva idea. Y por supuesto, señalan —aquí no es descortesía— a las personas que puedes tomar como ejemplo o que te preguntan.

¿Y qué hacer cuando quieres centrar la atención en tu voz? Guarda brazos y manos. Puedes cruzar los brazos o meter las manos en los bolsillos del pantalón o la chaqueta.

Puede que hayas oído que cruzar los brazos representa una barrera entre tú y el público. Seguro: si tratas de esconderte tras tus brazos con los codos alzados o no consigues desenredarte hasta el final de tu charla, seguro que cualquiera interpreta que estás bajo tensión, con temor o con incomodidad. Pero cruzar los brazos en una reflexión, o para enfatizar algo con lo que no estás de acuerdo, o mientras se escucha una pregunta, no es ninguna muestra de temor, sino de tranquilidad: estás suprimiendo un elemento extra que no quieres usar en ese momento porque no quieres distraer a nadie de tu voz y tu mirada.

¿Y si eres de esas personas que no saben qué hacer con sus manos o eres de las que tienen manos con vida propia? En España tenemos el ejemplo del humorista y presentador Andreu Buenafuente, cuyo archiconocido tic es recorrerse los botones de su chaqueta para abrochársela y desabrochársela una y otra vez. Si tampoco puedes parar o, en el caso contrario, si no te atreves a usar tus manos, la solución es la misma: deja que se agarren a algo, además del micro: un bolígrafo o el dispositivo inalámbrico para pasar las diapositivas son buenas opciones. Si una mano tiene que agarrar el micro, ya tiene suficiente tarea, pero la otra, por favor, que no quede condenada a esconderse en un bolsillo permanentemente: déjala que se quede agarrada a su bolígrafo y que pasee un poco, pero que se vea que tiene vida y pertenece a un brazo articulado. También, aunque estés de pie, la mano puede apoyarse sobre una mesa o atril hasta que veas que tomas la suficiente confianza como para palmearla o dar suaves puñetazos sobre estos para reiterar una idea. Pero nunca te agarres como yo hacía en mis primeras presentaciones, como si el atril fuera lo único que fuera a flotar si se hundiese el escenario.

A través del espejo

Atención, no te olvides del efecto espejo: tu lateralidad cambia cuando estás en el estrado. Si simulas escribir o haces un gesto de avance, hazlo de derecha a izquierda. Si hablas de una localización geográfica, por ejemplo, el este y el oeste están justamente al revés para ti. Si señalas en el aire un orden, una numeración, empieza por la derecha y sigue hacia la izquierda. En caso de no asumir este cambio de lateralidad, el público siempre puede hacer el esfuerzo por reinterpretarte, pero les generarás una pequeña distracción o directamente no te entenderán. Estás en un mundo al revés. Estás al otro lado del espejo.

4.2.1.c. Piernas y pies

La función de las piernas es moverse y llevarte arriba y abajo por el escenario, aunque ocasionalmente también puedes sentarte. De hecho, algunas charlas, presentaciones o cursos pueden ser muy largos, por lo que buscar apoyo en una mesa puede ser un alivio, una manera de mostrar la llegada a una conclusión o esperar unas preguntas.

Puedes acompañar cada cambio de la dirección de la vista con unos pasos en esa nueva dirección a la que apuntas. Pero poder desplazarnos por un escenario es algo magnífico porque puede servirte para crear un espacio estructurado que enriquezca tu discurso. Para hablar de una trayectoria —por ejemplo, la de tu empresa— puedes empezar a hablar de los primeros pasos que dieron en un extremo del escenario; puedes ir avanzando poco a poco, señalar algún tropezón que encontraron —y que ahora puedes tratar de esquivar— o dar alguna zancada al narrar algún caso de éxito. No hace falta ser histriónico, pero si el negocio marchó muy bien, se comprendería en ese contexto que acabaras subiéndote a la silla y luego a la mesa.

Desplazarte por el escenario también te puede servir para fijar posiciones asociadas a tu discurso: puedes proponer una situación de partida —por ejemplo, en el extremo derecho del escenario—, llegar al momento de decisión —en el centro— y desde ahí indicar dos caminos posibles situados más a la izquierda del escenario. Puedes situarte en esos puntos y decir qué es lo que hace falta para llegar allí, con qué recursos y consecuencias para que el público opine. En ese momento tu público señalará uno u otro espacio de los que has creado en el escenario. Porque un escenario puede ser más grande y expresivo que un pizarrón. Y no te olvides de que sigues al otro lado del espejo.

También es cierto que, cuando hay nervios y no se controlan, puede aparecer un movimiento reiterado en uno de tus miembros: una mano que se mueve como si escondiera un cubilete a punto de tirar un dado o el tic tonto en una pierna que se mueve compulsivamente impulsada por un pie inquieto que no puede posar nunca el talón. Lo único que puedes hacer, si lo detectas, es no preocuparte y cambiarlo de posición: la mano, un rato al bolsillo; y el pie debe sentir cómo su talón se clava al suelo con tal fuerza que se sienta hasta en los cimientos del edificio. Es mejor parar y hablar tranquilamente que agitándose sin parar. Si te pasó y lo solucionaste, olvídalo: el tiempo corre a tu favor. Nadie se volverá a acordar de ese momento.

4.2.2. La voz. La herramienta esencial

Hay voces que enamoran y que convencen sin saber muy bien cómo lo están haciendo. Del mismo modo, esa voz hermosa puede aburrirte si no se utiliza bien. También hay voces que pueden no ser atractivas, pero consiguen atrapar a sus interlocutores. Por eso, no se trata de tener o no una voz que brille, sino de saber qué hacer con ella. Con tu voz te la juegas. Saber proyectar bien la voz es todo un arte al que te debes dedicar si vas a pasar mucho tiempo hablando en público.

4.2.2.a. Cuidados

Vayamos por el camino más corto: no fuerces tu voz. Algunas personas están dotadas de un chorro de voz que parece que lo único que no podrían hacer con ella es susurrar. Si no es tu caso, no te esfuerces porque no merece la pena: usa un micrófono. Esto te va a servir para ahorrarte un innecesario esfuerzo seguido de una irritación de garganta. Incluso las voces bien moduladas pueden no alcanzar la fuerza necesaria para llenar una sala. Para eso están los micrófonos. Además de los daños de la garganta, al forzar la voz tendemos a volverla más estridente, aguda y nasal, porque intentamos aprovechar todos nuestros recovecos naturales para que llegue más lejos. Y se consigue, pero a qué precio.

Lo que se espera de tu voz es que sea el soporte de las palabras: es el papel, la tipografía y los espacios del habla. Es imprescindible que no tiemble: eso son nervios y hay muchas trucos para superarlo. El principal es practicando, aprendiendo a respirar mientras se habla alto.

Agua, agua y más agua. Tienes que tener agua cerca, no porque tengas sed, sino porque la boca se seca por la sencilla razón de que hablar durante mucho tiempo significa ventilar constantemente esa zona húmeda. También los nervios contribuyen a que se seque, por lo que necesitas agua para recuperar la humedad. Si tu voz fuera una máquina, necesitaría lubricación constante; con la boca y la garganta secas se pronuncia peor, lo que lleva automáticamente a la irritación y a la consiguiente molestia que te entorpecerá tu discurso. Aprovecha las pausas para beber, y si no las hay, hazte una pregunta retórica: cualquiera puede entender ese silencio entre pregunta y respuesta, más cuando el ponente está dando un sorbo de agua. Ganas voz con el agua y generas tensión e interés con tu silencio.

4.2.2.b. Vocalización

Por eso, lo más importante es que vocalices bien. Del mismo modo que no quieres un texto con una tipografía borrosa, no quieres palabras mal pronunciadas en tu discurso: necesitas claridad en la pronunciación. La única manera de vocalizar bien es ejercitar todos los músculos que componen lo que podríamos llamar nuestro «aparato fonador»: nuestra boca, lengua, faringe, cuerdas vocales y diafragma, ese inmenso músculo que hace de fuelle y nos regala el aire de nuestros pulmones, aunque por lo general no le hacemos ni caso.

Solo a fuerza de practicar y practicar podemos adquirir mayor control sobre nuestros músculos, para que, llegado el momento, nos faciliten la precisión que necesitamos para que salga de nuestra boca el flujo de sonidos claros e independientes que aporten los matices que harán brillar nuestro discurso.

Los ejercicios de respiración y vocalización son esenciales para las personas que se ganan la vida a diario con su voz, como el profesorado y los actores. Aquí puedes encontrar una buena selección de ellos para empezar a practicar:

 https://goo.gl/d0nKNW

4.2.2.c. Tono y ritmo

Del mismo modo que en un documento usamos muchos recursos para destacar palabras —como todos los recursos diacríticos, estilos y espacios—, con la voz podemos aprovechar el tono y el ritmo.

El tono nos permite indicar una interrogación o una exclamación, pero también nos permite expresar duda o inquietud, por ejemplo, para reforzar la situación de la que se parte y a la que quizá tu mensaje quiera proponer una solución. La duda se muestra con un ritmo más lento y el tono sigue siendo bajo, pero con la suficiente fuerza como para que toda la audiencia (siempre piensa en las personas de las últimas filas) te escuche con claridad. Si necesitas imprimir firmeza para destacar tu propuesta, el ritmo es más ligero y el tono más fuerte. Y puedes resaltar una palabra clave subiendo el tono y pronunciar la palabra casi silabeándola. Si esto lo apoyas con tus manos, como si quisieras enmarcar esa palabra, el efecto habrá quedado claro.

También puedes utilizar pausas: el silencio es el espacio del papel. El silencio sirve, con toda claridad, para hacer una larga pausa que permita cambiar de tema, que se verá reforzada si comienzas tras esa pausa advirtiendo que comienza un nuevo punto. Pero también puede servir para cambiar el ritmo en tu discurso, por ejemplo, si vas creando tensión al ir sugiriendo tu propuesta o tus conclusiones y lanzas una pregunta a tu público, al que, antes de permitir que te responda o de responderte tú mismo, le haces esperar unos segundos: alimentarás la tensión y el interés por conocer la respuesta.

El tono y el ritmo, además del silencio, nos permiten enriquecer el significado de nuestro discurso. Subir o bajar el tono, combinado con acelerar o pausar el ritmo, puede aportarle una amplia gama de matices. Lo que nunca debes hacer es un discurso monótono, en el que apenas haya variaciones, como si de pronto decidieras leer el *Boletín Oficial del Estado* en voz alta. Pero tampoco es apetecible un discurso aburridamente previsible basado en estructuras repetitivas: el sistema pregunta-respuesta-pregunta-respuesta hará que tu audiencia empiece a tener una desagradable sensación de *déjà vu*. Así, los discursos en los mítines políticos o en la tribuna del Congreso tienden a malograr el interés que pudieran tener, ya que suelen repetir frases para marcar un ritmo cómodo, pero aburrido: «Los votantes me han pedido que no cambie los impuestos, y no los he cambiado. Los votantes me han pedido que hable en esta tribuna, y he hablado. Los ciudadanos me han pedido que...» y así pueden seguir indefinidamente. Las estructuras repetitivas son tan previsibles como aburridas: tu público se distraerá enseguida.

4.2.2.d. Miedos, tics y coletillas

Equivocarse es lo normal. Piensa que vives en un planeta donde si la vida existe es gracias a los millones de errores previos. Aquello de «El fracaso no es una opción» tenía sentido para salvar la vida de los tripulantes del Apolo XIII, pero no es aplicable a una presentación en público. Piensa que si para elaborar bien tu mensaje has necesitado tiempo para seguir la guía de redacción, has hecho borradores, has editado y revisado y reestructurado, lo lógico es que te concedas un tiempo similar para que tu exposición ante el público salga igual de bien. Por eso tienes que hacer *borradores* de tu presentación: ensaya y ensaya hasta que te salga bien.

Si tienes nervios, es porque tienes miedo, y el miedo proviene de anticiparse a un futuro fracaso. Estoy seguro de que no deseas fracasar, pero si piensas que te va a salir mal, se deberá a que no has previsto cómo vas a acabar ni cómo se va a desarrollar tu presentación. Si supieras de antemano que te va a salir bien porque vas a saber qué hacer en cada momento —solo tienes que seguir unos pasos ya predefinidos—, es más que probable que el miedo se disipe.

Ensayar y corregir es la única manera de conseguir que todo te salga bien.

■ 4.3. Un poco de práctica

En tu presentación, el público te va a observar. Va a centrarse en tus puntos en movimiento. Compruébalo cuando asistas a una presentación. También puedes acudir —gratuitamente— a una de las mejores escuelas de oradores: los *TED talks* en YouTube. Empieza a fijarte en estos oradores para descubrir cómo se mueven, qué hacen las manos y los brazos mientras hablan, o localiza errores que tú no quieres cometer. Y anótalo, porque estarás tomando apuntes en las mejores clases prácticas.

Te invito a empezar con esta charla de Laura García:

 https://goo.gl/ztvyxC

4.3.1. Cómo ensayar ante un video

Cualquier *smartphone* es una cámara de video. No tienes excusa para no ponerte a prueba. Elige una sala para practicar —una habitación de tu casa basta— y delimita un escenario. Piensa en dónde está el público, dónde está tu computadora, dónde la pantalla, dónde el pizarrón... Aunque solo sea una mera representación, como un teatrillo casero, necesitas acostumbrarte y practicar. Con tu escenario listo y tu discurso, prueba a grabarte. No hace falta la máxima calidad ni que te grabes todo el discurso. Empieza con solo cinco minutos. Tienes que empezar a descubrir cómo te mueves.

Sitúa la cámara a la suficiente distancia de manera que puedas registrar tu movimiento y —a pesar de la mala calidad de audio de nuestras cámaras— también tu voz.

Te recomiendo realizar esta práctica para después no llevarte sorpresas. Qué bien me habría venido a mí hace muchos años, cuando un amigo me grabó en una de mis primeras apariciones en público con su videocámara; solo después descubrí que me comportaba como un predicador agarrado al atril como un náufrago. Es necesario verse. Además, va a ser divertido.

4.3.2. Qué valorar en un video

Para ensayar y mejorar tu presentación, estos son los puntos en los que tienes que fijarte cuando te veas en acción en un video.

Responde a las siguientes preguntas sobre tu guion, en la columna de **Apuntes,** para ir anotando tus errores y tus mejoras. Antes del siguiente ensayo, fíjate bien en las modificaciones que has añadido.

▶ **Sobre el mensaje y los recursos**

- El contenido y los tiempos: ¿Has conseguido ajustarte al tiempo propuesto o necesitas sintetizar?
- Tu presentación: ¿Las imágenes y transiciones se cargan bien y se ven bien o hay retrasos? ¿Se aprecia la línea de estilo? Si has ido añadiendo modificaciones, ¿siguen valiendo las imágenes que usaste como primera elección?
- Recursos extra: ¿Tienes a tu alcance todo lo que necesitas? ¿Te hacen falta otros documentos que mostrar en pantalla? ¿Has tardado mucho en encontrarlos o los tenías todos reunidos en un único directorio al que acceder rápidamente? ¿Realmente necesitas un pizarrón o te bas-

ta con tener abierto un archivo de Word, Excel o Power-Point para escribir o pintar sobre él?

▶ **Sobre la expresividad de tu cuerpo**

- Tu cuerpo: ¿Tu cabeza y tu mirada han ido recorriendo paulatinamente todo el auditorio? ¿Ves movimientos forzados?

- ¿Tus manos y tus brazos han aportado matices o solo han colgado de los hombros o se han escondido en algún bolsillo?

- Y tus pies y piernas, ¿han recorrido y delimitado espacios en el escenario?

> **Un truco:** Prueba ahora a ver de nuevo esta grabación, pero aumenta la velocidad para verlo ligeramente más acelerado. Puede que descubras con mucha más claridad tus tics, gestos o movimientos repetitivos.

▶ **Sobre tu voz y tu expresión**

- Tu voz:
  - ¡Agua! Anota en los apuntes cuándo se te empieza a secar la boca o la garganta para indicar en qué momento del discurso debes incorporar la pregunta retórica *hidratante*.
  - ¿Se te oye bien a media distancia? Recuerda que no debes forzar la voz.
  - ¿Respiras bien? ¿Has hecho los ejercicios de respiración?
  - Vocalización: ¿Pronuncias correctamente todas las palabras? ¿Se trata de que practiques tus ejercicios algo más o ha llegado el momento de suprimir alguna palabra innecesaria demasiado compleja por otra más sencilla?

- Tu expresión:
  - Tono y ritmo: ¿Modulas bien la voz para realzar los matices o tiendes a la monotonía y previsibilidad?
  - ¿Te resulta cómodo expresarte de ese modo o necesitas simplificar las frases? ¿Hay demasiadas frases subordinadas? ¿En algún momento te has salido del registro y formalidad que se esperaba?

■ 4.4. Lista de chequeo antes de lanzarse al público

Te propongo que revises esta lista de preguntas que debes responder antes de salir. Hace tiempo me di cuenta de que estaba tan concentrado en lo que quería decir que se me olvidaban detalles tan importantes como mi charla, ponencia o discurso. Por eso me preparé una lista de chequeo —que he ido ampliando con los años— con todas las cuestiones que no debo pasar por alto. Puede que algunas no tengan sentido —ahora—, por lo que puedes ignorarlas, pero tenlas en cuenta en un futuro, porque tu imagen y la de tu empresa pueden salir revitalizadas precisamente por tener todo en orden, listo y claro. La exposición que vas a hacer no es más que el eje en torno al que gira todo lo demás. Tu mensaje y tu manera de transmitirlo son esenciales, pero no te olvides del resto. Ahora, responde estas preguntas.

4.4.1. El lugar. Dónde, cuándo y cómo

¿Tienes la **dirección** exacta? Además de la dirección, ¿dónde es exactamente? Si acudes, por ejemplo, a la Feria Internacional del Libro de Fráncfort, tienes que saber que hay hasta cuatro accesos, once pabellones y varios de ellos con cuatro pisos. Por eso, la dirección física no basta: tienes que conocer la **ubicación específica** de tu espacio en ese recinto. Si puedes visitarlo con antelación, mejor. Si no, *acércate* virtualmente con Google View para disipar dudas o, precisamente, para resolverlas con antelación.

¿Se precisa alguna **identificación** para acceder al recinto? ¿Hay que registrarse allí? ¿Te han enviado algún tipo de invitación, gafete o autorización?

¿Sabes **a qué hora** te toca salir ante el público? Cuidado con los horarios, sobre todo con los cambios de huso horario en cuanto sales de tu país, pero también por las distancias. Siguiendo el mismo ejemplo de antes, en la misma Feria de Fráncfort puede tomarte entre cinco y quince minutos desplazarse de un pabellón a otro.

¿Cómo te vas a **desplazar** hasta allí? Tienes que saber cuánto tiempo puede tomarte llegar desde tu alojamiento según te desplaces en transporte privado o público o andando. Y considera si el momento de tu presentación coincide con los días o las franjas horarias de mayor colapso circulatorio en ese lugar. No puedes llegar tarde, sudando o corriendo sin que te falte el aliento.

4.4.2. Su documentación, por favor

Tienes que saber cómo la llevarás. Ten en cuenta estas cuatro cuestiones:

❶ La presentación. Seguro que llevas tu presentación, pero ¿en qué soporte? Un USB está muy bien, pero deja una copia en la nube y envíate otra copia por correo. De ese modo —siempre que dispongas de wifi— podrás acceder a tu archivo. ¿Qué programa y en qué versión usarás? Vigila si es compatible con el equipo que te ofrece la organización. Podrás verlo en esta sección bajo el apartado Recursos.

❷ Materiales extra. Además de la presentación, ¿tienes que llevar materiales extra? Puede que quieras que tu público tenga una copia de la documentación o de los datos en los que te basas para tu charla, o puede que requieras ejercicios prácticos, datos, un test, etc. ¿Quieres que tu audiencia acceda a esa documentación? ¿Has creado un espacio en la nube de solo lectura? ¿Vas a copiarles un enlace en la pantalla con un acortador de direcciones —www.bit.ly o goo.gl— o les envías un enlace a sus correos? ¿Tienes o tendrás sus correos? ¿Has pensado en cómo los vas a conseguir?

❸ Impresos. Si vas a repartir documentación impresa, ¿la llevarás ya contigo o la imprimirán en el lugar de la charla? ¿Con cuánta antelación se la vas a enviar? ¿Supone un costo adicional para ti o la organización? ¿Cuántos ejemplares se precisan?

❹ Material promocional. Si vas a representar a tu empresa, a tu producto, a tu proyecto, ¿llevarás material promocional? Siempre es una buena ocasión para promocionarse. No te olvides de llevar folletos corporativos, catálogos, regalos promocionales, y por supuesto, tus tarjetas. Si tu charla es un éxito, seguramente acudirán varias personas a preguntarte sobre algún detalle de tu ponencia, a saludarte, a felicitarte o a compartir algún otro punto de vista; es un buen momento para que se lleven tu material promocional.

4.4.3. Recursos

Ante todo, ¿sabes quién es la **persona responsable** de los equipos y conexiones, o a quién pedir ayuda para comprobarlo todo antes de que pueda salir algo mal? Es imprescindible que sepas además si es esa persona quien controla las **luces** y la **temperatura** del lugar, los controles de la subida y bajada de pantalla, la activación de pizarrón digital, o si debes encargarte tú. Asegúrate también de tener **agua** a tu disposición, porque la vas a necesitar. Aunque dependa de la organización, yo suelo llevar mi propia botella por si a última hora hubiera un despiste con ese detalle esencial.

Tienes que conocer el espacio: ¿estarás **de pie** o **sentado**? ¿Necesitas **mesa** o **atril**?

¿Vas a usar tu propia **computadora** o una de la organización? ¿Es necesario que usen el mismo sistema operativo? ¿Tiene el **programa** y **versión** que necesitas?

¿Usarás **videoproyector**? ¿Sabes conectarlo a tu equipo? Procura disponer de conexiones auxiliares, por ejemplo, para los equipos Apple, ya que no siempre son todos compatibles. ¿Sabes mostrar tu imagen en pantalla? En Windows, la combinación de las teclas Windows + P te permite elegir entre las opciones de DUPLICAR LA PANTALLA (para que tu público y tú vean lo mismo), y PANTALLA EXTENDIDA, donde tu monitor y lo que proyecta el videoproyector son dos escritorios distintos, de modo que puedes hacer que tu público vea algo mientras tú usas la otra pantalla para comprobar datos, revisar el listado de participantes, ver el guion de tu discurso o tener las respuestas a las preguntas que lanzas, por ejemplo.

¿Se proyecta en **pantalla** o en **pizarrón**? ¿Necesitas escribir sobre esa superficie? Piensa que, siempre que se proyecte sobre una superficie brillante que no sea una pantalla antirreflectante, la potente luz del videoproyector se reflejará y molestará al público: lo verás en sus caras.

¿El **tamaño de la imagen** es el adecuado? ¿Lo podrán ver desde las últimas filas? ¿Y la **luminosidad** es la adecuada? El tamaño puede ser correcto, pero puede no llegar a verse bien porque el videoproyector no tiene suficiente potencia o porque hay luces de la sala que atenúan lo que se ve en la pantalla.

¿Con qué te vas a desplazar por la pantalla? ¿Dispones de un **mando inalámbrico** para pasar las diapositivas o no lo necesitas? ¿Necesitas **puntero láser** o te basta tu **ratón**? ¿Necesitas un ratón con zum incorporado para ampliar un elemento destacado de la pantalla?

¿Vas a usar **pizarrón digital**? ¿Sabes usarla? ¿Conoces las funciones de las que dispone? ¿Necesitas una instalación previa en tu computadora para controlarla?

¿Necesitas **pizarrón blanco** o un papelógrafo o **rotafolio** —un bloc de papel de tamaño A1 sujeto en un trípode—? Lo que escribas en el pi-zarrón se acabará borrando; lo que quede en el rotafolio permanece. Decide si pueden quedarse tus textos en el rotafolio o deben eliminar-se cuando termines tu charla. Comprueba que el pizarrón o rotafolio tengan buena sujeción. Se suelen presentar sobre un trípode, lo que puede ser suficientemente resistente... o no. Compruébalo. ¿Tienen **rotuladores** para esos soportes? Comprueba que los rotuladores que uses son de tinta borrable, porque si fueran de tinta indeleble se estro-pearía el pizarrón. Recuerda no escribir nunca sobre la pantalla don-de se proyecta tu presentación, a no ser que sea un pizarrón. Como consejo personal, te recomiendo que siempre te lleves tu propio par de rotuladores de dos colores para evitar sorpresas de última hora.

Si tienes que escribir en pantalla, cuida tu **caligrafía**. Como cada vez se escribe peor, una buena caligrafía, con trazos bien reconocibles, se valora cada vez más. Escribe con letras bien grandes para que lo vean hasta en la última fila.

¿Necesitas **sonido**? Comprueba las conexiones con tu computadora y si la calidad del sonido es la que esperas.

¿Necesitas **micrófono**? Si es de mano, comprueba que funcione y prueba la distancia óptima en la que se te oye con claridad y la dis-tancia en la que se te empieza a oír mal. Si es de corbata, haz pruebas igualmente; y tanto con uno como con otro debes conseguir desplazarte con comodidad. En su mayoría suelen ser inalámbricos, pero aun así llevan cables que no te deben molestar en tu discurso. Comprueba que el micrófono se apaga cuando terminas, más aún si es de corbata, porque aunque salgas del escenario tu público va a seguir oyéndote. Cuidado con lo que dices. En todos los congresos suele haber anécdotas —para recordar y para olvidar— por este descuido.

Si no vas a usar micro, comprueba que tu voz llega alta y clara hasta el final.

¿Hay conexión a **internet**? ¿Cable, wifi? ¿Tienes los permisos o datos de acceso? ¿Tu público también lo necesita y tiene acceso?

¿Tu público necesita un **soporte para escribir,** como sillas con paleta o mesas? ¿Tu audiencia necesita **computadoras** ya instaladas o pueden usar las suyas? ¿De qué tipo? ¿Tienen esos equipos los programas y versiones que necesitas para tu exposición? ¿Tienen tus archivos a su disposición a través de una nube, un directorio compartido u otro método? Por el buen éxito de tu presentación, es imprescindible que compruebes que todo funciona con bastante antelación, incluso cosas tan sencillas como que todas las computadoras tienen sus teclados y sus ratones... y que funcionan.

¿Vas a contar con un **intérprete**? Si te diriges a un público de idiomas distintos al tuyo es muy probable que cuentes con un intérprete. Para facilitarle su trabajo y que tu mensaje llegue mejor, ayuda a ese profesional: ahora más que nunca, utiliza construcciones sencillas, nada de lenguaje coloquial, ni frases hechas ni muletillas. Y agradécele su trabajo porque será su voz la que escuchen, no la tuya.

¿Te están grabando en **video**? Averigua cuáles son los límites cuando te desplaces por el escenario para que no te salgas del encuadre. Y vigila el suelo para asegurarte de que nada te impida desplazarte sin tropiezos.

Un **reloj** es esencial. Si no dispones de uno en la sala, lleva tú el tuyo. Tu propio *smartphone,* en silencio, puede servirte para cronometrarte. El control del tiempo es esencial, pero disimula para que tu público no vea que te distraes mirando la hora. Si ajustamos el guion a unos tiempos determinados, tanto en el ensayo como en la presentación tendrás que acostumbrate a seguir el ritmo que te hayas marcado en tu reloj.

4.4.4. El lado humano

El objetivo de tu comunicación es conocer la respuesta de tu público: las personas que te leen y, en este caso, las que te escuchan. En tu exposición tienes la mejor oportunidad para conocer de primera mano qué les ha parecido: si te han comprendido, si has conseguido tu objetivo, o si hay críticas y sugerencias prácticas para mofificar y mejorar tu mensaje.

4.4.4.a. Relaciones

Antes de acudir a tu presentación, puedes informarte de qué personas van a acudir al auditorio. Prepárate un listado de aquellas con las que consideres esencial entrar en contacto. De este modo podrás presentar tu charla como si te dirigieras especialmente a estas personas —acuérdate de que tienes que mirar a tu público, y estos son el mejor objetivo—. Así puedes observar sus reacciones para sacar aún más provecho a tu charla.

En el momento en que toda tu audiencia te ha conocido, puede ser una buena ocasión para cumplir tu meta: nuevos contactos que pueden suponer nuevos colaboradores, clientes o amistades. Por eso es esencial que siempre dejes tus tarjetas de contacto en la mesa donde expones, así como materiales de promoción, un extracto de tu documento, un folleto de tu empresa, una presentación de tu proyecto, ¡hasta un regalo sencillo que siempre deja buen recuerdo!

Es el momento clave de toda comunicación: la respuesta de los que te han escuchado. Atiende y agradece a cada persona que se te acerque para pedirte información o para felicitarte por tu charla. Y prepárate para recibir críticas, no solo las positivas. Todo cambio te ayudará a mejorar tu comunicación.

4.4.4.b. Preguntas

Una parte de tu discurso estará dedicado a las preguntas y respuestas. Este es uno de los momentos más delicados, pues entras en un terreno que no has ensayado y requiere de todas tus habilidades para conseguir aún más éxito destacando tu lado humano. Si no hay quien modere tu presentación, caerá bajo tu responsabilidad conducir este espacio. Debes conseguir encauzar las preguntas, controlar los tiempos, evitar polémicas y cuidar a tu público.

El sistema de preguntas y respuestas puede ser directo o indirecto. Indirecto es el método por el que las preguntas te llegarán escritas, bien porque te las recopile la organización del auditorio o por un canal digital (chat, Twitter, etc.). Aquí tienes un control total, pues puedes elegir qué preguntas responder —incluso incluir alguna pregunta que quieras usar para destacar algún punto que consideres relevante—, aunque es más frío, ya que no hay diálogo con la persona que te ha preguntado. El sistema directo es cara a cara, lo que te permite conocer a la persona que te pregunta —lo lógico es que se presente y, si no lo hace, pídeselo tú—. También te servirá para conocer qué tono utiliza y qué intención tiene. La mayoría de las preguntas suelen responder a la necesidad de profundizar algo más en algún aspecto de tu discurso, por lo que tendrás que valorar hasta qué punto puedes extenderte con una disertación más extensa, ya que no puedes apropiarte del tiempo de las preguntas en tu beneficio. En estos casos, basta con advertir de que la respuesta puede ser más extensa del tiempo del que dispones, facilitar el recurso o la bibliografía donde conseguirla, o explicar que cuando termine la sesión pueden tratarla aparte.

Otras personas pueden querer puntualizar y aportar algo más a tu charla, lo que siempre se debe agradecer, pues entre tu público puedes contar con otros expertos que refuercen tu punto de vista. Y otras quizá quieran aprovechar ese momento para debatir o contar su particular visión, tenga que ver o no con el asunto que tratas. La única respuesta es sentido común y educación. Si no es momento para el debate, no hay que discutir. Toda propuesta que se vaya a exceder en el tiempo acordado debes acotarla. Puedes ofrecer tus datos para que contacten contigo por si quieren discutir más extensamente después, pero no robarle el tiempo de las preguntas al resto de las personas interesadas.

4.4.4.c. Agradecimientos

Para que hayas podido asistir habrás contado con el equipo de profesionales encargados de facilitarte todos tus recursos. Lleva anotado sus nombres, localízalos y agradécelo en persona.

GUÍA ANTES DE HABLAR EN PÚBLICO

Lugar

• Dirección completa _____

_____

• Ubicación del espacio de la charla _____

_____

• Hora _____

• Medios de transporte y acceso _____

_____

• Identificación requerida para el acceso

Documentación

• Copia de la presentación:
  ☐ USB ☐ Correo ☐ Nube

• Materiales extra:
  ☐ Espacio web/nube ☐ Se enviará por correo

• Impresos:
  ☐ Número de copias
  ☐ Impresión a cargo de a)propia b)organización

• Material promocional:
  ☐ Folletos ☐ Catálogos ☐ Tarjetas ☐ Otros

Recursos

- Contacto:
  Nombre, cargo, correo, teléfono _____
  _____
  _____
  _____

- Responsable de equipos y recursos:
  Nombre, cargo, correo, teléfono _____
  _____
  _____

- Equipo:
  ☐ propio ☐ de la organización
  ☐ tiene todos los programas y versiones

- Conexiones de tu computadora:
  ☐ pantalla ☐ sonido ☐ red

- Comprobar luces y otra botonería

- Comprobar temperatura

- Comprobar que tienes suficente agua

- Localizar reloj bien visible

- Darás la charla:
  ☐ de pie ☐ sentado

- Necesitas:
  ☐ mesa ☐ atril

- Videoproyector:
  ☐ comprobar tipo de conexión
  ☐ duplicar imagen o pantalla extendida
  ☐ comprobar tamaño de la imagen y luminosidad
  ☐ comprobar ausencia de reflejo y brillo para público

- Soporte de explicación

  ☐ pantalla: nunca escribas sobre una pantalla
  ☐ pizarrón digital: comprueba drivers
  ☐ pizarrón blanco: comprueba que haya rotuladores específicos y de varios colores en buen estado y borrador
  ☐ rotafolio: comprueba que haya rotuladores de varios colores en buen estado

- Otros elementos para la presentación:

  ☐ mando inalámbrico ☐ puntero láser

- Sonido

  ☐ prueba de sonido de tu computadora ☐ prueba de micro

- Comprobar acceso a la red

- Comprobar recepción de intérprete

- Tu público necesita:

  ☐ computadora ☐ programa y versión ☐ acceso wifi
  ☐ materiales en carpetas compartidas
  ☐ soporte para escribir: sillas o mesas
  ☐ distribuir tus materiales impresos

El lado humano

- Relaciones

  ☐ listado de público, asistentes o alumnos
  ☐ lista de personas para contactar
  ☐ lista de agradecimiento
  ☐ tarjetas para repartir

- Preguntas

  ☐ espacio para preguntar *online* ☐ en papel

- Recuerdo posterior

  ☐ listado de sugerencias ☐ conclusiones
  ☐ contactos y tarjetas

PASO 5. REVISAR Y ESCRIBIR Y REVISAR

¿Has terminado de redactar? Bienvenido al principio del trabajo.

Cuando uno llega al final del texto y podría poner lo que en otro contexto sería la palabra *FIN*, es cuando empieza el trabajo de verdad: la revisión del texto.

> La revisión no es una reescritura, sino una lectura crítica.

Como decimos en el destacado, la revisión no es una reescritura, sino que más bien es una lectura; mejor dicho una lectura crítica del trabajo realizado.

Muchas personas de las que tienen que redactar ocasionalmente pasan por alto esta fase de la revisión, cuando es tan importante que puede determinar la calidad de la comunicación.

Y aunque creamos que hemos hecho una revisión a nuestro texto, lo más seguro es que dejemos alguna corrección por hacer. De hecho, es lo más frecuente. ¿Quién no ha creído tener un texto terminado, revisado y *perfecto* y lo ha pasado a un compañero que, sin el menor esfuerzo, ha enumerado unos cuantos errores?

Son esos errores que resultan invisibles para el autor, pero para nadie más. Ese acento cuya ausencia no advertimos por más veces que leamos la palabra. Incluso esa palabra ausente que nuestra mente nos sirve durante la lectura como si realmente formara parte del texto.

Y esas frases que creíamos completas y llenas de sentido y de lógica, frases que creíamos redondas, simplemente geniales..., pues no lo serán tanto cuando el primero que tiene ocasión de posar sus ojos en ella lo tiene que hacer por más tiempo y más veces de la cuenta hasta que logra atisbar, allá a lo lejos, qué carámbanos queríamos decir. Su mirada, a veces lastimera y a veces asombrada, pero siempre suplicante de una explicación, nos tira abajo todo lo que habíamos dado por bueno acerca de nuestro escrito.

Y la coma, bueno, las comas son un mundo aparte, porque, como ya hemos contado en el Paso 2 de esta guía, las hay obligatorias y las hay prohibidas, pero también las hay (y no pocas) que obedecen a cuestiones de estilo, de ritmo, de musicalidad del texto. Y luego están las que ni una cosa ni otra, sino todo lo contrario, esto es, las que puestas aquí o allá pueden cambiar por completo el sentido de la frase.

Bien conocida es la anécdota en la que un rey debía firmar la sentencia de un reo en la que se podía leer: «Perdón imposible, que cumpla su condena». El rey, administrando la justicia a su modo, cambió la coma de sitio y la sentencia quedo así: «Perdón, imposible que cumpla su condena».

De este modo, la misma coma que podía haber metido al reo entre rejas o, peor aún, que lo habría llevado al cadalso, puesta en otro lugar le concedió la libertad.

Los signos de puntuación, resulta obvio, son el elemento con el que se da textura y firmeza al texto; resulta indispensable, por tanto, hacer un repaso exhaustivo de su buen uso en esta fase de la construcción de un texto.

Cuando has terminado tu escrito, el trabajo solo acaba de comenzar. Es la hora de revisar lo redactado. Antes de dar por terminado el trabajo, somételo a todo tipo de pruebas, y procura ser duro y exigente contigo mismo, pues tus lectores, tu público, que no te debe nada, no lo será menos. Adelántate a ellos.

Antes de enviar una carta, léela como si la hubieras recibido tú. En otras palabras, antes de dirigirte a tu público, dirígete a ti mismo.

Del mismo modo que no concebimos que un automóvil pueda tener más o menos piezas de las que estrictamente necesita para su funcionamiento, no debemos dar por bueno un texto que pueda tener más o menos elementos de los que necesita para ser comprendido en su totalidad.

Te propongo un ejercicio muy sencillo. Escribe una frase que contenga una coma (y no una coma incorrecta, claro), de tal manera que, con solo cambiar la coma de lugar, la frase cambie de significado.

_____

_____

_____

_____

_____

_____

_____

■ 5.1. ¿Qué se revisa? Aprender a usar la guía

Aunque parezca una obviedad, vamos a revisarlo todo. Ni más ni menos que eso: todo.

Pero vamos a hacerlo de un modo organizado.

Vamos a revisar las ideas, su cantidad, su calidad, la relación que hemos establecido entre ellas, su jerarquía...

Repasaremos el mapa de cuestiones que usamos para extraer la información necesaria para redactar nuestro texto. Es preciso asegurarse de que todas las cuestiones importantes son nítidamente visibles para cualquier lector.

En definitiva, haremos todo lo posible y lo imposible por alcanzar la mejor versión de nuestro texto, considerando en cada ocasión los distintos elementos que lo compongan y las distintas circunstancias en las que se tiene que desarrollar.

Esta guía te va a abrir los ojos a una mirada especial sobre el lenguaje escrito, y ya no volverás a escribir como lo hacías antes de leerla.

LA GUÍA

❶ A lo largo de esta revisión vamos a asegurarnos de cumplir con unos mínimos de **claridad** en el mensaje. Como ya hemos apuntado en el Paso 1, nuestros textos no solo son textos, sino que también nos representan, son nuestra tarjeta de visita y, en consecuencia, también lo son de la marca a la que representamos, tanto si somos nosotros mismos como si es la empresa para la que trabajamos. Por lo tanto, no podemos permitirnos emitir una imagen inacabada o poco clara.

❷ Una vez que nos hayamos asegurado de que **lo que queríamos decir** está presente o representado en el texto, vamos a hacer un repaso exhaustivo al apartado formal del texto. Ahora tenemos que asegurarnos de que lo que está presente en el texto sea entendido de forma inequívoca por todo el mundo. Para ello tendremos que mirar el texto con otros ojos, intentando con ello acercarnos a la manera en que lo mirarán esos otros ojos para los que está escrito.

❸ En la revisión formal vamos a rastrear y perseguir a los **sospechosos habituales,** vamos a detectar y eliminar errores frecuentes, vamos a aprender a seguir la pista a los que juegan a ser invisibles. En fin, vamos a garantizar a nuestros lectores que nuestro texto cumple con su parte del contrato, y, por tanto, será un contrato que el lector querrá cumplir también.

❹ No solo vamos a perseguir los **errores** ortográficos, tipográficos o gramaticales, sino que también vamos a revisar todo lo referente al estilo. En primer lugar, para que se entienda lo que decimos, y en segundo lugar, para considerar si hemos utilizado la forma óptima de decirlo o aún se puede mejorar lo que tenemos.

❺ Vamos a revisar las **estructuras.** El contenedor de nuestra comunicación, y las correspondientes divisiones en contenedores más pequeños (los párrafos), y sus subdivisiones (las oraciones)..., todo ello debe formar un conjunto armónico y coherente. Pero no solo eso, además, debe presentar un tono uniforme, positivo, activo, abierto, asequible, didáctico.

6 Vamos a revisar la forma en que hemos dispuesto esas **estructuras superpuestas** hasta armar el texto final. Revisaremos si hemos utilizado (y aprovechado) alguna de las estructuras propuestas a lo largo de esta guía o si, por el contrario, la ocasión merecía otra estructura más apropiada.

7 Vamos a buscar **redundancias** y pleonasmos; muletillas y clichés; comodines y palabras vacías, genéricas o ambiguas; palabras abstractas y palabras complejas...; y, en fin, todo aquello que complique, siquiera mínimamente, la facilidad de lectura y de comprensión del texto.

8 Una vez que tengamos todo esto, revisaremos **el tono y el registro lingüístico** que hemos utilizado y comprobaremos si se ajusta al objetivo que perseguíamos con el texto, pero también si se ajusta a la audiencia, a la ocasión, al formato en que vamos a emitir el texto.

9 Vamos a considerar también si el texto presenta algún punto de **ruptura del hilo discursivo**. Puede ocurrir que, a pesar de todos nuestros esfuerzos por componer el mejor texto posible, se nos escape algún pequeño detalle que suponga un parón en la lectura o en la exposición oral de nuestro comunicado. Veremos alguna técnica que nos prevendrá sobre este tipo de incidencias.

10 Repasaremos también la **neutralidad** del lenguaje empleado. Deberemos considerar todas las posibilidades que tenga nuestro texto de ser leído o escuchado por personas que usan diferentes variantes del español. Esto marcará qué deberemos hacer en cada caso.

⑪ Y no solo eso, también deberemos repasar si hemos utilizado un lenguaje apropiado, sin las estridencias del **lenguaje sexista o peyorativo.**

⑫ Y, finalmente, comprobaremos la composición de todos los elementos que hayamos tenido en cuenta para armar nuestro texto. Si hay **imágenes,** el equilibrio entre estas y el texto. Revisaremos la relación entre **texto** y **espacio en blanco.** Una vez encontrada la mejor combinación posible, echaremos un nuevo vistazo al impacto que sobre el lector puedan tener los diferentes resaltes tipográficos que hayamos usado al redactar.

■ 5.2. Cómo revisar ideas

Revisa las respuestas a las preguntas que has formulado al texto para determinar cuál debía ser su contenido. Revisa particularmente el *qué,* revisa el *para qué* y revisa el *para quién.*

No confíes nunca en que el lector sepa tanto como tú del tema del que estás hablando. Puede que eso sea así en determinadas condiciones, pero no olvides que, si ha recaído sobre ti el encargo o la responsabilidad de escribir un texto es porque tienes algo que aportar, porque tienes algo de lo que informar.

Un buen método para revisar ideas es crear un contenedor para cada una de ellas. Repasa tus apuntes, y encierra en una sola frase cada una de las ideas que has generado para dar respuesta a las preguntas esenciales que formulaste para indagar acerca de lo que nutriría tu texto.

Coloca ahora esas frases resumen encima del fragmento del texto que contenga la ampliación de ese resumen. Este ejercicio de revisión te mostrará con claridad qué fragmento pertenece y obedece a cada una de las preguntas de partida, y cuál no. Gracias a ello podrás recolocar cada texto donde, por su naturaleza, le corresponda.

De este ejercicio, es muy probable —y deseable— que salga alguna que otra corrección y mejora. No te desesperes, porque un texto nunca está terminado; siempre es susceptible de ser mejorado. Hay que aprender a convivir con esto para relativizar un poco las decisiones que tomemos al respecto.

Y, a menos que sea imperativo, destierra de tu escrito todo lo que huela a opinión personal que se haya podido infiltrar en tu discurso. Pues cuanto más objetivo es este, más creíble resulta.

Si tu texto es de carácter expositivo —es decir, si contiene y presenta una información o una teoría respaldada por argumentos y ejemplos, y cuya misión es, no solo informar, sino además profundizar en una cuestión, describiendo y explicando modelos, estructuras o procesos—, el orden y la disposición de las ideas con las que estás trabajando, en el caso de los escritos más complejos, debería parecerse a este planteamiento:

> — Introducción y contextualización general
> — Exposición del tema principal
> — Contextualización específica
> — Exposición de argumentos y ejemplos
> — Información adicional y referencias
> — Conclusión

Si tu texto es más bien de carácter funcional —por ejemplo, el manual o las instrucciones de configuración y funcionamiento de un dispositivo o de una solución informática, o el manual de procedimientos internos de tu departamento— aunque este tipo de textos está bastante estandarizado, tu escrito responderá más bien al siguiente esquema:

> — Presentación de características principales
> — Presentación de funciones
> — Repaso individual de cada apartado principal
> — Recomendaciones y advertencias
> — Información de contacto

Para textos de carácter más abierto y de objetivos múltiples o más indefinidos, deberemos tener en cuenta una estructura más abierta que dé cobertura a todas las variables posibles:

— Introducción y contextualización general
— Contextualización específica
— Presentación detallada de lo que se anuncia o se comunica
— Argumentos, explicaciones
— Recordatorios, sugerencias y ofrecimientos
— Información de contacto

Si tu texto tiene un objetivo publicitario, el orden y la jerarquía de las ideas puede presentar importantes variaciones. En este tipo de textos se pretende conseguir una respuesta del lector, de la audiencia; y para conseguirla se apela a su intelecto y, especialmente, a sus emociones. Existen tantas formas de establecer el orden de las ideas como variedades hay de objetivos que conseguir, por lo que no vamos a ofrecer aquí una guía sobre escritura publicitaria. Por eso y porque ese tema es materia amplia que requiere una profundización que nos aleja del tema principal de esta guía. Nos remitimos al breve apunte que hemos hecho acerca del *storytelling* al final del Paso 2 de esta guía.

Además de los consejos que podamos ofrecerte en esta guía, es interesante contar con cierto grado de intuición. Intenta empatizar con quien te leerá o te escuchará, y lee o escucha tu propio texto.

5.2.1. Divide y verás

Una vez hayas completado este proceso de análisis de tus ideas, habrá ocasiones en que, en función de la complejidad del texto, de su extensión y de sus objetivos, pueda ser recomendable hacer un nuevo análisis.

Intenta mostrar tu texto de forma esquemática, resumido en unas pocas frases que recojan las ideas principales. Este ejercicio busca proporcionarte un mapa de ideas del texto. El grado de dificultad que encuentres al resumir tu propio texto es equiparable al grado de dificultad que encontrará tu audiencia para entenderlo.

Esta especie de vista cenital de tu escrito te permitirá valorar si lo que vas a ofrecer a tus lectores es un conjunto compensado o si has dedicado demasiado texto a un punto y lo has escatimado en otro.

■ 5.3. Cómo revisar estructuras

5.3.1. La organización de la información en pirámide

Si tu texto es de los que se ajustan a cualquiera de las estructuras que hemos visto en el Paso 2 (págs. 131-136 de esta guía), a saber: pirámide invertida, diamante de Bradshaw o pirámide tumbada; entonces tienes la misión de verificar esa estructura, y no porque tenga que ser exactamente como propone cada modelo, sino para que te asegures de que aprovechas lo bueno de cada estructura, en particular, todo lo que te permita reproducir el mejor orden posible para alcanzar de manera efectiva los objetivos principales de tu escrito.

5.3.2. La claridad de la relación entre las ideas y sus transiciones

Comprueba que no tienes en tu texto frases tan enrevesadas que haya que leerlas dos veces. Por ejemplo: «Se han publicado diversos informes sobre la salud financiera de la compañía a través de la prensa especializada y en los medios del sector en los últimos días». Podías haber dicho, de forma mucho más clara, algo así: «La prensa especializada y los medios del sector han publicado, en los últimos días, diversos informes sobre la salud financiera de la empresa».

Un pequeño truco retórico para que el mensaje llegue nítido e inequívoco hasta el lector consiste en colocar un sujeto en cada frase. Sobre este sujeto recaerá la responsabilidad de actuar conforme a lo que indique el verbo. Esto desterrará para siempre esas oraciones en las que parece que nadie es el responsable de lo que se está comunicando.

Cuando decimos «Esta medida se ha adoptado debido a que se ha detectado la necesidad de...», estamos interponiendo una barrera entre el actor real de las acciones descritas y quienes nos están leyendo o escuchando y, tal vez, entre quienes van a verse afectados por las consecuencias de esas acciones. Tras un *se* se esconde algo más que un protagonista. El *se* es la forma de expresarse del miedo y de la opacidad en la información.

Por ejemplo, puedes decir en su lugar: «El director ha adoptado esta medida porque el departamento de control de calidad ha detectado la necesidad de...».

5.3.3. Un poco de ritmo

Pero, además, las ideas que presentamos en sucesión lineal en el texto deben tener una relación clara entre sí. Es hora de examinar el ritmo de nuestro texto.

El texto, especialmente si ha de ser la base de una exposición oral, debe tener un ritmo apropiado a su contenido y al mensaje que intenta transmitir. Ese ritmo reside en la fluidez con la que transitamos de una idea a otra. No es lo mismo hacerlo con suavidad o delicadeza que con precipitación.

Una lectura en voz alta delatará los posibles puntos de ruptura, que son esos momentos en que el discurso parece inconexo, como si se produjera un salto sin lógica de un punto a otro.

Como hemos visto en el Paso 2, este ritmo puede conseguirse con el uso de los conectores textuales. El simple hecho de utilizarlos no quiere decir que nuestro texto ya vaya a tener un ritmo adecuado. Al igual que una guitarra contiene música que solo el guitarrista puede conseguir, la colocación de conectores textuales debe responder a un motivo, a una finalidad y a un ritmo.

> La consigna es: lee el texto hasta que te suene *su música*, porque si no suena a música no es música.

Vigila que no hayas repetido hasta el abuso el mismo conector, y no solo en un párrafo, sino de párrafo en párrafo, porque reduces su efecto sobre el texto hasta el punto de que puede llegar a anularlo y a convertirlo en un inconveniente.

■ 5.4. Cómo revisar eficazmente el texto

De todos los errores que podemos haber cometido, los más peligrosos son los errores invisibles. Son invisibles porque no sabemos que son errores.

Y es que damos por sentado que, con lo que aprendimos en la etapa escolar, es más que suficiente para *dominar* una lengua. Nada más falso.

Y eso sin mencionar que la lengua es un ser vivo en constante evolución. Así que es muy probable incluso que algunas de las cosas que aprendimos y que se nos quedaron grabadas hoy sean distintas y consideradas faltas de ortografía.

5.4.1. Cómo detectar sospechosos habituales, errores frecuentes y errores invisibles

Para repasar los errores que solemos cometer es preciso conocerlos en su naturaleza y en su hábitat. Esto nos preparará para detectarlos y corregirlos.

5.4.1.a. Concordancia de nombres colectivos

Son frecuentes los errores de concordancia cuando tratamos con nombres colectivos, como, por ejemplo: gente, familia, orquesta, grupo, docena, equipo...

Esto se debe a que, al construir la frase, hacemos una concordancia de manera lógica y no según la norma gramatical.

- **Femenino - masculino.** Esto ocurre en concordancias entre un femenino y un masculino, como en «Su santidad está seguro de que los fieles acudirán a su llamada», donde concuerda el femenino *santidad* con el masculino *seguro*.

- **Singular - plural.** Y ocurre en concordancias entre singular y plural, como en «La mitad de los directivos llegaron tarde a la reunión».

- **Nombres colectivos determinados.** En cuanto a los nombres colectivos, los tenemos que son determinados (cuando llevan implícita la naturaleza de los individuos que los componen, como, por ejemplo: *familia* u *orquesta;* donde está claro que el primero está compuesto por familiares y el segundo, por músicos.

  Con los determinados, la concordancia se hace siempre en singular, por ejemplo: "Mi familia me **ha** pedido que trabaje menos horas".

- **Nombres colectivos indeterminados.** Y los tenemos indeterminados (cuando es preciso añadir un complemento que concrete y determine la naturaleza de sus componentes), como, por ejemplo: *grupo, equipo, gente, mayoría.*

Con los indeterminados, la concordancia pueda darse en singular o en plural y no indistintamente, sino en función de otras características de la frase. Por ejemplo: «Un equipo de treinta agentes **es** responsable de la seguridad del evento». Sin embargo, si la distancia entre el sujeto y el verbo es mayor, la concordancia en plural no causa extrañeza y se percibe como correcta, por ejemplo: «Un equipo de treinta agentes, cinco policías nacionales, cinco guardiaciviles y veinte policías municipales, **serán** los encargados de la seguridad del evento».

- **Doble concordancia.** Como recuerda la Fundéu, existe otro grupo de nombres colectivos que se refieren a una parte de un conjunto y que admiten la doble concordancia. En este grupo se encuentran estructuras como *la mayoría de, la minoría de, la mitad de, una parte de, algunos,* y las cantidades expresadas mediante porcentajes. Por ejemplo: «La mayoría de las empresas se **han** adaptado bien a la nueva jornada laboral» y «La mayoría de las empresas se **ha** adaptado bien a la nueva jornada laboral».

Si eres un lector avispado, te habrás dado cuenta de que en el párrafo anterior has pasado por encima de un ejemplo de concordancia que, sin embargo, no está puesto como ejemplo, se trata de «... existe otro grupo de nombres colectivos que se refieren...», donde la concordancia del singular *grupo* es con el verbo en plural *se refieren.*

El filólogo Daniel Cassany recoge en su libro *La cocina de la escritura*[1] un jugoso ejemplo de cómo no concordar, de cómo una concordancia gramatical puede arruinar una frase y, probablemente, restarle credibilidad al conjunto. Se trata de un texto aparecido en *La Voz de Galicia* en 1992, y que decía: «El 25 % de las jóvenes adolescentes quedó embarazado».

[1] CASSANY, Daniel: *La cocina de la escritura,* Barcelona: Anagrama, 1993.

Este tipo de concordancia que ignora la norma para darle sentido a la frase se conoce con el nombre de silepsis.

5.4.1.b. Las frases inconexas

Cuando estamos escribiendo, es frecuente que estructuremos la frase de una manera determinada y que, mientras la redactamos, nos veamos iluminados por un modo mejor de expresar lo que queríamos decir, y entonces... ocurre el desastre.

Pero mejor veamos un ejemplo:

> La empresa, además de pagarnos el viaje, su obligación es también pagarnos el alojamiento.

Cuando deberíamos haber dicho:

> La empresa, además de pagarnos el viaje, debe pagarnos también el alojamiento / La obligación de la empresa es pagarnos el viaje y el alojamiento.

Esta desconexión en el discurso recibe el nombre de anacoluto.

Una variante de esta desconexión es la asimetría que se produce cuando se comienza una frase que tiene dos elementos correlacionados, pero solo se expone uno de ellos. Por ejemplo: «La empresa ha tomado medidas para solucionarlo, por una parte, ha contratado a un experto y ahora sabemos lo que tenemos que hacer».

5.4.1.c. Elisiones sin razones

La economía en el uso del lenguaje nos lleva, a veces, a cometer algunos errores. Cuando elidimos una palabra, aunque esté justificado y hasta sea necesario, no siempre es correcto.

En frases como «Juan ha llegado temprano y María, tarde», estamos omitiendo el verbo (en este caso *ha llegado*), y no estamos cometiendo ninguna incorrección, porque la elisión no perjudica al entendimiento de la frase.

Sin embargo, las elisiones a veces dan lugar a frases que no resultan del todo claras, puesto que la palabra omitida no es de aplicación a todos los componentes de la frase. Por ejemplo: «El jurado ha fallado el concurso y yo, sin premio». La palabra omitida en este caso es el verbo *quedar* («me he quedado sin premio»). En otros casos, la elisión de la palabra que ya se dice en la primera parte de la frase, incluso cuando es la misma, da lugar a un mensaje ambiguo o poco claro. En frases como «Fue a buscar comida para su jefe y compañero», no sabemos si fue a buscar comida para su jefe que, además, es su compañero, o si fue a buscar comida para su jefe y para su compañero.

Cuando la elisión produce una falla en la claridad, se la denomina zeugma.

5.4.1.d. Por si no queda claro

Otro fallo bastante frecuente, no tanto en la lengua escrita como en la lengua hablada, es la redundancia en el mensaje.

Si en el error anterior hablábamos de elidir, de omitir palabras, en este error vamos a hablar de añadir palabras a una frase en forma de explicaciones innecesarias.

Más allá de los típicos, y desgraciadamente frecuentes, *subir arriba* y *bajar abajo,* y sus primos hermanos *entrar dentro* y *salir afuera,* hay otros muchos que pueden pasarnos desapercibidos y colarse sutilmente en nuestro escrito.

VIGILA Y CENSURA ESTAS EXPRESIONES

Vuelvo a repetir mi explicación	Evítala. Solo es aceptable si la dices después de haber dado tu explicación por segunda vez.
Reiniciar de nuevo	Igual que en el ejemplo anterior, a menos que estés recibiendo indicaciones del informático, en las que te pida que reinicies tu computadora unas cuantas veces, esta expresión resulta redundante.
Lo escribió de su puño y letra	Se ha convertido en una frase hecha, pero no resiste ni el análisis más tibio, ya que no cabe pensar que una persona escriba algo con el puño de otra. Como mucho que pueda imitar su letra, eso sí.
Yo lo vi con mis propios ojos	Igual que en el caso anterior, no cabe pensar que alguien pueda ver con los ojos propios de otra persona

Esta redundancia recibe el nombre de *pleonasmo*. Aunque técnicamente no sea una incorrección, recomendamos enérgicamente que destierres de tu texto todo lo que huela a pleonasmo.

5.4.1.e. Dímelo otra vez

Otro error frecuente es el que cometemos al construir frases que, sin tener palabras de más o de menos, no quedan del todo claras. Un par de ejemplos: «Visitó a su mujer y a su hermana». No queda muy claro si la hermana es su cuñada o su propia hermana. «El director se pasea por los pocos metros de su despacho compartido sin cesar». Aquí no sabemos con certeza si lo que hace sin cesar es pasearse por el despacho o compartirlo.

Este tipo de error de ambigüedad, que también se da cuando se utilizan palabras polisémicas, como hemos visto en el Paso 2, recibe el nombre de *anfibología*.

5.4.2. Errores imperdonables de gramática, ortografía y estilo

5.4.2.a. Revisa las comas

Aunque, como ya hemos dicho, las comas no son una transcripción literal de las pausas del lenguaje oral, un buen ejercicio para detectar algunos errores relacionados con comas incorrectas es la lectura en voz alta.

Recuerda que también son comas obligadas las llamadas de vocativo.

Dice la RAE en su *Ortografía de la lengua española* de 2010 (pág. 302):

> Se aíslan entre comas los sustantivos, grupos nominales o pronombres personales que funcionan como vocativos, esto es, que se refieren al interlocutor y se emplean para llamarlo o dirigirse a él de forma explícita: *Javier, no quiero que salgas tan tarde; Has de saber, muchacho, que tu padre era un gran amigo mío; Estoy a sus órdenes, mi coronel; Usted, acérquese inmediatamente.*

En algunos casos, indica la RAE, la presencia de la coma permite distinguir si el nombre actúa como vocativo o como sujeto de la frase, y pone un ejemplo: «Alberto, escribe bien». En esta frase *Alberto* funciona como vocativo, y le estamos pidiendo que escriba bien. Pero si decimos «Alberto escribe bien», funciona como sujeto y estamos diciendo que Alberto escribe correctamente.

Un buen ejemplo del uso de esta coma es el que debería darse con mayor frecuencia en los encabezados de nuestras comunicaciones electrónicas, en las que, con demasiada frecuencia, falta la coma. Es muy fecuente encabezar así el mensaje:

☒ Hola María,

Cuando debería ser:

☑ Hola, María:

Porque los encabezados siempre finalizan con dos puntos (:). ¡Recuérdalo!

Esto por lo que respecta tanto a las comas obligadas como a las comas prohibidas.

Ahora repasa las comas opcionales (ya sabes, esas que marcan el estilo propio y que no implica cambios sintácticos ni semánticos, pero que dan un toque distinto a lo que estás diciendo). Por ejemplo, en frases como: «El director volvió de la reunión y una vez más nos metió prisa para que termináramos el trabajo». Si queremos añadir cierto tono irónico, podemos decir: «El director volvió de la reunión y, una vez más, nos metió prisa para que termináramos el trabajo». Al enmarcar entre comas la expresión *una vez más,* le estamos dando un tono especial al texto, pero no lo estamos cambiando de sentido.

Repasa también las comas que, sin ser un error y sin ser una cuestión de estilo, suponen un cambio importante en el sentido de la frase. Recuerda el ejemplo que hemos dado al principio: «Perdón, imposible que cumpla condena». Vigila frases cuyo sentido pueda verse afectado por la ubicación de la coma. Tú decides qué suerte correrá el reo.

5.4.2.b. Queísmo y dequeísmo

La RAE define *queísmo* como el uso impropio de la conjunción *que,* en lugar de la secuencia *de que,* como expresión introductoria de ciertos complementos oracionales, como, por ejemplo «*Nos dimos cuenta **que** el producto no estaba disponible hasta primeros de mes» en lugar de «Nos dimos cuenta **de que** el producto no estaba disponible hasta primeros de mes».

El queísmo es un error muy frecuente tanto en el lenguaje oral como en el lenguaje escrito. Suele darse en construcciones como *darse cuenta de* y *tener la sensación de,* ya que cuando alguien se da cuenta, se da cuenta **de** algo; y cuando se tiene la sensación, se tiene la sensación **de** algo.

En otras expresiones se consideran válidas ambas formas, como es el caso de *informar de que* e *informar que.* En España se prefiere usar *informar de que,* mientras que en América está más extendida la forma *informar que.* La Academia, en su *Diccionario panhispánico de dudas,* precisa que, en el habla culta de América, se prefiere la construcción *informar de que.*

Y se dan casos en que coexisten ambas formas, pero no con el mismo significado. El significado varía en función de la presencia o la ausencia de la preposición *de.* Es el caso del verbo *advertir.* Uno puede advertir de algo a alguien, como, por ejemplo en «**Les advierto de que** está lloviendo»; o puede advertir (con el significado de 'notar, percibir') algo, como en «He salido a la calle y he **advertido que** estaba lloviendo».

El dequeísmo se produce por el uso indebido de la preposición *de* delante de la conjunción *que* cuando la preposición no viene exigida por ninguna palabra del enunciado.

Este error es, quizás, menos frecuente, y tal vez eso se deba a que se considera un vulgarismo, y eso es algo para cuya detección parece que estamos mejor entrenados.

ejemplo de dequeísmo	frase correcta
Es seguro **de que** este año tendremos beneficios.	Es seguro **que** este año tendremos beneficios.
Me alegra **de que** haya venido.	Me alegra **que** haya venido.
Al jefe le preocupa **de que** llegues tarde.	Al jefe le preocupa **que** llegues tarde.

5.4.2.c. Determinantes de palabras que empiezan por *a* tónica

Como ya sabemos, el artículo definido femenino singular *(la)* toma forma masculina *(el)* cuando precede inmediatamente a nombres femeninos que comienzan por *a* tónica, como *el águila, el agua, el hacha.*

Cuando es otra la palabra que precede al sustantivo que comienza por *a* tónica surgen no pocas dudas, pero hay una sencilla regla que nos ayudará a resolver todas ellas: solo cambia de género la palabra que va inmediatamente antes que la palabra que comienza por *a* tónica si esta es *el, un, algún* o *ningún.*

Así pues, diremos *el águila, un águila, algún águila* y *ningún águila.*

En el resto de los casos, no hay que cambiar de género. Es decir, la forma correcta en la pregunta de antes sería... eso es: *esta agua.*

Recuerda que si entre el artículo definido masculino singular *(el)*, el indefinido *(un)*, los adjetivos indefinidos *(algún* y *ningún)* y la palabra que comienza por *a* tónica se interpone otra palabra, ninguno de ellos cambia de género.

Siguiendo esta regla, diremos: *la pequeña águila, una pequeña águila, alguna pequeña águila* y *ninguna pequeña águila.*

5.4.2.d. Y que suene bien

Un error de estilo nada raro se produce cuando elegimos palabras que, combinadas en una frase, producen un sonido extraño, difícil de pronunciar o con una sonoridad que resta seriedad o protagonismo a la exposición.

Hablamos de cacofonías. Este término procede de dos palabras griegas *kakos* ('malo') y *phono* ('voz'). Así pues: mal sonido.

Muchas veces se trata de cacofonías casuales que vienen provocadas por el uso de varias palabras con la misma terminación, como ocurre con las terminadas en *-mente, -ción, -ente* o los gerundios y participios. Estos son grupos de riesgo que debes vigilar estrechamente.

Otras veces, la cacofonía viene de la mano de la repetición del mismo sonido en distintas palabras, como ocurre en frases como «Yo lo coloco» o «Esa noche, el coche chocó».

5.4.2.e. Esas pequeñas manías

Cuando hablamos, y también cuando redactamos, no lo hacemos desde una posición neutral, y tampoco lo hacemos desde una expresividad libre de impurezas.

Todos hemos desarrollado lo que podríamos llamar *nuestro estilo personal*. Hemos desarrollado una serie (a veces larga) de vicios y manías que caracterizan nuestra forma de expresarnos, nuestra forma de hacernos entender. Tan integrados están esos vicios, tan enquistados a veces, que somos incapaces de detectarlos por nosotros mismos y, en consecuencia, somos incapaces de corregirlos. Hay casos en que el único sistema de detección aplicable es el de la grabación y posterior reproducción. Grábate leyendo en voz alta tu texto y luego reprodúcelo. Ya sabes lo que vas a decir, claro, pero no te fijes ahora en eso, fíjate en cada palabra que utilizas para decir eso que dices. Piensa en por qué usas esa y no otra.

Puede que, durante la escucha de tu propia voz, descubras que tu léxico no es tan brillante como pensabas, y que, tal vez, tengas que pulirlo un poco eliminando esos vicios léxicos en los que incurres sin darte cuenta.

Algunos de estos vicios (de los que solamente los más entrenados escapan) son:

❶ Repetir una palabra o una expresión cada vez que se nos presenta la oportunidad. Solemos repetir palabras y expresiones como *efectivamente, así es, así pues, en consecuencia, por lo tanto, por consiguiente...*

❷ Reiteración en el uso de la misma estructura en la construcción de las frases. Sí, en esta guía recomendamos seguir, por lo general, la construcción básica —y la más efectiva— de sujeto + verbo + complementos. Pero, si nuestro escrito tiene varias páginas, aplicar esta fórmula a todas las frases que contenga puede llevarnos a emitir una letanía que invoque en nuestros lectores ganas de hacer cualquier otra cosa menos leernos. Es recomendable romper el ritmo de vez en cuando con frases que respondan a otra estructura; justamente en eso consiste el ritmo. No se consiguen grandes canciones si solo utilizamos una nota.

❸ Cuando hemos evitado repetir términos, expresiones y hasta estructuras, todavía tenemos que vigilar que nuestros párrafos no comiencen o terminen siempre de la misma manera; o que unos no sean calcos de los otros.

❹ Otros vicios, todavía más difíciles de detectar son los relacionados con los signos ortográficos, que dan lugar a frases demasiado largas o demasiado cortas, o que dan lugar al abuso de paréntesis o interrogaciones o exclamaciones o de los dos puntos.

5.4.2.f. Y a pesar de todo...

Te puede ocurrir que leas dos veces algo y que no lo entiendas ninguna de las dos veces.

Veamos algunos ejemplos del *Diccionario de incorrecciones, particularidades y curiosidades del lenguaje*[2] que ilustran muy bien lo que un error gramatical puede suponer.

Desde el lunes actuará un sexteto muy numeroso.

Anuncio en un viejo café.

Aquí no rompemos su ropa con máquinas; lo hacemos a mano.

Anuncio en una tintorería.

---

[2] SANTAMARÍA, A. y otros: *Diccionario de incorrecciones, particularidades y curiosidades del lenguaje,* Madrid: Paraninfo, 1989.

> En Tenessee (Columbia), que es el mayor mercado de mulas del mundo, se organizó ayer un desfile de jumentos encabezado por el gobernador.

Una noticia redactada con prisa o con mala intención.

> Importante Compañía de Seguros busca contratadores siniestros.

Oferta de empleo publicada probablemente en la época en que los anuncios se pagaban por la cantidad de palabras.

Aunque lo más probable es que ninguno de los redactores lo hiciera con mala intención ni con ánimo de confundir a los lectores, lo cierto es que son textos que solo se pueden poner como ejemplo de lo que no hay que hacer, y la noticia o el mensaje que encierran queda en un segundo plano muy muy discreto.

5.4.2.g. Los acentos

No es lo mismo decir «Fue a París tras la **pérdida** de su mujer» que «Fue a París tras la **perdida** de su mujer».

En el primer caso, el protagonista de la acción viajó a París, seguramente para recuperarse del fallecimiento de su esposa. En el segundo, el protagonista viajó a París en busca de su esposa, que tendría —en la quinta acepción que la RAE da del término— una conducta relajada e inmoral.

No vamos a repasar aquí las normas de acentuación, solo te vamos a pedir que las tengas presentes siempre.

5.4.2.h. Falta de claridad y precisión

La falta de claridad es una amenaza constante para todo escrito en curso. Pero, aunque hayas tomado todas las medidas posibles durante la fase de redacción, es probable que el resultado final todavía tenga zonas oscuras o faltas de precisión.

Y esas zonas oscuras tienen unos responsables y unos habitantes de sobra conocidos: son las palabras y las expresiones largas, abstractas, negativas, pasivas, extrañas, extravagantes, ambiguas o abiertamente genéricas...

En esta fase de repaso vamos a comprobar que hemos elegido las palabras adecuadas a cada ocasión.

5.4.2.i. No te repitas

Vamos a rastrear las palabras más repetidas en nuestro texto. Para ello vamos a valernos de una herramienta informática. Es esta:

  http://es.wordcounter360.com/

Está disponible en español, pero tendrás que disculpar algunas cosas de la traducción automática desde el inglés, como, por ejemplo, el hecho de traducir *characters* ('caracteres', pero también 'personajes de una obra de ficción') como *personajes* en vez de como *caracteres*.

Esta herramienta cuenta las palabras, los caracteres (con y sin espacios), las frases, los párrafos. Y da hasta el promedio de palabras por frase. Casi nada que no dé ya el propio procesador de textos, pero además ofrece algo muy interesante y es el peso de las palabras más repetidas, con la ventaja de que se omiten las más repetidas en cualquier texto, esto es, los artículos, las conjunciones, las preposiciones, los pronombres..., dejando únicamente sustantivos, adjetivos, adverbios y formas verbales.

Existen otros contadores de palabras, y algunos cuentan también las repeticiones, pero no excluyen las palabras más comunes. Si a esa limitación añadimos que solo muestran las que acumulan más repeticiones, entonces dejan de ser una herramienta adecuada para esta revisión de repeticiones.

Un contador alternativo es el que encontramos en la web:

  https://www.online-utility.org/text/analyzer.jsp.

Nos ofrece básicamente la misma información, con dos diferencias. Una es una desventaja: no proporciona el promedio de palabras por frase. Y la otra es una ventaja: proporciona el conteo de todas las palabras que aparecen en el texto y, además, muestra las secuencias de dos palabras que más se repiten en el texto.

Además de contar palabras, hay otra utilidad disponible y a la que podemos sacar partido. Una de las herramientas mencionadas ya la anticipa; se trata del promedio de palabras por frase.

5.4.2.j. Legibilidad

Esta información la podemos obtener de una página web que calcula el índice de «niebla» de nuestro texto, esto es, su nivel de legibilidad.

  http://gunning-fog-index.com/fog.cgi

Un menor índice de niebla (*fog*, en inglés) indicará una mejor legibilidad y, por tanto, una mayor comprensión de nuestro texto.

Además, el análisis marca los puntos y las palabras de tres o más sílabas.

5.4.3. Estructuración y síntesis

5.4.3.a. Soldados del mismo ejército

Imagina que las letras que forman los párrafos fueran soldados. Tienes que asegurarte de que todos son del mismo ejército. Para averiguarlo, pon al frente de cada párrafo a un general: un título. Ahora, haz que esos soldados sigan a su general. Si son de otro ejército, no lo seguirán.

En otras palabras, válete de los títulos que pondrías a cada párrafo para saber si todo lo que dices en él pertenece a la misma idea y responde a la misma necesidad.

5.4.3.b. El problema de las frases largas

Las frases largas son un problema en sí mismas. Y no solo para el lector, sino también para el redactor.

Redactar una frase larga es el camino fácil, el camino de quien no respeta ni al lector ni a sí mismo. Hemos dicho que el texto escrito —todo texto escrito— es un contrato con el lector. Él nos da su tiempo y su atención, y nosotros, en tanto que redactores, tenemos la obligación de pagar con un texto interesante (aunque esto no dependa por entero de nosotros) y que, como mínimo, esté perfectamente escrito. Sí, *como mínimo,* y sí, *perfectamente escrito.*

Siempre que tengas la tentación de escribir una frase larga, piensa si a ti, como lector, te gustaría que te comunicaran las cosas así. ¿Qué piensas de quien te *agrede* con frases largas que hay que leer dos veces (o más) antes de rendirse y limitarse a extraer una conclusión de lo que crees que dice?

> **Las frases largas son una invitación al lector para que desconecte de nuestro escrito**

Todo se reduce a una cuestión de tiempo. Cada día, un ciudadano medio de un país avanzado recibe alrededor de 3 000 impactos visuales, si incluimos los de cualquier tipo (origen, destino, horario, medio y condición).

Si tu escrito no es algo de lectura o escucha obligada para ese ciudadano medio, imagina lo que tienes que esforzarte para que te dedique su tiempo —¡su valioso y escaso tiempo!— a ti. Tu máximo esfuerzo para conseguir la mejor versión posible de tu texto tiene que vérselas, después de todo, con otros muchos mensajes con que un ciudadano es bombardeado cada día. Si no das lo mejor de ti, él no te dará ni el tiempo que le sobre.

Y si tu escrito es algo que ese ciudadano medio tiene que leer sí o sí, tampoco te relajes ni robes su tiempo al lector, no le pidas más que el estrictamente necesario para desarrollar lo que tienes que comunicar. Y no pienses que invertir diez minutos en armar una buena frase es una inversión perdida o descompensada porque, total, al lector solo le ahorrarás un minuto. Piensa más bien que ahorras a cada lector un minuto y multiplica este último por el número de tus lectores. Aunque ellos no lo sepan, te estarán agradeciendo en silencio que les hayas ahorrado ese tiempo. Y tal vez te lo demuestren aceptando de mejor grado —o incluso esperándolo— el próximo escrito que les llegue de tu parte. O, en determinadas circunstancias, recomendando tu escrito a otros.

En resumen, dedica un poco de tiempo a negociar con tus frases más largas su división en frases más cortas, de lectura más fácil y de entendimiento más rápido.

5.4.3.c. Adecuación al tono y registro del público

Aunque no siempre es así, lo más normal es que cada texto tenga bien definido a su público. Cuando esto sea muy evidente, será igual de evidente el tono que tendremos que usar al redactar. Y cuando no sea tan evidente o, simplemente, sea variado o muy abierto, entonces la mejor opción es adoptar un tono equidistante, ni cercano ni frío, ni tan serio ni tan distendido, pero siempre didáctico y observando la máxima corrección posible.

Si el público objetivo de nuestro escrito es, por poner un ejemplo, el personal de la empresa para la que trabajamos o, en todo caso, personas relacionadas estrechamente con el tema que vamos a tratar, podemos ser un poco más directos y omitir explicaciones que fuera de ese contexto inmediato serían obligadas.

El público puede tener unas nociones básicas de lo que vamos a tratar y estar interesado en conocer más detalles. En este caso, debemos fijar nuestros esfuerzos en satisfacer ese interés con la aportación de datos interesantes y en respaldar estos con ejemplos y datos reales.

El público también puede ser totalmente ajeno al tema principal del que vamos a hablar, lo que requerirá de nuestra parte una mayor dosis de información en la fase de introducción y contextualización.

La lista de tonos y registros es, como decíamos, tan amplia como la de conjuntos y subconjuntos de públicos potenciales. Pero una actitud inteligente es analizar a quienes llevan mucho tiempo emitiendo comunicaciones, porque, aunque puedan tener muchos defectos, si de algo saben —o deben saber— es de comunicación. Fijémonos pues, en la prensa.

Piensa por un momento en qué tono y con qué registro lingüístico te informan de las noticias según su género, su gravedad, su importancia, su inmediatez, sus antecedentes, sus consecuentes, su vigencia, sus fuentes...

Una noticia de deportes suele llegarnos con un tono muy enérgico, con frases cortas, potentes y cargadas de acción.

Una noticia de un accidente aéreo nos llega con un tono mucho más cauto, emocional y, sin embargo, urgente. Son informaciones concretas embutidas en frases muy simples. Frases que se van complicando a medida que la información va llegando al medio que la procesa y nos la sirve. En este caso, lo destacable es el orden en el que nos suministran esa información: en primer lugar, generalmente, la ubicación geográfica —no siempre precisa al principio— y un recuento provisional de víctimas, información que se irá completando poco a poco con nacionalidades, horarios, nuevos recuentos de víctimas, daños materiales, labores de rescate, personalidades que hacen declaraciones o que visitan la zona del accidente, declaraciones institucionales y de autoridades... Pero el tono siempre es informativo y, al tiempo, humano, de manera que resulta bastante empático, si es que el asunto no lo era ya de por sí.

Una noticia de economía se suele presentar con un lenguaje más funcional; más administrativo; con invasión, a veces, de términos técnicos o específicos del tema principal... Todo esto produce un tono anodino que termina por llevar a la mitad de la audiencia a desconectar sin apenas darse cuenta.

Sabemos que, después de leer esto, mirarás los informativos de otro modo, buscando tonos y registros lingüísticos; pero eso forma parte del precio que hay que pagar para aprender a redactar con un mínimo de garantías y de interés para nuestros lectores.

■ 5.5. Cómo revisar el aspecto

Cuando ya has repasado todo lo que se puede repasar, te queda revisar el aspecto del texto.

Puede parecer solo una curiosidad, una cuestión de estilo, de gusto, si lo prefieres, pero no lo es en absoluto.

Es cierto que hay documentos que están sujetos a parámetros preestablecidos y generalmente aceptados, como ocurre con los contratos, las invitaciones o felicitaciones, las memorias, los manuales, los textos publicitarios..., y que ese convenio establecido en cada caso con el lector sirve de marco para interpretar lo que tenemos delante y para contribuir al mejor entendimiento del contenido; pero siempre es posible aplicar variaciones, estilos personales, omitir elementos o añadir elementos más típicos de otro tipo de documento.

> La revisión no es una reescritura, sino una lectura crítica.

En este contexto, la presentación, por ejemplo, de un informe, ya sujeto a parámetros generalmente aceptados (portada, título, ubicación temporal y geográfica, autor, índice...), no parece un ejercicio de riesgo, pero solo es un poco menos arriesgado que presentar cualquier otro tipo de texto que resulte más abierto o que esté sujeto a parámetros menos restrictivos, como puede ser una carta. Pues, a pesar de todas las convenciones a las que pueda estar sujeto un documento en concreto, lo más fácil del mundo es equivocarse y hacer las cosas solo medio bien.

Lo bien hecho bien parece. Tenemos que conseguir un conjunto homogéneo, un conjunto que no cause rechazo, que no genere ansiedad y que no genere en el lector la idea de tirarlo a la basura si no está obligado a leerlo o de quitárselo de encima cuanto antes si está obligado a su lectura.

Si estamos creando un texto para ser visto y leído, principal o exclusivamente, en un soporte digital disponemos de más recursos para hacer del conjunto algo más agradable a la vista, pero, sobre todo, más navegable para el lector. Aunque la persona que reciba nuestro escrito sea un lector calmado, probablemente, cuando se encuentre ante una pantalla digital, y no digamos ya si es en horas de trabajo, su velocidad de lectura se verá aumentada, tal vez porque su tiempo se encoge, pero no sus obligaciones.

Y si lo que escribimos tiene su destino en un papel tampoco subestimemos la posibilidad de utilizar recursos gráficos y tipográficos, pues la mayoría puede utilizarse en papel con la misma eficacia que en soportes digitales.

> **Los términos y expresiones en negrita deben ser los justos para resaltar lo verdaderamente importante.**

Vigila los resaltes tipográficos que hayas utilizado: las mayúsculas, las negritas, las cursivas y los subrayados. Como ya hemos prevenido en el Paso 2 de esta guía, estos últimos es mejor no usarlos en el contexto digital pues el subrayado es la convención para indicar un hipervínculo. Por ello, la experiencia del lector puede ser negativa si clica en una palabra subrayada que no contiene ningún enlace.

Revisa que la negrita no sea mucha, ni desordenada ni descompensada ni sin sentido.

Así pues, evita resaltar con negrita palabras comunes como preposiciones, conjunciones, relativos... A menos, claro está, que formen parte de una expresión que, por su importancia en el contexto, deba estar resaltada.

Haz lo mismo con la cursiva. Recuerda que cualquier recurso usado en exceso pierde su efecto y, además, descompensa y empobrece el resultado final. Asegúrate de que has reservado la cursiva para resaltar los títulos de libros o cabeceras de periódicos y para los usos impropios, figurados o irónicos de algunos términos.

De un buen uso de estos resaltes depende en gran medida el resultado final.

Repasa el tamaño de la fuente, pero recuerda hacerlo a través de los estilos que aplicas. Repasa pues si tu estilo *normal* tiene un tamaño de, por lo menos, once puntos.

Por otra parte, aunque no lo parezca, tan importantes como el texto son los espacios y no debemos tomarlos sencillamente como lo que no tiene contenido. Miremos un poco más allá y utilicémoslos como un elemento más de la composición. Demos al espacio... su propio espacio en nuestro documento.

En un primer nivel, el tamaño de fuente que has elegido para tu estilo normal ya ha supuesto una primera concesión al espacio, ya que con ello has establecido el espacio entre letras.

En cuanto al interlineado, asegúrate de que el estilo normal lo tiene, al menos, de 1.5 puntos. Deja que el texto y la vista del lector respiren.

Entre párrafos, deja un espacio generoso. Esto dará pie al lector a cerrar mentalmente lo expuesto en el párrafo que termina, y lo predispondrá para abordar lo que venga a continuación. Este espacio entre párrafos redondea y delimita las ideas que estos contienen.

Por el mismo motivo, el espacio entre secciones, epígrafes, capítulos... debe ser proporcional a la entidad de las ideas que cada uno contenga, y proporcional también a su independencia con respecto a las demás.

Aplica unos márgenes generosos, de entre 2.2 y 2.5 centímetros.

No olvides apoyarte en los distintos estilos que Word te proporciona. Configúralos siguiendo un patrón que observe estos parámetros y, de esta manera, conseguirás un conjunto equilibrado que resultará atractivo o, cuando menos, no causará rechazo en el lector.

TU EJERCICIO

Toma un texto que hayas redactado hace poco para mostrar en papel o en soporte digital. Analiza todos los valores y parámetros de los que hemos hablado en este punto.

— Utiliza marcadores fluorescentes distintos para cada criterio de búsqueda.

— Busca y repasa los textos que están en negrita.

— Haz lo mismo con los que están en cursiva.

— Igual para los que están en mayúsculas o subrayados.

— Ahora, crea una pequeña tabla con los siguientes títulos de fila:

• Tamaño de la fuente (expresado en puntos)

• Medida del interlineado

• Márgenes aplicados

- ¿Hay espacio extra entre párrafos?

- ¿Hay espacio extra (mayor que entre párrafos) entre secciones o capítulos?

A continuación, anota a la derecha de cada título de línea el valor correspondiente que hayas comprobado en el texto.

— Cuando ya lo tengas todo, analiza si tu texto tiene demasiadas palabras en negrita, en cursiva, subrayadas o con todas sus letras en mayúsculas. Si es el caso, reconsidera las opciones y ajusta la cantidad de texto que has resaltado con las diferentes opciones.

— Por último, no olvides repasar los estilos que has utilizado. Asegúrate de que están configurados con los parámetros considerados como ideales.

Ahora ya tienes una idea clara de cómo debe lucir tu texto en la mayoría de las ocasiones.

5.5.1. Equilibrio entre imagen y texto

Si tu documento contiene, además de texto, imágenes, videos, gráficos, diagramas, infografías, tablas o cualquier otro tipo de información visual, deberás revisar algunos puntos.

Revisaremos si los hemos añadido o insertado en el lugar adecuado, y no solo bajo el epígrafe que corresponda, sino que también comprobaremos que su inclusión no haya provocado uno de esos enormes espacios en blanco al final o al inicio de una página y que tanto afean el conjunto.

Si el elemento gráfico requiere una cantidad mayor de espacio para mostrarse total y correctamente, tal vez convenga reservar una página entera para mostrarlo.

Estudia, pues, su tamaño y su justificación en el texto para que no marque diferencias claras con el resto de los elementos del conjunto. Si el texto está justificado a bandera (solo a la izquierda), haz lo propio con los objetos gráficos. Y si el texto está justificado a caja (a ambos lados), entonces centra los objetos gráficos de tu documento.

5.5.2. Localizadores para que el público no se pierda

En la medida de lo posible, utiliza listas con guiones, bolos o números para organizar contenidos susceptibles de ser mostrados en listas.

Y no olvides repasar la coherencia de los contenidos de cada punto de las listas. No mezcles frases encabezadas por infinitivos con frases que comienzan con sustantivo.

Evita hacer listas muy largas o que tengan más de cuatro niveles.

Utiliza, siempre que esté justificado, un título para cada sección o párrafo. Usa un estilo de encabezado con una tipografía más destacada, tal vez con otro tipo de letra, tal vez en negrita. Etiqueta las imágenes y cualquier otro elemento gráfico, de manera que el lector sepa en todo momento y con certeza a qué corresponde, qué tiene delante.

Incluye en la etiqueta todo lo que resulte imprescindible para comprender el contenido que muestra el elemento. Incluye título, ubicación temporal, ubicación geográfica, fuente, enlaces...

■ 5.6. Cómo revisar en pantalla

5.6.1. Recursos básicos para compartir revisiones y tomar decisiones sobre sugerencias, comentarios y errores

En este apartado vamos a hacer una aproximación a las opciones más importantes de las herramientas de ayuda que nos proporcionan las aplicaciones de procesamiento de textos.

Una de ellas es la llamada REEMPLAZAR. Seguramente, ya la conocerás, pero también es bastante probable que solo hayas hecho un uso reducido de su enorme potencial.

Veamos un ejemplo de uso. Es corriente, y más de lo que imaginas, que nuestros textos contengan numerosos dobles espacios. Y es que pulsamos dos veces el espaciador con más frecuencia de lo que desearíamos, porque pensamos la frase de una manera y luego la hacemos de otra, o porque nos equivocamos y volvemos atrás borrando y no completamos la operación correctamente... Pero no te preocupes por nada de esto, porque hay una manera muy rápida y muy sencilla de corregir este vicio y su resultado.

Abre la herramienta REEMPLAZAR (en Microsoft Word, la combinación de teclas es `ctrl` + `L`). En el cuadro de diálogo que se abre, y en la caja etiquetada con BUSCAR, tenemos que escribir dos espacios. A continuación, con el cursor en la celda REEMPLAZAR CON, pulsa una vez sobre el espaciador. Por último, clica sobre el botón REEMPLAZAR TODOS. Esto convertirá todos los dobles espacios en espacios sencillos.

Como cabe la posibilidad de que, durante la redacción, hayas pulsado más de una vez y más de dos sobre el espaciador, repite esta operación hasta que el procesador no encuentre ni una sola vez la secuencia de dos espacios. De esta manera, nos aseguraremos de que todos los espacios de nuestro texto son sencillos.

Ahora que nuestro texto ya está libre de los dobles espacios, vamos a repasar otras búsquedas y reemplazos que te ayudarán a eliminar errores frecuentes y localizables.

El uso del ejemplo se ha limitado a buscar cadenas de texto erróneas para sustituirlas por otras correctas, para buscar dobles espacios (como el caso concreto que hemos visto) o para buscar y sustituir minúsculas por mayúsculas y viceversa.

Pero ¿sabías que esta herramienta te permite buscar y reemplazar textos aplicando o borrando formatos determinados?

Encontrarás todas las opciones avanzadas en la misma ventana que se abre al pulsar `ctrl` + `L` .

Podrás buscar y reemplazar textos para aplicar, sustituir o borrar formatos. Para ello, primero escribe en BUSCAR lo que quieres reemplazar, indicando el formato en que el procesador debe buscarlo y completa esta información clicando en el botón FORMATO, en cuyo menú encontrarás todas las opciones disponibles. A continuación, y en la caja REEMPLAZAR CON, escribe el texto que el procesador de textos debe utilizar para sustituir al texto buscado. Igualmente, mediante las opciones del botón FORMATO, elige el formato que el nuevo texto ha de tener. Luego, como siempre, clica en REEMPLAZAR TODOS.

Si lo que necesitas es hacer búsquedas genéricas o que incluyan no solo caracteres o signos, sino también saltos de párrafo, saltos de sección o de columna, tabulaciones..., esta herramienta puede ayudarte.

La función REEMPLAZAR no resulta práctica a la hora de buscar y sustituir algunos de los signos y caracteres especiales (como los caracteres comodín), ya que no tiene sentido buscar, por ejemplo, *cualquier letra* para sustituirla. Pero es realmente útil poder buscar (solo buscar) los caracteres comodín.

En primer lugar, sal de la pestaña REEMPLAZAR y ve a la pestaña BUSCAR. A continuación, clica en el botón ESPECIAL. El menú de este botón también te permite añadir a tus búsquedas comodines, como, por ejemplo: cualquier número, cualquier letra o cualquier carácter. Recuerda, no puedes buscar cualquier expresión que contenga caracteres comodín si lo que quieres es sustituirlos masivamente por otro conjunto de caracteres.

Pero aprovechemos el potencial de esta herramienta de reemplazo para hacer correcciones masivas.

Del mismo modo que hemos hecho para buscar y sustituir los dobles espacios, vamos a buscar también expresiones que sabemos que pueden ser erróneas. Por ejemplo, busca *cuenta que,* y repasa el contexto inmediato de cada resultado de la búsqueda, puede que se te haya escapado algún queísmo. Haz lo mismo con *seguro que, segura que, informar que, advertir que...* Para buscar las formas verbales de estas dos últimas expresiones, puedes utilizar los caracteres comodín, en este caso en concreto el de *cualquier letra* (^$), y tantas veces como letras sustituyas de las formas que buscas. Es decir, para buscar, por ejemplo *informamos que,* pero queriendo encontrar también *informaron que,* la fórmula a buscar es *informa^$^$^$ que,* donde ^$ equivale a *cualquier letra.*

Si tu texto no es muy largo, tal vez acabes antes si buscas todos los *que.* Aparecerán tanto los que podrían formar parte de un queísmo como los que no, pero así ya te aseguras de repasarlos todos.

Esta herramienta también te puede ayudar a buscar, por ejemplo, las conjunciones adversativas *pero* o *aunque,* ante las que debe ir una coma. Para ello, buscarás la secuencia «^$ pero», es decir, *cualquier letra + espacio + pero.*

También puedes buscar, con ⌨ctrl + ⌨L , signos dobles que se te hayan quedado sin pareja. Busca *?* y *¿.* Si no se encuentran en el mismo número, tendrás que buscar la pregunta a la que le falta el de apertura o el de cierre y arreglarlo. Haz lo mismo con el resto de los signos dobles: paréntesis, rayas, guiones...

El de las comillas es un caso especial, porque el buscador no detecta si es de cierre o de apertura, porque, de hecho, es el mismo signo, solo que se acopla al texto en función de si al escribirlo aparece pegado al principio o al final de una palabra. Para lo único que te puede ayudar la herramienta de búsqueda con las comillas es para comprobar si son pares, lo que podría ser una ayuda más que suficiente. Eso o te has equivocado más veces de las que creías.

5.6.2. ¿Qué hay del corrector de Word?

Es una herramienta que va mejorando considerablemente de versión en versión, de eso no hay duda, pero nunca podrá alcanzar la capacidad del ser humano para discernir la opción correcta en casos de ambigüedad y, desde luego, nunca podrá discernir cuándo estamos haciendo, por ejemplo, un uso intencionadamente incorrecto de un término o de una expresión.

Dicho esto, también hay que decir que es una ayuda que no conviene descartar, porque, aunque no resuelva todos los problemas que contenga nuestro texto, sí que puede ponernos sobre la pista de unos cuantos de ellos.

Un ejemplo bastará para convencer de la conveniencia de su uso a los más críticos de este corrector. Si en nuestro texto tenemos que mencionar el nombre de alguien o un término técnico que resulte especialmente difícil de escribir, el corrector detectará que ese nombre o ese apellido no constan en el diccionario y nos preguntará qué deseamos hacer con lo que cree que es un error, si omitirlo, si omitirlo todas las veces que aparezca en el texto o si añadirlo al diccionario.

Hasta aquí, todo igual que con el resto de los términos, pero es muy frecuente que un nombre difícil de escribir aparezca escrito de diversas formas. Si agregamos al diccionario del procesador la forma correcta, ya solo nos avisará de aquellas que no están escritas igual, es decir, de las formas incorrectas.

El ojo lee y el cerebro interpreta lo leído. Una vez que hemos leído uno de esos nombres, a partir de ese momento, cada vez que volvamos a leerlo, el cerebro recurrirá a la primera interpretación que hizo. Esto impedirá que detectemos errores de supresión, añadido o, simplemente, bailes de letras. Es decir, si no utilizamos el corrector del procesador de textos, corremos el riesgo de que este tipo de errores se queden en el texto en su versión final.

El corrector del procesador no es infalible. De hecho, hay normas que no tiene del todo bien integradas, aunque son pocas y se dan en contextos y circunstancias muy concretas. Uno de estos casos se da cuando, inmediatamente después de una raya larga (—), escribimos un signo de interrogación o de admiración (—¡). El corrector automático detecta esta secuencia como error cuando, en realidad, no lo es.

Aunque el uso masivo de la raya se da en el ámbito de la escritura de ficción, principalmente en los diálogos, también es normal encontrarla en todo tipo de textos, por ejemplo, enmarcando incisos, o encabezando cada elemento de una lista o de un índice, o precedida de un punto y tras los epígrafes cuyo contenido comienza en la misma línea (por ejemplo: «Horario de verano.— El horario de verano comenzará el 15 de junio...»).

5.6.3. La herramienta CONTROL DE CAMBIOS de Word

Este es el ayudante más eficiente en los trabajos colaborativos. Su principal utilidad es etiquetar cada cambio que los distintos autores puedan hacer en el documento, tanto si suprimen texto como si lo insertan o cambian estilos, formatos, idioma...

Para activarlo o desactivarlo, solo tenemos que ir al conjunto de herramientas REVISAR.

Dentro encontraremos la opción CONTROL DE CAMBIOS, con las opciones ACTIVAR/DESACTIVAR y BLOQUEAR SEGUIMIENTO, que nos pide establecer una clave de seguridad para impedir que otros autores puedan ver los cambios llevados a cabo sobre el documento.

Activando esta opción, Word registrará datos sobre cada cambio que introduzcamos en el texto, como el autor y la fecha, además del elemento cambiado. Esto supone que el procesador guardará una versión original y otra con los cambios registrados desde la activación del CONTROL DE CAMBIOS.

Con las distintas opciones, podemos configurar el procesador para que muestre o no una marca para los comentarios, para las inserciones o eliminaciones, para los cambios de formato... También podremos elegir si mostramos todas estas marcas dentro de un globo al margen derecho del documento o con una marca sencilla en el margen izquierdo del texto.

Con la opción PANEL DE REVISIONES podremos mostrar u ocultar un panel que contiene toda la información de cada cambio que se ha hecho en el documento mientras haya estado activada la herramienta CONTROL DE CAMBIOS.

En este panel veremos el conteo de inserciones, eliminaciones, movimientos, (cambio de) formato y comentarios.

Si vamos a trabajar sobre un mismo documento en colaboración con otra persona, es especialmente útil hacerlo con el CONTROL DE CAMBIOS activado, ya que, de esta manera, cada uno dejará rastro de lo que ha ido cambiando en el texto y podrá someter a la consideración de la otra persona cada uno de esos cambios.

La forma ideal de cambiar o corregir una letra en una palabra no es borrar esa letra y escribir la correcta, sino sustituir esa letra que se debe corregir por la correcta y en una sola acción. Para ello, tenemos que seleccionar la letra que vayamos a cambiar y, con ella seleccionada, escribir la correcta.

En un trabajo colaborativo, toda ayuda visual durante la fase de revisión es bienvenida; por lo que si hacemos que se vea la palabra completa, a otra persona que supervise nuestros cambios le resultará más fácil localizarlos.

A cada colaborador que participe en la edición del documento, Word le asignará un color. Además, esta herramienta nos permite mostrar u ocultar de manera individual los cambios introducidos por cada colaborador.

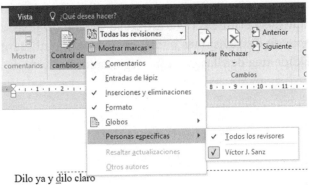

Dilo ya y dilo claro

Tras la edición colaborativa, cuando los distintos editores hayan hecho su trabajo, ha llegado el momento de corregir.

El natural repaso a las distintas revisiones de los diferentes editores del texto da lugar a modificaciones en el documento. El CONTROL DE CAMBIOS nos permite aceptar y, por tanto, integrar la modificación hecha en el texto final, o rechazar dicha modificación y, en consecuencia, devolver el texto en la parte afectada a su versión original.

Esta operación la podemos llevar a cabo con los botones ACEPTAR y RECHAZAR. Como vemos en la siguiente imagen, cada uno de estos botones tiene algunas opciones que nos ahorrarán mucho trabajo.

La fórmula más rápida y segura de mejorar el borrador final con los cambios de otros editores es la siguiente. Lee el texto una primera vez sin aceptar ni rechazar los cambios. Ahora haz una segunda lectura. Si de la primera te ha quedado la idea de que aceptarías la mayoría de los cambios, ahora solo vas a actuar sobre los cambios que rechaces. Al final de esta lectura, cuando ya solo te queden cambios que sí aceptarías, comprobarás la magia que contiene la opción ACEPTAR TODOS LOS CAMBIOS.

De este modo, tu trabajo de revisión con esta herramienta será rápido y seguro.

Como es lógico, combinarla con la inserción de comentarios nos permite un trabajo completo y detallado de supervisión del texto y de sus distintos editores.

En la caja desplegable que aparece junto al botón de activación del CONTROL DE CAMBIOS, tenemos todas las vistas posibles del documento, lo que nos permite ver el texto en su versión original, con una marca simple de las revisiones o con una anotación al margen con detalles de cada una de ellas.

UNA CAJA LLENA DE HERRAMIENTAS

HERRAMIENTAS PARA EL PASO 1

- **La técnica *pomodoro*:** buff.ly/1pj7YgD
- **Organiza tus ideas con mapas mentales:**
  www.mindmeister.com/es // www.mindmup.com
  www.goconqr.com/es/mapas-mentales // www.simpleapps.eu/simplemind
- **Recomendaciones para usar un lenguaje no sexista:**
  Buenas prácticas para una comunicación no sexista de la Universidad Politécnica de Valencia: goo.gl/SA7gLs
  Recomendaciones para el uso del lenguaje no sexista del CSIC: goo.gl/kfRe7f
- **Cómo usar correctamente los tratamientos a personalidades:**
  Tratamientos de cortesía en España de Wikipedia: goo.gl/4tAFmG
- **Cursos para la mejora de la comunicación:**
  www.calamoycran.com/cursos/creacion-de-contenidos

HERRAMIENTAS PARA EL PASO 2

- **¿Qué significa exactamente una palabra?**
  dle.rae.es/?w=diccionario (de la RAE)
  www.diccionarios.com (de Larousse Editorial)
- **¿Dudas sobre su construcción, formación o derivados?**
  RAE: www.rae.es/consultas-linguisticas/formulario (también en Twitter @RAEinforma #RAEconsultas)
  Diccionario panhispánico de dudas, de la RAE también: lema.rae.es/dpd/
  Fundación del Español Urgente (Fundéu): www.fundeu.es
  (también en Twitter @fundeu, por correo electrónico consultas@fundeu.es, por teléfono (+34) 913 467 440 o en la aplicación para celular)
- **¿Dudas sobre el significado y uso de una palabra de las variantes americanas?**
  Diccionario de americanismos de la Asociación de Academias de la Lengua Española: www.asale.org/recursos/diccionarios/damer
- **Cosas sobre el español neutro y las variantes americanas:**
  cvc.cervantes.es/obref/
  congresos/zacatecas/television/comunicaciones/petre.htm
  andreapenalver.wordpress.com/tag/espanolneutro/
  www.omni-bus.com/n39/sites.google.com/site/omnibusrevistainter-culturaln39/especial/espanol-internacional.html

www.medtrad.org/panacea/IndiceGeneral/n6_G_Haensch.pdf

www.medtrad.org/panacea/IndiceGeneral/n7_G_Haensch7.pdf

expresionesyrefranes.com/lista-de-expresiones-espanolas/

- **¿Necesitas consultar las normas de ortografía o las gramaticales?**

  Ortografía de la lengua española (RAE):
  aplica.rae.es/orweb/cgi-bin/buscar.cgi

  Nueva gramática de la lengua española (RAE):
  aplica.rae.es/grweb/cgi-bin/buscar.cgi

  Repositorio de normativa lingüística Wikilengua:
  www.wikilengua.org/index.php/Portada

- **¿Quieres aprender más sobre ortografía y gramática?**

  Taller de gramática *online:*
  www.calamoycran.com/cursos/correccion/taller-de-gramatica

- **¿Cuáles son los últimos cambios de las normas de la RAE?**

  www.fundeu.es/wp-content/uploads/2013/01/FundeuNovedades
  Ortografia.pdf

- **¿Necesitas otro tipo de diccionarios?**

  Diccionario de sinónimos (entre otras funciones): www.diccionarios.com
  y www.wordreference.com/sinonimos

  Diccionario etimológico: etimologias.dechile.net

  Diccionario inverso: dirae.es

  Glosario contextual, uso de las palabras en su contexto:
  wordincontext.com/es

- **Recursos sobre retórica:**

  www.retoricas.com
  Centro Virtual Cervantes: cvc.cervantes.es/portada.htm

HERRAMIENTAS PARA EL PASO 3

- **El mejor libro para saber editar bien con Word:**

  www.geoff-hart.com/books/eoe/onscreen-book.htm

- **Pistas para elegir una buena fuente:**

  goo.gl/sxQB8y // goo.gl/Uq9O1l

- **Fuentes gratis a tu disposición:** fonts.google.com

- **Dónde conseguir imágenes:** Iconarchive.com // freepik.com

  deathtothestockphto.com // pixabay.com // pexels.com

- **Para ajustar imágenes:** www.picresize.com // www.webresizer.com

  www.irfanview.com

- Acortadores de direcciones web: Bit.ly // Goo.gl

- Para aprender a editar mejor con Word: goo.gl/wnGzqb

HERRAMIENTAS PARA EL PASO 4

- Para crear presentaciones e infografías *online* que sean de todo menos aburridas: www.canva.com (usa sus plantillas prediseñadas) prezi.com (con una cuenta gratuita puedes usar sus plantillas, pero solo podrás mostrar tu trabajo si tienes conexión wifi) www.genial.ly/es (tanto para presentaciones como para webs)

- Cómo NO hacer diapositivas: goo.gl/OJXkWO

- Ejercicios de respiración y vocalización: goo.gl/d0nKNW

- Aprender a hablar al estilo TED: goo.gl/J3SEJq

HERRAMIENTAS PARA EL PASO 5

- Corrector ortográfico en línea: www.correctorortografico.com

- Verificador de textos: www.mystilus.com/Correccion_interactiva

- Dónde conseguir profesionales de la corrección:
  www.uniondecorrectores.org
  www.calamoycran.com
  www.scribereeditores.es

- Analizadores de textos en línea:
  es.wordcounter360.com
  www.online-utility.org/text/analyzer.jsp

- Índice de legibilidad: gunning-fog-index.com/fog.cgi

- Todo sobre ortotipografía:
  www.texnia.com/ortotipografia_estilo.html
  El libro rojo de C&C: Prontuario de manuales de estilo: goo.gl/uH2EAY

- ¿Quieres aprender a corregir? goo.gl/0cSjMc

Y UN PAR DE HERRAMIENTAS PARA ACABAR

- Blog de Cálamo & Cran: www.calamoycran.com/blog

- Blog de Alberto Bustos: blog.lengua-e.com

BIBLIOGRAFÍA

BOSQUE, I.: *Diccionario combinatorio práctico del español contemporáneo*, Madrid: Ediciones SM, 2011.

CASSANY, D.: *La cocina de la escritura*, Madrid: Cátedra, 2016.

CORRIPIO, F.: *Diccionario de ideas afines*, Barcelona: Editorial Herder, 1985.

DE BUEN, J., CASTRO, X., GÓMEZ FONT, A. y MARTÍN, A., *199 recetas infalibles para expresarse bien en Español. Palabras Mayores. El libro Vox*, Barcelona: Larousse Editorial, 2015.

DE BUEN, J.: *Introducción al estudio de la tipografía*, Gijón: Trea, 2011.

DURANTE, A.: *Guía práctica del neoespañol*, Barcelona: Debate, 2015.

FUNDÉU: *Manual del español urgente*, Barcelona: Debate, 2015.

GILI GAYA, S.: *Diccionario de sinónimos*, Barcelona: Bibliograf, S. A., 1984.

GÓMEZ TORREGO, L.: *Gramática didáctica del español*, Madrid: Ediciones SM, 2011.

GRIJELMO, Á.: *El estilo del periodista*, Madrid: Prisa Ediciones, 2014.

GUBER, P. (Trad. Daniel Menezo): *Storytelling para el éxito*, Barcelona: Empresa Activa, 2011.

HORACIO: *Ars poetica*, Cáceres: Servicio de Publicaciones de la Universidad de Extremadura, 2006.

INSTITUTO CERVANTES: *Las 500 dudas más frecuentes del español*, Madrid: Espasa, 2013.

KOHAN, S. A.: *Cómo lo reescribo*, Barcelona: Grafein Ediciones, 1998.

LYON, W.: *La escritura transparente, cómo contar historias*, Madrid: Libros del K.O., 2015.

MARTÍNEZ ALBERTOS, J. L.: *El mensaje informativo*, Barcelona: A. T. E., 1977.

MARTÍNEZ DE SOUSA, J.: *Manual de estilo de la lengua española*, Gijón:Trea, S. L., 5ª edición, 2015.

————————: *Ortografía y ortotipografía del español actual*, Gijón: Trea, S. L., 3ª edición, 2014.

MILLÁN, J. A.: *Perdón imposible*, Barcelona: RBA Libros, S. A., 2006.

MOLERO, G., y MARTÍN, A.: *El libro rojo de C&C*, Madrid: Cálamo&Cran, 2013,

QUENEAU, R. (Trad. Antonio Fernández Ferrer): *Ejercicios de estilo*, Madrid: Cátedra, 2015.

REAL ACADEMIA ESPAÑOLA: *Nueva gramática de la lengua española*, Madrid: Espasa, 2010.

————————: *Ortografía de la lengua española*, Madrid: Espasa, 2010.

SALMON, C. (Trad. Inés Bértolo): *Storytelling, la máquina de fabricar historias y formatear mentes*, Barcelona: Península, 2014.

SANTAMARÍA, A. y otros: *Diccionario de incorrecciones, particularidades y curiosidades del lenguaje*, Madrid: Paraninfo, 1988.

SANZ, V. J.: *El escritor, anatomía de un oficio*, Amazon KDP, 2014.

WARREN, C.N. (Trad. Alfonso Espinet Gou): *Géneros periodísticos informativos*, Barcelona: Harper And Row Publishers, INC., 1975.

Este libro se terminó de imprimir y encuadernar
en el mes de febrero de 2020, en los talleres de
Corporación en Servicios Integrales de Asesoría Profesional S.A. de C.V.
con domicilio en Calle E No. 6, Parque Industrial Puebla 2000,
C.P. 72225, Puebla, Pue.